福建省中职学考核心课程系列教材

教育基础学习指导

主　编：吴碧蓉　卢新得

扫码获取数字资源

厦门大学出版社　国家一级出版社
XIAMEN UNIVERSITY PRESS　全国百佳图书出版单位

图书在版编目（CIP）数据

教育基础学习指导 / 吴碧蓉，卢新得主编. -- 厦门 : 厦门大学出版社, 2025.5. -- （福建省中职学考核心课程系列教材）. -- ISBN 978-7-5615-9767-5

Ⅰ. G40

中国国家版本馆 CIP 数据核字第 2025TY9115 号

策划编辑	姚五民
责任编辑	姚五民　陈惠英
美术编辑	李夏凌
技术编辑	许克华

出版发行	厦门大学出版社
社　　址	厦门市软件园二期望海路 39 号
邮政编码	361008
总　　机	0592-2181111　0592-2181406(传真)
营销中心	0592-2184458　0592-2181365
网　　址	http://www.xmupress.com
邮　　箱	xmup@xmupress.com
印　　刷	厦门市明亮彩印有限公司

开本　787 mm×1 092 mm　1/16
印张　12.75
字数　302 千字
版次　2025 年 5 月第 1 版
印次　2025 年 5 月第 1 次印刷
定价　44.00 元

本书如有印装质量问题请直接寄承印厂调换

厦门大学出版社
微信二维码

厦门大学出版社
微博二维码

编委会名单

主　　编：吴碧蓉　卢新得
副主编：钟丽锋　徐晋华
参　　编：王　芸　陈　慧　张　来

出版说明

教育是强国建设和民族复兴的根本，承担着国家未来发展的重要使命。基于此，自党的十八大以来，构建职普融通、产教融合的职业教育体系，已成为全面落实党的教育方针的关键举措。这一战略目标的实现，要求加快塑造素质优良、总量充裕、结构优化、分布合理的现代化人力资源，以解决人力资源供需不匹配这一结构性就业矛盾。与此同时，面对新一轮科技革命和产业变革的浪潮，必须科学研判人力资源发展趋势，统筹抓好教育、培训和就业，动态调整高等教育专业和资源结构布局，进一步推动职业教育发展，并健全终身职业技能培训制度。

根据中共中央办公厅、国务院办公厅《关于深化现代职业教育体系建设改革的意见》和福建省政府《关于印发福建省深化高等学校考试招生综合改革实施方案的通知》要求，福建省高职院校分类考试招生采取"文化素质＋职业技能"的评价方式，即以中等职业学校学业水平考试(以下简称"中职学考")成绩和职业技能赋分的成绩作为学生毕业和升学的主要依据。

为进一步完善考试评价办法，提高人才选拔质量，完善职教高考制度，健全"文化素质＋职业技能"考试招生办法，向各类学生接受高等职业教育提供多样化入学方式，福建省教育考试院对高职院校分类考试招生(面向中职学校毕业生)实施办法作出调整：招考类别由原来的30类调整为12类；中职学考由全省统一组织考试，采取书面闭卷笔试方式，取消合格性和等级性考试；引进职业技能赋分方式，取消全省统一的职业技能测试。

福建省中职学考是根据国家中等职业教育教学标准，由省级教育行政部门组织实施的考试。考试成绩是中职学生毕业和升学的重要依据。根据福建省教育考试院发布的最新的中职学考考试说明，结合福建省中职学校教学现状，厦门大学出版社精心策划了"福建省中职学考核心课程系列教材"。该系列教材旨在帮助学生提升对基础知识的理解，提升运用知识分析问题、解决问题的能力，并在学习中提高自身的职业素养。

本系列教材由中等职业学校一线教师根据最新的《福建省中等职业学校学业水平考试说明》编写。内容设置紧扣考纲要求，贴近教学实际，符合考试复习规律。理论部分针对各知识点进行梳理和细化，使各知识点表述更加简洁、精练；模拟试卷严格按照考纲规定的内容比例、难易程度、分值比例编写，帮助考生更有针对性地备考。本系列教材适合作为中职、技工学校学生的中职学考复习指导用书。

目 录

第一部分 同步练习 ... 1
第一章 教育基本原理 ... 1
第一节 教育的概念与本质 ... 1
第二节 教育的要素与形态 ... 2
第三节 教育与社会、个体的发展 ... 4
第四节 教育目的 ... 6

第二章 课程 ... 11
第一节 课程的基本概念 ... 11
第二节 课程的分类 ... 13
第三节 课程的表现形式 ... 16

第三章 教学 ... 18
第一节 教学概述 ... 18
第二节 教学原则 ... 19
第三节 教学方法 ... 21
第四节 教学组织形式 ... 25

第四章 教师 ... 28
第一节 教师职业理解与教师职业资格 ... 28
第二节 教师基本素质 ... 31
第三节 教师角色 ... 33
第四节 教师的专业发展 ... 34
第五节 教师职业道德 ... 37

第五章 班级管理 ... 40
第一节 班级管理的内容 ... 40
第二节 班级管理的原则 ... 40
第三节 班级管理的方法 ... 40
第四节 幼儿园环境的创设 ... 42

第六章 学前儿童卫生保健 ... 44
第一节 学前儿童心理特点及卫生保健 ... 44
第二节 学前儿童的营养与膳食卫生 ... 46
第三节 学前儿童常见疾病及预防 ... 49

  第四节 学前儿童意外事故的预防和急救 ·················· 51
  第五节 托幼园所的卫生保健制度 ························ 53

第七章 心理学概论 ···································· 56
  第一节 研究对象 ································ 56
  第二节 研究任务 ································ 58
  第三节 研究方法 ································ 60

第八章 认知发展 ···································· 63
  第一节 感知觉发展 ······························ 63
  第二节 注意的发展 ······························ 65
  第三节 记忆的发展 ······························ 67
  第四节 思维的发展 ······························ 70
  第五节 想象力的发展 ···························· 72
  第六节 言语的发展 ······························ 74
  第七节 智力与创造力的发展 ······················ 76

第九章 个性和社会性的发展 ·························· 79
  第一节 情绪情感的发展 ·························· 79
  第二节 意志的发展 ······························ 82
  第三节 个性的发展 ······························ 84
  第四节 社会交往的发展 ·························· 86
  第五节 品德的发展 ······························ 89

第十章 心理健康与教育 ······························ 93
  第一节 心理健康概述 ···························· 93
  第二节 积极促进学前儿童心理健康 ················ 94

第二部分 参考答案 ···································· 96
 第一章 教育基本原理 ································ 96
  第一节 教育的概念与本质 ························ 96
  第二节 教育的要素与形态 ························ 97
  第三节 教育与社会、个体的发展 ·················· 99
  第四节 教育目的 ································ 101

 第二章 课程 ·· 105
  第一节 课程的基本概念 ·························· 105
  第二节 课程的分类 ······························ 106
  第三节 课程的表现形式 ·························· 109

 第三章 教学 ·· 112
  第一节 教学概述 ································ 112
  第二节 教学原则 ································ 114
  第三节 教学方法 ································ 115
  第四节 教学组织形式 ···························· 118

第四章 教师 ... 121
- 第一节 教师职业理解与教师职业资格 ... 121
- 第二节 教师基本素质 ... 123
- 第三节 教师角色 ... 125
- 第四节 教师的专业发展 ... 127
- 第五节 教师职业道德 ... 130

第五章 班级管理 ... 133
- 第一节 班级管理的内容 ... 133
- 第二节 班级管理的原则 ... 133
- 第三节 班级管理的方法 ... 133
- 第四节 幼儿园环境的创设 ... 135

第六章 学前儿童卫生保健 ... 137
- 第一节 学前儿童心理特点及卫生保健 ... 137
- 第二节 学前儿童的营养与膳食卫生 ... 139
- 第三节 学前儿童常见疾病及预防 ... 142
- 第四节 学前儿童意外事故的预防和急救 ... 144
- 第五节 托幼园所的卫生保健制度 ... 146

第七章 心理学概论 ... 149
- 第一节 研究对象 ... 149
- 第二节 研究任务 ... 151
- 第三节 研究方法 ... 153

第八章 认知发展 ... 157
- 第一节 感知觉发展 ... 157
- 第二节 注意的发展 ... 160
- 第三节 记忆的发展 ... 162
- 第四节 思维的发展 ... 165
- 第五节 想象力的发展 ... 167
- 第六节 言语的发展 ... 170
- 第七节 智力与创造力的发展 ... 172

第九章 个性和社会性发展 ... 175
- 第一节 情绪情感的发展 ... 175
- 第二节 意志的发展 ... 177
- 第三节 个性的发展 ... 180
- 第四节 社会交往的发展 ... 183
- 第五节 品德的发展 ... 186

第十章 心理健康与教育 ... 190
- 第一节 心理健康概述 ... 190
- 第二节 积极促进学前儿童心理健康 ... 191

第一部分 同步练习

第一章 教育基本原理

第一节 教育的概念与本质

一、单项选择题
1. 教育是培养人的（　　）。
   A. 实践活动 B. 文娱活动 C. 科技活动 D. 家庭活动
2. 教育的本质回答的问题是（　　）。
   A."教育是什么" B."为谁培养人" C."培养什么人" D."怎样培养人"
3. 以下是农业社会教育特征的是（　　）。
   A. 教育的公共性突显 B. 现代学校的出现和发展
   C. 学校教育与生产劳动相脱离 D. 教育理论与实践研究活跃，相互促进
4. 在阶级社会里，教育具有鲜明的（　　）。
   A. 阶级性 B. 历史性 C. 永恒性 D. 相对独立性
5. 教育的神话起源说认为教育起源于（　　）。
   A. 劳动 B. 动物的本能
   C. 上帝或者天 D. 人类无意识的模仿
6. 以下不属于对教育基本内涵理解的是（　　）。
   A. 教育具有促进作用 B. 教育具有社会历史性
   C. 教育是双向耦合的过程 D. 教育者、受教育者、教育影响
7. 教育对人的发展和社会的发展均具有（　　）作用。
   A. 促进 B. 社会保障 C. 保证公平 D. 保持平衡
8. 美国教育史学家孟禄是教育的（　　）的代表人物。
   A. 神话起源说 B. 生物起源说 C. 心理起源说 D. 劳动起源说
9. 从教育的定义来看，教育是根据一定（　　）进行的培养人的实践活动。
   A. 课程 B. 教学大纲 C. 教学计划 D. 社会需要
10. 教育的国际化与教育的本土化趋势日益明显这一特点属于（　　）的教育特征。
    A. 农业社会 B. 工业社会 C. 信息社会 D. 未来社会

二、判断题
1. 教育是一种社会活动。　　　　　　　　　　　　　　　　　　　　　　　（　　）
2. 没有明确目的、偶然发生的事件对个体有影响，属于教育活动。　　　　　　（　　）

3. 信息社会是一个已经定型的社会。（   ）
4. 教育的劳动起源说批判了生物起源说和心理起源说。（   ）
5. "樊迟问稼"说明农业社会的教育与生产劳动紧密结合。（   ）
6. 机器大工业的出现不是工业社会的主要标志。（   ）
7. 教育最根本的任务就是要促进受教育者智能的发展。（   ）
8. 马克思唯物主义理论认为，教育起源于劳动。（   ）
9. 学校教育与生产劳动相脱离是工业社会教育的特征。（   ）
10. 英国的教育学家斯宾塞是教育生物起源说的代表人物。（   ）

三、辨析题

1. 教育的本质属性回答了"教育是为什么"的问题。
2. 教育与生产劳动从分离走向结合，教育的生产功能和服务社会的作用越来越凸显。这是农业社会的教育特征。

四、案例分析题

　　工业社会又叫现代社会，是以工业生产为主导，以科学技术为核心，伴随着各种机械设备的社会形态。应现代大工业生产的要求，现代学校普遍实行了教学效率高的班级授课制，为现代工业训练大量的劳动力。19世纪中叶以后，资本主义国家通过了普及教育的法令，如1852美国马萨诸塞州的《义务教育法》，1872年德国的《普通教育法》。教育的生产性不断增强，科学技术与教育在生产中的作用迅速增强。随着工人阶级和其他劳动人民对教育权的争取和对教育阶级性的抗争，一些提高与保障儿童受教育权利的宣言陆续问世，如《世界人权宣言》《儿童权利宣言》。

　　问题一：简述工业社会教育的特征。
　　问题二：教育的本质是什么？

第二节 教育的要素与形态

一、单项选择题

1. 教育的对象是(   )。
   A. 教育者　　　　　B. 教科书　　　　　C. 教育影响　　　　D. 受教育者
2. 教育者的主体是(   )。
   A. 管理者　　　　　B. 学校职工　　　　C. 学校教师　　　　D. 教育管理人员
3. 原始社会的教育属于(   )。
   A. 学校教育　　　　B. 制度化的教育　　C. 工业社会的教育　D. 非制度化的教育

4. 家庭是个体面对的第（　　）个场所。
   A. 一　　　　　　　　B. 二　　　　　　　　C. 三　　　　　　　　D. 四
5. 受教育者以（　　）为主要任务。
   A. 游戏　　　　　　　B. 学习　　　　　　　C. 活动　　　　　　　D. 劳动
6. 教育影响包括（　　）和教育手段。
   A. 教育对象　　　　　B. 教育评价　　　　　C. 教育内容　　　　　D. 教育目标
7. 承担教育责任、对教育者施加教育影响的人是（　　）。
   A. 校长　　　　　　　B. 班主任　　　　　　C. 教育者　　　　　　D. 教育部
8. 家庭教育是以（　　）为单位进行的教育活动。
   A. 父母　　　　　　　B. 祖孙　　　　　　　C. 家庭　　　　　　　D. 户口本
9. 制度化的教育是说教育是一种（　　）的活动。
   A. 专门　　　　　　　B. 专制　　　　　　　C. 非专门　　　　　　D. 强制性
10. 家庭教育、学校教育、社会教育是根据教育活动发生的（　　）来划分的教育类型。
    A. 时间　　　　　　　B. 场所　　　　　　　C. 形式化　　　　　　D. 组织者

二、判断题
1. 社会事件属于学校教育。（　　）
2. 原始社会没有社会教育。（　　）
3. 现在不存在非制度化的教育。（　　）
4. 学校教育可以取代家庭教育。（　　）
5. 社会教育是学校教育的延伸。（　　）
6. 学校是当前主导性的现代教育形态。（　　）
7. 良好的家校社联合教育能形成教育合力。（　　）
8. 制度化的教育是人类文明的退步。（　　）
9. 教育的三要素之间相互独立，互不影响。（　　）
10. 教育是在一定社会背景下发生的促进个体的社会化和社会的个性化的实践活动。
    （　　）

三、辨析题
1. 教育者是沟通教育影响与受教育者的媒介。
2. 家庭是统治阶级进行意识形态教育的主要场所，也是公共教育的主要场所，肩负着提高国民素质的责任。

四、案例分析题
　　材料1： 在原始社会，生产力水平很低，代际的经验传递都是在日常生活和生产中进行的。随时随地都能进行学习，家庭生活或者氏族的仪式典礼都是"每天遇到的学习机会"；"到处都是学习机会"，如从母亲的照管到父亲教狩猎，或者听长者讲故事，观看一年四季的变化。"这种自然的、非制度化的学习方式在世界广大地区内一直流行到今天，这种学习方式至今仍为千百万人提供教育的形式。"
　　材料2： 中华民族有重视家庭教育的优良传统，为引导全社会注重家庭、家教、家风，增进家庭幸福与社会和谐，培养德智体美劳全面发展的社会主义建设者和接班人，国家制定《中华人民共和国家庭教育促进法》，于2022年1月1日正式实施。该法第四章规定：中小学幼儿园应当把家庭教育指导服务纳入工作计划，作为教师业务培训的内容。

材料3：某幼儿园大班转入一个男孩A。他经常跑出教室，基本不跟小朋友玩。王老师与男孩A妈妈沟通后，了解到孩子有感统失调，爸爸认为孩子调皮、不听话，常有打孩子行为，导致孩子更加抗拒。一日亲子活动结束后，王老师指出男孩A爸爸的错误做法，并给出教育建议。男孩A爸爸表示接受，今后将注意教育方式。

材料4：小红9月份一上大班，爸爸就说："小班、中班我们没有学习，都让你自由玩游戏，现在大班了我们要开始学习了。"开始督促小红开始学拼音、学写字、认字，空闲时间还在家里教小红加减法、背乘法口诀，布置作业，一直说不能输在起跑线上，要为入小学积累"优势"。小红长时间坐着学拼音、写字、做数学题，经常发呆走神，写字总是一会儿大一会儿小，歪歪扭扭的，乘法口诀背完了不知道什么意思。爸爸批评小红学习不认真、态度不端正，才学不好，字迹歪歪扭扭也是练得不够，多强化训练就会好。爸爸有时候给小红讲道理一讲就是半个小时，还责备小红"太笨"，大声骂小红。

问题一：阐述非制度化教育的定义。
问题二：结合材料，说说家庭教育的重要性。
问题三：小红爸爸的做法正确吗？根据《指南》精神，家庭教育怎样做好幼小衔接？

第三节 教育与社会、个体的发展

一、单项选择题

1. 因材施教体现了发展的（　　）。
   A. 顺序性　　　　B. 阶段性　　　　C. 互补性　　　　D. 个别差异性
2. 科学技术是第（　　）生产力。
   A. 一　　　　　　B. 二　　　　　　C. 三　　　　　　D. 四
3. 美国的"早期开端计划"表明（　　）。
   A. 教育能传承文化　　　　　　　　B. 教育能产生经济效益
   C. 教育能推动社会走向民主　　　　D. 教育能生产科学技术
4. 与生俱来的解剖生理特征是（　　）。
   A. 肤色　　　　　B. 身高　　　　　C. 体重　　　　　D. 遗传素质
5. 教育要遵循人（　　）发展的规律。
   A. 生理　　　　　B. 心理　　　　　C. 身心　　　　　D. 独立

6. 做好幼小衔接说明个体身心发展的（　　）。
   A. 顺序性　　　　B. 阶段性　　　　C. 互补性　　　　D. 互补性
7. 影响个体身心发展的因素不包括（　　）。
   A. 条件反射　　　B. 环境因素　　　C. 活动因素　　　D. 个体自身要素
8. 教育服务于政治的最基本的途径是（　　）。
   A. 培养人才　　　B. 宣传意识　　　C. 表彰先进　　　D. 品德教育
9. 教育传播（　　），启迪人的民主观念。
   A. 科学　　　　　B. 智慧　　　　　C. 品德　　　　　D. 哲学
10. 以下不能体现教育与政治关系的是（　　）。
    A. 教育推动社会走向民主
    B. 教育能产生经济效益，是经济发展新的增长点
    C. 教育通过思想传播、制造舆论为统治阶级服务
    D. 教育通过培养合格的公民和政治人才为政治服务
11. 盲人听觉更敏感，说明个体身心发展具有（　　）。
    A. 顺序性　　　　B. 阶段性　　　　C. 互补性　　　　D. 不平衡性
12. "狼孩"的故事告诉我们，人的发展需要正常的（　　）。
    A. 遗传素质　　　B. 社会环境　　　C. 自然环境　　　D. 后天教育
13. 格赛尔对双生子爬楼梯实验成果的解读（　　）。
    A. 肯定了遗传的作用　　　　　　　B. 否定了环境的作用
    C. 肯定了成熟的作用　　　　　　　D. 夸大了成熟的作用
14. 以下不属于教育生产科学技术的方式是（　　）。
    A. 培养创新人才　　　　　　　　　B. 实现受教育权利的平等
    C. 传播科学文化知识和技术　　　　D. 生产新的科学文化知识和技术
15. 对于一个正常个体来说，个体发展的真正动力，来自个体的（　　）。
    A. 遗传　　　　　B. 成熟　　　　　C. 环境　　　　　D. 自觉性

二、判断题
1. 环境对人的发展起决定性作用。（　　）
2. "陵节而施"违背了发展的顺序性。（　　）
3. 个体身心发展的阶段性揭示质的变化。（　　）
4. 社会环境是任何人和生物共同的生存环境。（　　）
5. 教育发挥对个体发展的促进作用是有条件的。（　　）
6. 身心发展的阶段性是指人的发展并不总是匀速的。（　　）
7. 个体身心发展规律是教育活动必须遵循的主观规律。（　　）
8. 身心发展的阶段性要求教育要抓住关键期，适时而教。（　　）
9. 杜威的"做中学"表明个体的发展是自我精神建构的活动。（　　）
10. "遗传决定论""环境决定论""教育决定论"都是错误的。（　　）
11. 遗传是个体发展的决定因素，制约着环境影响的内化和主体的自我建构。（　　）

12. 心理学家华生的"刺激—反应"学说看到了环境的作用,也看到了人的自觉能动性。（　　）
13. 个体发展水平是个体在后天发展过程中所获得的知识、经验,个体发展的能力和倾向。（　　）
14. 个体发展是指个体生命从开始到青少年时期身心诸方面及其整体性结构与特征所发生的一系列变化的过程。（　　）
15. 《道德与法治课程标准》加强了学段衔接。"注意幼小衔接,基于对学生在健康、语言、社会、科学、艺术领域发展水平的评估股,合理设计小学一至二年级课程,注重活动化、游戏化、生活化的学习设计。"以上教育措施尊重了身心发展的阶段性。（　　）

三、辨析题

1. 遗传是个体身心发展的自然结果。
2. 活动是将主体和客体有机联系的媒介。

四、案例分析题

瑶瑶在班级很沉默。王老师第一次注意到瑶瑶,是一次区域游戏时间。所有的小朋友都兴高采烈地到自己喜欢的区域去玩了,只有瑶瑶站在美工区旁边,眼睛盯着纸黏土,看起来很难为情。王老师问瑶瑶:"你是想去美工区玩纸黏土吗?"瑶瑶不说话,也没有表情,只是看了老师一眼。这时候旁边一个小朋友说:"老师,她在班里从来不说话,也不跟小朋友一起玩。"听到这里,王老师决定慢下来,不能随意给瑶瑶贴标签,而是决定找家长沟通,了解孩子在家的表现,深度分析孩子沉默和退缩行为背后的原因,然后"对症下药"帮助瑶瑶。

瑶瑶妈妈说孩子在家特别开朗外向,在外面胆子很小,中班已经比小班进步多了,之前更严重,家人也很着急。王老师决定用"放大镜"发现瑶瑶的优点,主动和瑶瑶沟通,从瑶瑶感兴趣的事情入手,尊重她的想法,让她按照自己的节奏成长,并经常与家长沟通,通过家园配合一起帮助瑶瑶。就这样,经过两三个月的努力,瑶瑶慢慢主动回应王老师,在老师的鼓励下在美工区从做小花到做别的动物,从美工区再到主动提出到别的区域,并尝试和别的小朋友互动,整个人变得更自信了。

问题一:王老师的做法对吗？体现了尊重身心发展的哪个规律？

问题二:影响个体身心发展的因素有哪些？瑶瑶的转变,是哪些因素起了作用？

第四节　教育目的

一、单项选择题

1. 教育的核心问题是（　　）。
　　A. 课程标准　　　B. 教育评价　　　C. 教育目的　　　D. 教育教学
2. 德育的方法不包括（　　）。
　　A. 榜样　　　　　B. 实践锻炼　　　C. 说服教育　　　D. 班主任工作

3. 学校美育的内容不包括( )。
   A. 语言美　　　　　B. 自然美　　　　　C. 社会美　　　　　D. 艺术美
4. 健康领域目标的特点不包括( )。
   A. 身心健康并重　　　　　　　　　　B. 保护与锻炼并重
   C. 注重健康行为的养成　　　　　　　D. 注重培养幼儿处理各种关系的能力
5. 劳动教育是一个( )的实践过程。
   A. 观察　　　　　　B. 模仿　　　　　　C. 练习　　　　　　D. 动手动脑
6. 幼儿健康教育的终极目的是( )。
   A. 促进幼儿身心健康发展
   B. 让幼儿在集体生活中保持情绪安定、愉快
   C. 适应集体生活,建立良好的师生、同伴关系
   D. 让幼儿形成安全感、信赖感
7. 不属于《幼儿园教育指导纲要(试行)》(以下简称《纲要》)中数学认知目标的是( )。
   A. 亲近自然,喜欢探究　　　　　　　B. 感知形状与空间关系
   C. 感知和理解数、量级数量关系　　　D. 初步感知生活中数学的有用与有趣
8. 心理健康和社会适应方面体现为( )。
   A. 让幼儿形成安全感、信赖感
   B. 让幼儿在集体生活中保持情绪安定、愉快
   C. 适应集体生活,建立良好的师生、同伴关系
   D. 以上都是
9. 语言能力是在( )的过程中发展起来的。
   A. 运用　　　　　　B. 学习词汇　　　　C. 学习语音　　　　D. 学习语调
10. 以下是《纲要》中艺术领域目标特点的是( )。
    A. 幼儿艺术活动是精神创造活动
    B. 艺术活动是幼儿自我表达的重要方式
    C. 通过艺术活动激发幼儿的审美情趣,初步学习审美,体验成就感
    D. 以上都是
11. 儿童学习早期阅读和读写的关键期是( )。
    A. 3～4岁　　　　　B. 4～5岁　　　　　C. 5～7岁　　　　　D. 3～8岁
12. 社会主义建设者和接班人必须具备的思想前提是( )。
    A. 政治认同　　　　　　　　　　　　B. 道德修养
    C. 法治观念　　　　　　　　　　　　D. 健全人格和责任意识
13. 以下不属于《纲要》中科学领域目标特点的是( )。
    A. 适应幼儿园的生活,情绪稳定
    B. 发展幼儿解决问题的能力
    C. 感受数量关系,领悟数学的意义
    D. 保持幼儿的好奇心和鼓励他们的探究欲望

14. 《3-6岁儿童学习与发展指南》(以下简称《指南》)说明部分指明实施的原则有( )。
    A. 重视幼儿的学习牌子　　　　　　　B. 尊重幼儿发展的个体差异
    C. 理解幼儿的学习方式和特点　　　　D. 关注幼儿学习与发展的整体性
    E. 以上都是

15. 回答"为谁培养人""培养什么样的人"的问题的是( )。
    A. 教育本质　　　B. 教育目的　　　C. 教育目标　　　D. 课程方案

16. 位于《纲要》中五大领域之首的是( )。
    A. 健康领域　　　B. 语言领域　　　C. 社会领域　　　D. 艺术领域

17. "喜欢自然界与生活中美的事物"属于《纲要》中( )的目标。
    A. 艺术领域　　　B. 语言领域　　　C. 社会领域　　　D. 健康领域

18. 幼儿语言发展的敏感期,尤其是语音与口语发展的敏感期是( )。
    A. 1.5~2岁　　　B. 3~5岁　　　C. 2~3岁　　　D. 3~6岁

19. "具有健康的体态"是《3-6岁儿童学习与发展指南》中( )的目标。
    A. 科学领域　　　B. 语言领域　　　C. 健康领域　　　D. 社会领域

20. 主要以课程形式为载体,向教育者传授系统的文化科学基本知识、技能的是( )。
    A. 德育　　　B. 智育　　　C. 体育　　　D. 劳动教育

21. 《纲要》中,感受、喜欢、乐意等词汇突出( )。
    A. 知识目标　　　B. 技能目标　　　C. 情感目标　　　D. 能力目标

22. 《指南》中,"具有初步的归属感"是( )的目标。
    A. 科学领域　　　B. 语言领域　　　C. 社会领域　　　D. 健康领域

23. 中小学德育内容在每个学段侧重各有不同,按( )对内容进行科学设计。
    A. 章节　　　B. 主题　　　C. 重要程度　　　D. 先后顺序

24. 《纲要》中,"乐意与人交谈,讲话礼貌"是( )的目标。
    A. 健康领域　　　B. 社会领域　　　C. 科学领域　　　D. 语言领域

25. 《纲要》中,"能运用各种感官,动手动脑,探究问题"是哪个领域的目标( )。
    A. 科学领域　　　　　　　　　　　B. 语言领域
    C. 艺术领域　　　　　　　　　　　D. 社会领域

26. 国家提倡培育新质生产力,对教育提出新要求。这表明制定教育目的要依据( )的需要。
    A. 人　　　B. 社会　　　C. 市场　　　D. 未来

27. 《纲要》中,"能主动地参与各项活动,有自信心"是( )领域的目标。
    A. 健康领域　　　　　　　　　　　B. 语言领域
    C. 艺术领域　　　　　　　　　　　D. 社会领域

28. 针对不同( )学生特点,以日常生活劳动、生产劳动和服务性劳动为主要内容开展劳动教育。
    A. 学科　　　　　　　　　　　　　B. 学段
    C. 学龄　　　　　　　　　　　　　D. 学段、类型

29. 《纲要》把教育内容相对划分为健康、语言、社会、科学、艺术五个领域,这是将幼儿学习的范畴按( )来划分的。
   A. 学科领域　　　　　　　　　　B. 学习领域
   C. 综合领域　　　　　　　　　　D. 相对领域
30. 《儿童青少年肥胖防控实施方案》强调,要保证幼儿园幼儿每天的户外活动时间在正常的天气情况下不少于_____小时,其中体育活动时间不少于_____小时。横线处应填入的内容是( )。
   A. 1、2　　　　B. 2、1　　　　C. 1.5、2　　　　D. 2、1.5

二、判断题

1. 数学教育不属于科学领域。　　　　　　　　　　　　　　　　　　　　（　　）
2. 科学活动是幼儿自我表达的重要方式。　　　　　　　　　　　　　　　（　　）
3. 语言领域要在运用的过程中发展幼儿的口头语言。　　　　　　　　　　（　　）
4. 幼儿园教育的根本任务是为幼儿一生的发展打好基础。　　　　　　　　（　　）
5. 《纲要》中的各领域"指导要点"点明了该领域教的特点。　　　　　　　（　　）
6. 小学体育的课时和教学课应占 20%～30%,中学应占 16%～20%。　　　（　　）
7. 五大领域的划分界限明确,要尽量避免领域之间的内容相互渗透。　　　（　　）
8. 《纲要》指出,幼儿通过人际交往和社会适应实现社会性发展。　　　　（　　）
9. 德育过程就是受教育者的"知、情、意、行"逐步上升逐步整合的过程。（　　）
10. 幼儿园是义务教育的重要组成部分,是我国学校教育和终身教育的奠基阶段。（　　）
11. 在义务教育阶段,要坚持智育为先,提升德育水平,加强体育美育,落实劳动教育。
　　　　　　　　　　　　　　　　　　　　　　　　　　　　　　　　　　（　　）
12. 《纲要》中,重视儿童早期阅读的发展是语言领域的目标之一。　　　　（　　）
13. 在幼儿学习科学学习中,为追求知识和技能的掌握,可以对幼儿进行适当的灌输和强化训练。　　　　　　　　　　　　　　　　　　　　　　　　　　　　　（　　）
14. 《指南》指导幼儿园和家庭实施科学的保育和教育,促进幼儿身心全面和谐发展。
　　　　　　　　　　　　　　　　　　　　　　　　　　　　　　　　　　（　　）
15. 幼儿园教育目标是在国家相关法律法规的指导下,根据幼儿园的任务和教育对象而提出来的培养人的具体质量和规格的要求。　　　　　　　　　　　　　　（　　）

三、辨析题

1. "爱护动植物,关心周围环境,亲近大自然,珍惜自然资源,有初步的环保意识"是社会领域的教育目标。
2. 小班入学后,王老师让孩子们画自画像,发现许多孩子不会画,她于是画了一幅画,让孩子们照样子画下来。王老师的做法是正确的。

四、案例分析题

"我生病了"是一个中班生活经验类的讲述活动。此活动是由于秋冬季幼儿生病的情况较多,并且幼儿都有生病、看病、养病的经历,所以以此为主题让幼儿来讲述自己生病到病愈的过程和片段。活动开始,王老师提问,请幼儿思考并讲一讲自己生病了是什么样子的?在生病时都做了什么?

幼儿 A:前几天我生病了,开始有些流鼻涕,妈妈给我吃了治感冒的药,但是没有好,到了晚上我就开始发烧,妈妈给我测了体温说我的体温不高,算是低烧就让我多喝水,没有吃药,到了第二天我就没事了。

幼儿 B:我也感冒了,妈妈也给我吃了药,后来就好了。

王老师追问 B:你生病了有什么感觉?都有哪些不舒服的症状呢?妈妈是怎样照顾你的呢?

幼儿 B:我感觉不舒服,咳嗽了,发烧了,妈妈就喂我吃了很多药,很难喝的(做出一副痛苦的表情)。

王老师:还有谁有生病的经历,给大家讲一讲?

幼儿 C:老师,之前我头疼了两次,妈妈很担心,就带我到医院里检查。医生给我开了很多的化验单,让我去检查。但是那天是周日,医院里照 X 光的地方没有人,就让妈妈先进行预约才能照,后来我就抽了血进行化验。等过了几天妈妈才带我到医院照了 X 光,医生说我头部没有问题,头痛可能是鼻炎或其他原因引起的,就给我开了一些治鼻炎的药回家吃。

问题一:简述《幼儿园教育指导纲要(试行)中语言教育的指导要点。

问题二:幼儿 A、B、C 口头讲述能力一样吗?教师该如何做?

第二章 课程

第一节 课程的基本概念

一、单项选择题

1. 在我国,(　　)一词始见于唐宋年间。
   A. 课程　　　　　　　　　　　　B. 教育学
   C. 班级授课制　　　　　　　　　D. 人的全面发展

2. 课程是实现(　　)的关键手段。
   A. 教学计划　　　B. 课程方案　　　C. 课程标准　　　D. 教育目标

3. 弗雷尔是(　　)定义的重要代表人物。
   A. 课程即教学科目　　　　　　　B. 课程即学习经验
   C. 课程即文化再生产　　　　　　D. 课程即社会改造的过程

4. 在《朱子全书·论学》中提到课程的是(　　)。
   A. 朱元璋　　　　B. 朱棣　　　　C. 朱熹　　　　D. 孟子

5. 在西方,(　　)一词最早由英国教育家斯宾塞提出。
   A. 课程　　　　　　　　　　　　B. 教育学
   C. 班级授课制　　　　　　　　　D. 人的全面发展

6. 课程是(　　)、教学大纲等诸多方面实施过程的总和。
   A. 教学计划　　　B. 知识体系　　　C. 课程标准　　　D. 教育目标

7. 把课程看作是变革社会的良方的是(　　)。
   A. 课程即学习经验　　　　　　　B. 课程即教学科目
   C. 课程即文化再生产　　　　　　D. 课程即社会改造的过程

8. 鲍尔斯和金蒂斯是(　　)主张的重要代表人物。
   A. 课程即教学科目　　　　　　　B. 课程即学习经验
   C. 课程即文化再生产　　　　　　D. 课程即社会改造的过程

9. 反对"课程是活动或预先决定的目的"这类观点的是(　　)。
   A. 杜威　　　　B. 弗雷尔　　　　C. 鲍尔斯　　　　D. 古德莱德

10. 最普遍也最为大众所熟知的课程类型是(　　)。
    A. 课程即学习经验　　　　　　　B. 课程是教学科目
    C. 课程即文化再生产　　　　　　D. 课程即社会改造的过程

11. 以下不属于"课程是学习经验"缺点的是（   ）。
    A. 缺乏系统的科学知识基础
    B. 没有严格的教学计划
    C. 传授的知识逻辑性难以保证
    D. 帮助学生获得关于现实世界的直接经验

12. "课程是学习经验"是站在（   ）的角度出发和设计的。
    A. 教师   B. 学习者   C. 教科书   D. 班主任

13. 将课程等同于所教科目,这种课程属于（   ）概念。
    A. 课程是教学科目   B. 课程即学习经验
    C. 课程即文化再生产   D. 课程即社会改造的过程

14. 在我国,"课程"一词最早由（   ）在注释《诗经·小雅》时提到。
    A. 孔子   B. 孟子   C. 孔颖达   D. 朱熹

二、判断题

1. 课程有着广义和狭义之分。   （   ）
2. 最常见的课程定义是"学习的进程"。   （   ）
3. 人们有关课程定义的分歧将长期存在。   （   ）
4. 课程是对教学活动方式的规划和设计。   （   ）
5. "课程即学习经验"在实践中很容易落实。   （   ）
6. 中国和西方同一时间出现了"课程"一词。   （   ）
7. 每一种课程定义反映了定义者的基本观点和取向。   （   ）
8. 杜威与弗雷尔对课程的定义都是"课程即学习经验"。   （   ）
9. 课程是对育人目标、教学内容、教学活动方式的规划和设计。   （   ）
10. "课程即教学科目"不会忽视学生的心智发展、情感陶冶和创造性表现。   （   ）

三、辨析题

1. 课程有广义和狭义之分。
2. 从某种社会文化里选择出来材料,通过教育把文化传给下一代的课程定义秉持"课程即学习经验"的观点。

四、案例分析题

静静是一名中职学校的学生,她认为课程的概念太多了,关于课程的定义超过一百多种,记起来太麻烦了,只要记住其中的一种定义就好。她觉得课程就等同于科目,教师系统地传授学生的某门学科的知识,有利于学生掌握系统的知识,情感陶冶和创造性表现也得到妥善地培养。

问题一:写出四种典型的课程定义。

问题二:静静的想法对吗？请结合所学知识说明理由。

第二节　课程的分类

一、单项选择题

1. 校园文化属于(　　)。
   A. 显性课程　　　　B. 活动课程　　　　C. 隐性课程　　　　D. 综合课程
2. 我国幼儿教育之父是(　　)。
   A. 陶行知　　　　　B. 张雪门　　　　　C. 陈鹤琴　　　　　D. 张宗麟
3. 创立了"行为课程"理论的是(　　)。
   A. 陈鹤琴　　　　　B. 张雪门　　　　　C. 张宗麟　　　　　D. 陶行知
4. 我国古代的"六艺"属于(　　)。
   A. 学科课程　　　　B. 活动课程　　　　C. 核心课程　　　　D. 综合课程
5. 艺术、道德与品质、科学属于(　　)。
   A. 学科课程　　　　B. 活动课程　　　　C. 核心课程　　　　D. 综合课程
6. 我国第八次基础教育课程改革在(　　)年启动。
   A. 2001　　　　　　B. 1977—1985　　　C. 1986—1991　　　D. 1992—2000
7. 我国中小学的德育课程属于(　　)。
   A. 国家课程　　　　B. 地方课程　　　　C. 校本课程　　　　D. 园本课程
8. 以下不是国家课程特点的是(　　)。
   A. 自上而下　　　　B. 权威性　　　　　C. 强制性　　　　　D. 启蒙性
9. (　　)是一种广义上的幼儿园课程。
   A. 幼儿园课程即教学科目　　　　　　B. 幼儿园课程即教育活动
   C. 幼儿园课程即儿童经验　　　　　　D. 幼儿园课程是整合
10. 学科课程起初的理论基础是(　　)。
    A. 官能心理学　　　　　　　　　　　B. 人本主义心理学
    C. 行为主义心理学　　　　　　　　　D. 认知心理学
11. 古希腊的"七艺"和"武士七艺"属于(　　)。
    A. 学科课程　　　　B. 活动课程　　　　C. 核心课程　　　　D. 综合课程
12. 以下不属于幼儿园课程实施原则的是(　　)。
    A. 目标定向原则　　B. 生活化原则　　　C. 综合化原则　　　D. 游戏化原则
13. "教育即生长""教育即生活"是(　　)的观点。
    A. 杜威　　　　　　B. 陈鹤琴　　　　　C. 陶行知　　　　　D. 克伯屈
14. "直接感知、实际操作、亲身经验"是为了让幼儿获得(　　)。
    A. 能力　　　　　　B. 知识　　　　　　C. 直接经验　　　　D. 间接经验
15. 我国幼儿教育史上第一位男幼师是(　　)。
    A. 陈鹤琴　　　　　B. 张雪门　　　　　C. 张宗麟　　　　　D. 陶行知

16. 提出要使"幼稚教育运动转向劳苦大众的队伍里去"的是（　　）。
    A. 陶行知　　　　　B. 张雪门　　　　　C. 张宗麟　　　　　D. 陈鹤琴
17. 课程实施的（　　）特指忠实严格地执行课程计划的过程。
    A. 忠实取向　　　B. 忠诚取向　　　C. 相互适应取向　　　D. 创生取向
18. （　　）等人对于课程实施取向的分类研究受到普遍的认同。
    A. 杜威　　　　　B. 辛德　　　　　C. 斯宾塞　　　　　D. 马卡连柯
19. 1923年,陈鹤琴在南京办的中国第一所实验幼稚园是（　　）。
    A. 鼓楼幼稚园　　　　　　　　　　B. 武昌蒙养院
    C. 武昌幼稚园　　　　　　　　　　D. 南京燕子矶幼稚园
20. 1940年,陈鹤琴创办了我国第一所公立幼稚师范学校是（　　）。
    A. 晓庄师范学校　　　　　　　　　B. 厦门怀德幼稚师范学校
    C. 福州协和幼稚师范学校　　　　　D. 江西省立实验幼稚师范学校
21. 中国历史上第一个自己制定的统一的幼儿园课程指导文件是（　　）。
    A.《幼稚园行为课程》　　　　　　　B.《幼稚园课程标准》
    C.《幼稚教育概论》　　　　　　　　D.《审查编辑幼稚园课程与教材案》
22. 面向全体幼儿,是由教师组织、设计、展开的教学形式是（　　）。
    A. 游戏　　　　　B. 生活活动　　　　　C. 体育活动　　　　　D. 教学活动
23. 以儿童从事某种活动的兴趣和动机为中心组织的课程是（　　）。
    A. 学科课程　　　B. 活动课程　　　C. 核心课程　　　D. 综合课程
24. 坚持知识统一性观点,而且可以发挥学习者的迁移能力的课程类型是（　　）。
    A. 学科课程　　　B. 活动课程　　　C. 综合课程　　　D. 核心课程
25. 认为课程实施的本质是在具体的课程情境中师生共同缔造新的教育经验的是（　　）。
    A. 忠实取向　　　B. 契合取向　　　C. 相互适应取向　　　D. 创生取向
26. 批评当时害有"外国病、富贵病、花钱病"的幼稚园教育,探索平民化的幼稚教育的人是（　　）。
    A. 陶行知　　　　　B. 张雪门　　　　　C. 张宗麟　　　　　D. 陈鹤琴
27. 《纲要》提到"生活"32次,《指南》提到"生活"81次,体现了幼儿园课程的（　　）特点。
    A. 以游戏为基本形式　　　　　　　B. 基础性与非义务性
    C. 以幼儿直接经验为基础　　　　　D. 融合于一日生活中
28. 新中国成立后,我国幼儿园的课程内容有体育、语言、计算、常识、美术、音乐,这是属于（　　）的课程类型。
    A. 课程即社会改造的过程　　　　　B. 课程即文化再生产
    C. 课程即学习经验　　　　　　　　D. 课程是教学科目
29. 针对班级学生基础较差,学习兴趣不高的情况,王老师上课时对教学内容进行删减,增加一些趣味性知识。这一课程实施符合（　　）。
    A. 忠实取向　　　　　　　　　　　B. 创生取向
    C. 技术取向　　　　　　　　　　　D. 相互适应取向

30. 实现幼儿园教育目的的手段,帮助幼儿获得有益的学习经验,以促进其身心全面和谐发展的各种活动的总和的是(   )。
    A. 教学活动   B. 生活活动   C. 体育活动   D. 幼儿园课程

二、判断题

1. 幼儿园教育以生活活动为基本活动。 (   )
2. 国家课程只有权威性,没有强制性。 (   )
3. 校本课程就是以老师为课程编制主体。 (   )
4. 综合课程有助于发挥学习者的迁移能力。 (   )
5. 核心课程主张以人类社会的基本活动为中心。 (   )
6. 《指南》指出:幼儿的学习以直接经验为主。 (   )
7. 幼儿园课程以幼儿的直接经验和间接经验为基础。 (   )
8. "课程即教学科目"侧重于幼儿直接经验的建构。 (   )
9. 学科课程脱离现实、割裂知识,应当取缔。 (   )
10. 课程实施的相互适应取向特指忠实严格地执行课程计划的过程。 (   )
11. 根据幼儿的年龄特点和身心发展的需要,幼儿园教育具有保教合一的特点。 (   )
12. 幼儿从入园到离园以及整理、进餐、盥洗、午睡的生活环节跟课程无关。 (   )
13. 创生取向认为课程实施过程是课程计划根据班级或学校实际情境相互调整、改变与适应的过程。 (   )
14. 吴老师在教学活动前设计了目标,实施过程中巧妙地处理了与目标无关的问题,引导幼儿思考与课程目标有关的问题。吴老师很好地运用了幼儿园课程实施的目标定向原则。 (   )
15. 综合课程的组织方式较好地解决了学科课程和活动课程的弊端,可以避免学科本身距离生活过于遥远,又可以避免教育的随意性以致酿成概念模糊和体系混乱的后果。 (   )

三、辨析题

1. 幼儿园课程是基础教育,是所有适龄幼儿都必须学习和完成的"任务"。
2. "幼儿园课程即教育活动"强调了教学活动的重要性,把生活活动、游戏活动与体育活动等排除出课程的范畴。

四、案例分析题

小吴老师在开展中班体育活动"走平衡木"中,发现孩子总是嘻嘻哈哈,你推我搡,不断有孩子从矮矮的平衡木上跳上跳下,秩序很乱。她不断去维持秩序,可是无济于事。年段长肖老师知道后,说活动内容太枯燥了,应该变成游戏的形式。第二天,小王老师戴着兔子的头饰,把孩子领到一条"小河"(用皱纹纸装饰的)边,轻声说:我们的好朋友小兔被大灰狼抓到河对岸了,我们要趁着大灰狼睡着了,过桥去救它,请注意河里的鳄鱼。"用卡纸制作成张大嘴巴的鳄鱼,放在河里。小朋友们戴上老师准备的动物头饰,很小心地走着,怕吵醒大灰狼,也不敢跳下桥,怕被鳄鱼吃掉。就这样,大家有顺序地救回了小白兔,游戏玩了一遍又一遍。

问题一:小王老师后来用了什么方法开展中班体育活动?

问题二:为什么幼儿园课程要"以游戏为基本形式"?

第三节 课程的表现形式

一、单项选择题

1. 课程标准具有(　　)性质。
   A. 法定　　　　　　B. 法治　　　　　　C. 法律　　　　　　D. 强制
2. 课程标准的核心是(　　)。
   A. 前言　　　　　　B. 内容标准　　　　C. 课程目标　　　　D. 实施建议
3. 课程计划的首要问题是(　　)。
   A. 教学科目的设置　　　　　　　　　　B. 学年编制与学周安排
   C. 科目的学科先后顺序　　　　　　　　D. 每个科目的课时分配
4. 课程的三维目标不包括(　　)。
   A. 年龄段目标　　　　　　　　　　　　B. 知识与技能
   C. 过程与方法　　　　　　　　　　　　D. 情感态度与价值观
5. 对单科课程的总体设计是(　　)。
   A. 教科书　　　　　　　　　　　　　　B. 课程计划
   C. 课程标准　　　　　　　　　　　　　D. 教育方针
6. 教材编写、考试命题要依据(　　)。
   A. 教育方针　　　　B. 教育目的　　　　C. 课程计划　　　　D. 课程标准
7. 国家对教育工作的统一要求体现在(　　)。
   A. 教科书　　　　　B. 课程计划　　　　C. 课程标准　　　　D. 教育目的
8. 根据课程标准编制的、系统反映学科内容的教学用书叫(　　)。
   A. 教科书　　　　　B. 课程计划　　　　C. 课程标准　　　　D. 教育方针
9. 规定某个具体学科的教学目的和任务,知识的范围、深度和难度的是(　　)。
   A. 教科书　　　　　B. 课程计划　　　　C. 课程标准　　　　D. 教育评价

二、判断题

1. 课文是教科书的主体部分。　　　　　　　　　　　　　　　　　　　　　　(　　)
2. 教科书是课程标准的具体化。　　　　　　　　　　　　　　　　　　　　　(　　)
3. 课程标准是对单科课程的总体设计。　　　　　　　　　　　　　　　　　　(　　)
4. 课程计划是课程标准的具体化,是对学生学习结果的描述。　　　　　　　　(　　)
5. 课程标准一般是按学年或学期分册,再根据内容划分成单元或章节。　　　　(　　)
6. 教科书由学科设置、学科顺序、课时分配、学年编制和学周安排等要素构成。(　　)

7. 课程目标部分总体介绍本课程的性质和价值,阐述基本理念,说明设计思路等。（　　）
8. 课程计划、课程标准和教科书是课程的表现形式。这三者的关系为自下而上的层级关系。（　　）
9. 教科书的插图编排形式要有利于学生的学习,且符合教育学、心理学、卫生学和美学的要求。（　　）
10. 修订后的 2022 义务教育课程标准落地后,语文、数学、英语等新教材陆续出现,说明教科书的改革是课程改革的一个重要方面。（　　）

三、辨析题
1. 教科书是教与学的重要依据。
2. 课程的表现形式包括课程总目标、领域目标、学科目标。

四、案例分析题

　　教育部办公厅今年 7 月 25 日发布关于印发《2024 年义务教育国家课程教学用书目录(根据 2022 年版课程标准修订)》的通知,根据 2022 年版义务教育课程标准修订的教材将于 2024 年秋季学期陆续投入使用。当前,小学的一年级新生们已开始使用新的统编版《语文》《数学》《道德与法治》课本。某校一年级语文王老师,介绍了《语文》上册课本的变化,并表示新课本能帮助孩子们更快适应小学的学习生活。《语文》课本变化如下:一、汉语拼音单元安排变化,由以前的两个单元变成了现在的三个单元,让孩子们更系统地学习汉语拼音;二、精读课文数量变化,由之前的十四篇精读课文变成了现在的十篇精读课文,更注重精学精练;三、口语交际,以前旧教材中的口语交际在今年的新教材中已经全部删除。总体来说,学习难度总体下降,可以让一年级的小学生更好地适应小学生活、做好幼小衔接。

　　问题一:根据所学,阐述课程标准与教科书的定义,说明二者之间关系。

　　问题二:如何看待一年级《语文》新教材的变化?

第三章 教学

第一节 教学概述

一、单项选择题

1. 教学的本质是一种特殊的（　　）。
   A. 实践活动　　　　B. 课堂活动　　　　C. 学校活动　　　　D. 认识活动
2. 下列关于教学活动的说法，错误的一项是（　　）。
   A. 教学认识具有特殊性　　　　　　　B. 教学认识是直接性的认识
   C. 教学认识是学生的认识　　　　　　D. 教学认识是有领导的认识
3. 学生在学习知识的过程中产生情感、形成正确的世界观、人生观和价值观，反映了教学认识的（　　）。
   A. 间接性　　　　　B. 长期性　　　　　C. 有领导性　　　　D. 教育性
4. 下列关于教学与智育的说法，错误的一项是（　　）。
   A. 教学是智育的主要渠道
   B. 教学可以与智育画等号
   C. 教学并非智育的唯一途径
   D. 除了智育任务，教学还需履行德育、体育、美育、劳动教育等多方面使命
5. 最早主张学、思、行相结合的教育家是（　　）。
   A. 孔子　　　　　　B. 孟子　　　　　　C. 老子　　　　　　D. 荀子
6. 在教学中运用"产婆术"的教育家是（　　）。
   A. 柏拉图　　　　　B. 赫尔巴特　　　　C. 苏格拉底　　　　D. 亚里士多德
7. 提出"教的法子必须要根据学的法子……先生的责任不在教，而在教学，教学生学"的教育家是（　　）。
   A. 陈鹤琴　　　　　B. 陶行知　　　　　C. 徐特立　　　　　D. 蔡元培
8. 新行为主义教学理论的代表斯金纳提出了（　　）。
   A. 情感教学理论　　　　　　　　　　B. 程序教学理论
   C. 目标教学理论　　　　　　　　　　D. 认知结构教学理论
9. 布卢姆提出了（　　）。
   A. 情感教学理论　　　　　　　　　　B. 程序教学理论
   C. 目标教学理论　　　　　　　　　　D. 认知结构教学理论

10. 克伯屈提出的教学理论是（　　）。
   A. 设计教学法　　　　　　　　　　B. 程序教学理论
   C. 目标教学理论　　　　　　　　　D. 认知结构教学理论

二、判断题
1. 广义的教学与狭义的教学含义相通。　　　　　　　　　　　　　　　　　　　　（　　）
2. 《纲要》中指出："幼儿园的教育活动，是教师以多种形式有目的、有计划地引导幼儿生动、活泼、被动活动的教育过程。"　　　　　　　　　　　　　　　　　　　　　　　（　　）
3. 幼儿园中不存在教学活动，所谓的教学活动是游戏活动。　　　　　　　　　　　（　　）
4. 世界上最早对教育教学思想进行系统论述的专著是《大教学论》。　　　　　　　（　　）
5. 罗杰斯提出了非指导性教学理论。　　　　　　　　　　　　　　　　　　　　　（　　）
6. 亚里士多德提出和谐发展教学思想。　　　　　　　　　　　　　　　　　　　　（　　）
7. 杜威的解决问题的"五步教学"为情境、问题、假设、推论、预习。　　　　　　（　　）
8. 布卢姆提出结构主义教学理论。　　　　　　　　　　　　　　　　　　　　　　（　　）
9. 赞科夫在《教学过程最优化：一般教学论方面》中提出发展性教学理论。　　　（　　）
10. 体现了教学理论中国化的著作是《新教育大纲》。　　　　　　　　　　　　　（　　）

三、辨析题
1. 教学与教育的概念相互关联，相互包含。
2. 现代教学从关注过程转向关注结果。

四、案例分析题
　　在一节培养儿童双脚跳的健康活动课上，钟老师最初只是让幼儿跳，过一会儿，幼儿很快就失去了兴趣，不再愿意跳了。这时，钟老师把这个动作放在一个特定的情景之中，像讲故事一样说："兔妈妈带着小兔子一起去采蘑菇，我们小兔子跳起来吧！"钟老师还在不同的地方放一些东西，如小花、蘑菇等，让幼儿学着小兔子的动作去采。就这样，幼儿既愿意玩，又练习了要学的东西。
　　问题：分析本案例体现教学活动的本质。

第二节　教学原则

一、单项选择题
1. 教学工作必须遵循的基本要求是（　　）。
   A. 教学目的　　　　　　　　　　　B. 教学原则
   C. 教学方法　　　　　　　　　　　D. 教学组织形式

2. 在幼儿教学中,教师要在教简单的知识技能的同时开展道德教育,促进幼儿个性的形成以及身心健康发展。这反映了教学原则中的(　　)。
   A. 启发探索性原则　　　　　　　　B. 主体活动性原则
   C. 趣味直观性原则　　　　　　　　D. 科学性和思想性相结合的原则

3. 作为幼教从业者,我们有义务了解差异心理学的最新研究成果,以更新教育观念中的(　　)。
   A. 学生主体　　　　　　　　　　　B. 因材施教
   C. 启发探索　　　　　　　　　　　D. 直观教学

4. 关于因材施教的教学原则,以下说法错误的一项是(　　)。
   A. 因材施教考查的是教师的教学能力,与家长无关
   B. 教师应对幼儿进行观察和研究,深入了解其个性
   C. 实践因材施教并非易事,教师需全面考虑多方面因素
   D. 要因人而异,针对每个幼儿的独特特点进行有针对性的教学

5. 教学直观包括实物直观、电化教具直观、模象直观和(　　)。
   A. 现场直观　　　　　　　　　　　B. 模拟直观
   C. 动作直观　　　　　　　　　　　D. 教师言语直观

6. 关于直观性教学原则,下列说法错误的一项是(　　)。
   A. 直观教学可以取代教师的启发、讲解、示范、训练与互动
   B. 要给学生创造看、听、摸、闻、尝、做的机会,让幼儿亲身感受
   C. 直观教学旨在使幼儿对知识形成清晰、真实、正确、形象的表象
   D. 正确运用直观教学还能推动幼儿观察力、想象力以及思维能力的提升

7. 在设计教学活动时,教师要注意系统性,考虑活动之间的关联性、单元主题课程的逻辑关系以及课程与环境之间的整合等。这反映了教学原则中的(　　)。
   A. 启发探索性原则　　　　　　　　B. 主体活动性原则
   C. 趣味直观性原则　　　　　　　　D. 全面整合性原则

8. 教师要最大限度地调动每个幼儿学习积极性和自觉性,激发每一个幼儿的潜能,使他们真正成为学习的主人。这反映了教学原则中的(　　)。
   A. 启发探索性原则　　　　　　　　B. 主体活动性原则
   C. 趣味直观性原则　　　　　　　　D. 全面整合性原则

9. 教师对知识的解释不可随意为之,避免给学前儿童留下错误的初始印象,影响其未来对正确知识的学习与理解。这要求教师的教学遵循(　　)。
   A. 启发探索性原则　　　　　　　　B. 主体活动性原则
   C. 趣味直观性原则　　　　　　　　D. 科学性和思想性相结合的原则

10. 教师要用尽一切办法激发幼儿的学习热情,激励幼儿积极探索。这要求教师的教学遵循(　　)。
    A. 启发探索性原则　　　　　　　　B. 主体活动性原则
    C. 趣味直观性原则　　　　　　　　D. 科学性和思想性相结合的原则

二、判断题

1. 遵循教学原则，就是遵循教学活动的主观规律。（   ）
2. 运用直观性教学原则，就是让幼儿观察，教师不要讲解。（   ）
3. 直观手段要与训练教师的感官相结合。（   ）
4. 根据直观性教学原则教学时，实验材料必须保证每人一份。（   ）
5. 不管选用何种直观方式，教师都需关注典型性、代表性、科学性、思想性，考虑是否符合儿童发展特点、满足教学需求。（   ）
6. 某幼儿园老师带着孩子们背李白的《静夜思》时，还分享了李白小时候贪玩后来在老婆婆的启发下，领悟到铁杵磨成针的道理的小故事。该老师遵循的教学原则是主体活动性原则。（   ）
7. "一把钥匙开一把锁"运用在教育中强调因材施教。（   ）
8. "道而弗牵，强而弗抑，开而弗达"反映了直观性教学原则。（   ）
9. "视其所以，观其所由，察其所安；人焉瘦哉"反映了因材施教的教学原则。（   ）
10. "深其深，浅其浅，益其益，尊其尊"反映了启发性教学原则。（   ）

三、辨析题

1. 教学原则是一成不变的。
2. 幼儿教学中，直观的教具用得越多越好。

四、案例分析题

老师在讲授"高矮"的概念时，先让大家看摩天大楼和周围普通楼房的差别，然后让幼儿设想：如果我们站在楼顶上感觉会怎样？幼儿们回答："会害怕。"老师接着问："如果站在我们教学楼的三楼或四楼往下看呢？"同学们答："不会觉得害怕。"老师问："知道为什么吗？"幼儿们回答："我们的教学楼矮，摩天大楼高。"老师出示课题：高矮。然后让幼儿离位寻找教室里有关高矮的实物，进行自由讨论。

试运用教学原则的相关知识分析上述案例。

第三节　教学方法

一、单项选择题

1. 为完成教学任务，教师的教和学生的学相互作用所采取的方式、手段和途径，被称为（   ）。
   A. 教学目的　　　　　　　　　　B. 教学原则
   C. 教学方法　　　　　　　　　　D. 教学组织形式

2. 下列关于游戏法的说法,错误的一项是(　　)。
   A. 在教学过程中,运用游戏是为了让幼儿更开心
   B. 游戏法是重要的教学方法,教师应学会运用
   C. 游戏法可以激发幼儿学习兴趣,引导幼儿专注
   D. 游戏可不仅仅是教师教学活动中的一环,还可贯穿整个教学过程
3. 游戏教学法可运用于(　　)。
   A. 课前　　　　B. 课中　　　　C. 课后　　　　D. 课堂
4. 直观教学法包括观察法和(　　)。
   A. 讲述法　　　B. 练习法　　　C. 实际锻炼法　　D. 演示示范法
5. 下列关于观察教学法的说法,错误的一项是(　　)。
   A. 观察教学法运用相对容易,教师随机应变即可
   B. 在观察过程中,教师需充分运用语言和手势引导
   C. 观察前需充分准备,明确目标、选择对象、制定计划
   D. 在开始观察时,教师需要明确观察目标,利用提问等形式激发幼儿的兴趣
6. 下列关于教育方法的说法,错误的一项是(　　)。
   A. 观察教学法是最古老、应用最广泛的教学方法
   B. 教学方法存在多样性,教师根据现实情况选用
   C. 游戏教学法中不能忽略游戏的意义,不能为游戏而游戏
   D. 运用教授教学法时,教师教导幼儿仔细聆听问题,用洪亮声音回答
7. 根据所述内容可划分为讲述法分为现实性讲述和(　　)。
   A. 观察性讲述　　　　　　　　B. 参观性讲述
   C. 描述性讲述　　　　　　　　D. 创造性讲述
8. 借助提问、回答、讨论等方式进行教学的教学方法是(　　)。
   A. 讲述法　　　B. 谈话法　　　C. 实际锻炼法　　D. 演示示范法
9. 下列关于情境教学法的说法,错误的一项是(　　)。
   A. 设计的模拟场景应在形式上别具一格,激发学生兴趣
   B. 在运用情境教学法时,教师应当默默陪伴幼儿,让幼儿自主发展
   C. 创设具体、生动、形象的学习情境,通过合适方式让幼儿完全融入其中
   D. 必须让幼儿处于情境中,提供充分表达和交往机会以培养他们的主体意识
10. 在教学中,最终选择什么样的教学方法要考虑(　　)。
    A. 课程的目标　　　　　　　　B. 幼儿的年龄特点
    C. 教师自身的能力和特点　　　D. 以上要素都要考虑
11. 教师给学生展示了如何通过扩大镜和装满水的水盆"制造"彩虹的方法,这种教学方法属于(　　)。
    A. 演示法　　　B. 实验法　　　C. 参观法　　　D. 讲授法
12. 电视节目《百家讲坛》栏目主讲人所使用的教学方法主要是(　　)。
    A. 演示法　　　B. 实验法　　　C. 参观法　　　D. 讲授法

13. 能使学生在较短时间内获得大量系统的科学知识的教学方法是（   ）。
    A. 演示法　　　　　B. 实验法　　　　　C. 参观法　　　　　D. 讲授法
14. 幼儿园教学活动中,教师让学生分小组观察小金鱼,了解其生活习性。教师运用的教学方法主要是（   ）。
    A. 演示法　　　　　B. 实验法　　　　　C. 参观法　　　　　D. 讲授法
15. 教师让幼儿通过将红色和黄色混合,体会色彩的奥妙,这种教学方法是（   ）。
    A. 演示法　　　　　B. 实验法　　　　　C. 参观法　　　　　D. 讲授法

二、判断题

1. 教学方法在概念层次上比教学策略更广泛。（   ）
2. 在幼儿园,与小学不同,幼儿主要通过游戏来进行学习。（   ）
3. 游戏是孩子独特的学习方法。（   ）
4. 利用游戏法教学时,要让幼儿玩个痛快,以免影响幼儿情绪发展。（   ）
5. 运用观察法时,可让幼儿先自由观察,支持他们相互交流。（   ）
6. 教学方法的选择应慎重,为避免引起幼儿思维混乱,一次领域活动只能采用一种教育方法。（   ）
7. 演示法是教师请幼儿到台前演示。（   ）
8. 运用演示教学法时,最好在演示最精彩处结束,给幼儿留下悬念,激发其好奇心。（   ）
9. 谈话法可以借助教师启发,脱离幼儿经验。（   ）
10. 美国心理学家布鲁纳倡导的发现法是一种以引导探究为主的教学方法。（   ）
11. 注入式教学把学生看成是知识的容器,讲授法是其典型代表。（   ）
12. 演示法是一种辅助性教学方法,要和讲授法、谈话法等配合使用。（   ）
13. 启发性讲解的核心是调动学生学习的主体性,引导学生主动思维。（   ）
14. 教学方法是教师为完成教学任务而采用的教的方法。（   ）
15. 运用讲授法时,教师的讲授声音洪亮决定学生学习的质量。（   ）

三、辨析题

1. 教学方法也就是教学策略。
2. 运用游戏法教学,游戏意义大于教育意义。

四、案例分析题

1. 一位教师在讲授《植物的果实》一课时,课前曾布置作业,要求学生把自己认为是果实的物品带到教室里来。

　　学生带来的有梨、苹果、香蕉、花生、核桃、葵花子、胡萝卜等。

　　上课一开始,学生就对胡萝卜是不是果实进行了激烈的争论,双方谁也说服不了谁,气氛异常活跃。

　　教师因势利导地指出:"当你对一个事物拿不准的时候,你就拿一个和它类似的东西和它比较,看它们有哪些相同？哪些不同？答案就很容易找出了。"

　　他拿起一个苹果和一个梨,问道:"它们有哪些东西相同？为什么它们是果实呢？"

　　"都能吃。"一个学生回答。

"能吃。对,但不一定所有果实都能吃。"教师说。

"都是树上长的。"又有一个同学说。

"苹果和梨都是树上长的,但不是所有的果实都长在树上,花草也有果实。"教师说。

"都是开完花结的果。"又有一个同学说,教师立即加以肯定。

"都有核儿"——一个学生猛然想起,脱口而出。

"是吗? 那就要观察它们的构造了。"教师说:"好,切开来研究研究。"

切开后,教师问:"那核儿是什么? 知道吗?"

"是种子。"同学们回答。

教师:"它的内部构造都有种子,种子是繁殖后代的,那么种子以外这一大部分叫什么呢?"

"叫果肉。"一个同学答。

这时,教师总结:"对,平常我们叫它果肉,最外面一层叫皮,但科学的叫法,把种子以外的都叫果皮。"

我们都知道开花结果,果实都有两部分,那就是果皮和种子。是不是果实,主要看里面有没有种子。

又问:"胡萝卜里面有没有种子呀?"

"没有种子,不是果实。"学生回答。

问题一:以上这个案例主要运用了哪些教学方法?

问题二:这些教学方法对教师有哪些要求?

2. 幼儿小刚路过学校门口的水果店时,顺手就拿走摊位上的苹果吃了起来。到了学校,同学和陆老师说了这个情况。陆老师了解情况后询问小刚为什么要拿水果店的水果。小刚说自己在家里就是吃什么拿什么,吃多少拿多少。陆老师就问小刚:"妈妈带你出去的时候会给你买零食吗? 买零食的时候有没有付钱呀?"小刚说:"当然有啦。"陆老师又问小刚:"那妈妈的钱是哪里来的呀?"小刚回答老师说:"妈妈的钱是工作赚来的。"陆老师和小刚说:"妈妈的钱是工作赚来的,也是付出了劳动,付出了辛苦,所以我们不管想要什么东西都要通过自己的劳动去获得。"

问题一:案例中老师主要运用了哪种教学方法?

问题二:结合案例和实际分析此教学方法的优缺点。

第四节 教学组织形式

一、单项选择题

1. 教学活动中教师与学生为实现教学目标所采用的社会结合方式,称为( )。
   A. 教学目的　　　　　B. 教学原则　　　　　C. 教学方法　　　　　D. 教学组织形式
2. 最先出现的教学组织形式为( )。
   A. 道尔顿制　　　　　B. 设计教学法　　　　C. 班级授课制　　　　D. 个别教学制
3. 教师传授知识、布置任务及批改都是个别进行的教学组织形式为( )。
   A. 道尔顿制　　　　　B. 设计教学法　　　　C. 班级授课制　　　　D. 个别教学制
4. 最有助于因材施教的教学组织形式为( )。
   A. 道尔顿制　　　　　B. 设计教学法　　　　C. 班级授课制　　　　D. 个别教学制
5. 教学对象最有限,规模小,效率低的教学组织形式为( )。
   A. 道尔顿制　　　　　B. 个别教学制　　　　C. 班级授课制　　　　D. 设计教学法
6. 现代教学基本组织形式是( )。
   A. 道尔顿制　　　　　B. 个别教学制　　　　C. 班级授课制　　　　D. 设计教学法
7. 我国最早采用班级授课制,是在( )。
   A. 少林寺　　　　　　B. 京师大学堂　　　　C. 京师同文馆　　　　D. 马尾船政学校
8. 首次从理论上对班级授课制作了论述,奠定了理论基础的教育家是( )。
   A. 杜威　　　　　　　B. 柏拉图　　　　　　C. 赫尔巴特　　　　　D. 夸美纽斯
9. 下列关于班级授课制的说法,正确的一项是( )。
   A. 班级授课制有令人不可忽视的缺陷
   B. 班级授课制的优点在于有利于因材施教
   C. 班级授课制的特点在于"班""课""人"
   D. 班级授课制是目前效率最低的教学组织形式
10. 班级授课制的特殊形式是( )。
    A. 复式教学　　　　　B. 现场教学　　　　　C. 个别教学制　　　　D. 设计教学法
11. 根据具体教学任务,组织学生赴工厂、乡村、社会现场等,通过观察、调查或实践操作进行教育的教学组织形式是( )。
    A. 复式教学　　　　　B. 现场教学　　　　　C. 个别教学制　　　　D. 设计教学法
12. 单元教学法又称为设计教学法,其提出者为( )。
    A. 杜威　　　　　　　　　　　　　　　　　B. 克伯屈
    C. 赫尔巴特　　　　　　　　　　　　　　　D. 夸美纽斯
13. "教师指定参考书,学生自主实施"的教学组织形式是( )。
    A. 杜威制　　　　　　　　　　　　　　　　B. 克伯屈制
    C. 道尔顿制　　　　　　　　　　　　　　　D. 特朗普制

14. 教师通过一对一或者一对二的形式，根据幼儿的兴趣、能力、水平进行有针对性的指导教育的幼儿园教学活动的组织形式为（   ）。
   A. 复式教学活动   B. 小组教学活动   C. 个别教学活动   D. 集体教育活动
15. 促进幼儿学会规则和自律的最佳教学组织形式为（   ）。
   A. 复式教学活动   B. 小组教学活动
   C. 个别教学活动   D. 集体教育活动

二、判断题

1. 根据学生能力和成绩进行划分，因此体现"组内同质，组间异质"特点的教学组织形式为班级授课制。（   ）
2. 教学组织形式是不断演变的。（   ）
3. 小组教学活动的缺点在于全班幼儿需同步学习，难以关注个体差异。（   ）
4. 有助于培养幼儿独立性、自主性和合作精神的教学组织形式是个别教学制。（   ）
5. 班级授课制的教学组织形式可解决班级人数多的问题，教师更能关注到每位学生。（   ）
6. 最早提出对班级教学进行改造的教学组织形式是特朗普制。（   ）
7. 为扩大教育对象，提高教师教学效率，使学生相互鼓励、督促，夸美纽斯提出了大学区制。（   ）
8. 封建社会，为了扩大教育对象以适应社会生产的需要而采用了班级授课教学组织形式。（   ）
9. 从教育发展的角度来看，班级组织产生的根本原因是为了激发学生的集体意识。（   ）
10. 从教学组织形式看，俗语说的"师傅带徒弟""老子传儿子"属于专门教学。（   ）
11. "学生自学和独立作用，当有疑难时才向教师请教，教师不向学生系统地讲授教材，只为学生分别指定参考书，布置作业，教师按月向学生布置学习任务，学生完成一阶段的任务，向教师汇报并接受考查，学生可根据自己的能力和志趣选择不同的学习内容"，这种教学组织形式是特朗普制。（   ）
12. 分组教学是为了克服班级授课制的弊端而提出的，因此，比班级授课制优越。（   ）
13. 在传统的按年龄编班的前提下，根据学生的学习能力或学习成绩的差别进行分组教学的形式属于外部分组。（   ）
14. 设计教学法的核心是有目的的教学活动。（   ）
15. 研究表明，人的发展存在个体差异，充分尊重和利用这种发展特点的教育措施有个别辅导、分层教学、班级授课制。（   ）

三、辨析题

1. 将大班授课、小组研究和个别指导相结合的教学组织形式是道尔顿制。
2. 幼儿园中的小组教学活动是最适合幼儿的一种教学组织形式。

四、案例分析题

小青蛙去游玩（大班体育）

活动目标：

1. 体验学青蛙跳的乐趣。

2. 能较协调全身纵跳,遵守游戏规则。

活动准备:创设公园情境;制作青蛙壳,每人一个。

活动过程:

1. 教师扮"青蛙妈妈",幼儿们扮"小青蛙"。天气不错,"青蛙妈妈"带着"小青蛙"做早操,准备到公园去玩。

2. 来到草地上,"小青蛙"们自由地练习纵身跳,体验学青蛙跳行的乐趣,"青蛙妈妈"进行指导。

3. 游戏:摸摸大树(石头)跳回来。"青蛙妈妈"和"小青蛙"们一起念儿歌:"小青蛙、小青蛙真能干,摸摸大树(石头)跳回来。""小青蛙"们按照儿歌的指示游戏。

4. 游戏:找玩具。"青蛙妈妈"请"小青蛙"们跳到花、树、石头的后面找玩具。

5. 放松活动。

问题一:案例中的教师采取了幼儿园教学活动中哪种教学组织形式?

问题二:案例中的老师还可以采用哪种教学组织形式,要注意什么?

第四章 教师

第一节 教师职业理解与教师职业资格

一、单项选择题

1. 我国最早出现专职教师的时间可追溯到（　　）。
   A. 夏朝　　　　　　B. 商朝　　　　　　C. 东周　　　　　　D. 西周
2. 将教师称为"人类心灵的工程师"的教育家是（　　）。
   A. 加里宁　　　　　B. 柏拉图　　　　　C. 布鲁纳　　　　　D. 亚里士多德
3. "教师的职业是太阳底下最光辉的职业"，这种说法的提出者是（　　）。
   A. 加里宁　　　　　B. 柏拉图　　　　　C. 布鲁纳　　　　　D. 夸美纽斯
4. 教师是"科学知识的传播者，文明之树的栽培者，人类灵魂的设计者"的提出者是（　　）。
   A. 培根　　　　　　B. 柏拉图　　　　　C. 布鲁纳　　　　　D. 夸美纽斯
5. 党的二十大报告指出："（　　）、科技、人才是全面建设社会主义现代化国家的基础性、战略性支撑。"
   A. 教育　　　　　　B. 教师　　　　　　C. 教学　　　　　　D. 学生
6. 在信息社会中，现代教师必须终身学习，不断更新自己的知识结构、能力结构方能胜任教师职责。这体现了现代教师具有（　　）。
   A. 发展性　　　　　B. 专门性　　　　　C. 高素质性　　　　D. 多功能性
7. 作为教师，必须经过培养和培训，取得合格证书方能上岗。这体现了现代教师具有（　　）。
   A. 发展性　　　　　B. 专业性　　　　　C. 高素质性　　　　D. 多功能性
8. 现代教师是"四有"好教师，是"经师"，更是"人师"，体现了现代教师具有（　　）。
   A. 发展性　　　　　　　　　　　　　　B. 专门性
   C. 高素质性　　　　　　　　　　　　　D. 多功能性
9. 关于教师职业的专业性，下列说法错误的一项是（　　）。
   A. 从事教师职业，需要专门的技术
   B. 教育行业拥有专业自主权或控制权，如聘用或解聘从业人员不受专业外因素控制
   C. 《中华人民共和国教育法》在法律上把"教师"界定为"履行教育教学职责的专业人员"
   D. 教师职业专业性的提出，以国际劳工组织和联合国教科文组织在巴黎会议上通过的《关于教师地位的建议》为标志

10. 1966年10月,当时国际劳工组织和联合国教科文组织在巴黎会议上通过了《关于教师地位的建议》。该文件提出:教师工作应被视为一种( )。
    A. 职业   B. 专业   C. 行业   D. 产业
11. 灵活机智处理各种偶发事件的教育智慧,彰显了教师工作特点的( )。
    A. 专门性   B. 复杂性   C. 创造性   D. 长期性
12. 教师需要充当良好榜样,时刻以高标准要求自己的一言一行,向幼儿展示真善美的行为,彰显了教师工作特点的( )。
    A. 专门性   B. 复杂性   C. 创造性   D. 示范性
13. 要取得幼儿教师资格证书,首先要取得普通话( )。
    A. 一级甲等证书   B. 一级一等证书
    C. 二级甲等证书   D. 二级乙等证书
14. 使用假教师资格证者,一经查出,不得申报教师资格证的时间限制是( )。
    A. 半年   B. 一年   C. 三年   D. 五年
15. 中小学教师资格实行5年一周期的定期注册,要求每个注册有效期内完成不少于国家规定的( )个培训学时或省级教育行政部门规定的等量学分。
    A. 120   B. 240   C. 360   D. 540

二、判断题
1. 在我国封建社会,基本是"以吏为师"。( )
2. 在中世纪的西方,教师往往由官吏担任。( )
3. 教师承担多项任务,除了学科教学外,还需承担班级管理、家庭教育指导等任务,这体现了现代教师的专门性。( )
4. 教师的专业人员身份是在国际劳工组织制定的《关于教师地位的建议》中确认的,教师被列入了"专家、技术人员和有关工作者"的类别中。( )
5. 教师付出和奉献的同时,持续获得回报,这反映了教师工作的社会意义。( )
6. 中小学教师资格实行3年一周期的定期注册。( )
7. 教师作为历史悠久的社会职业,其产生与发展变化的历程为非职业化阶段、职业化阶段、专门化阶段、角色化阶段。( )
8. 教育情境是不断变化的,碰到学生的怪问题和怪动作,教师处理时最好义正辞严。( )
9. 师范教育的产生,使教师的培养走向专门化的道路,其社会原因是教师个人的专业成长需求。( )
10. 教师是像律师、医生一样需要专业技术的专业人员。( )
11. 教师工作的示范性是由教师工作的复杂性决定的。( )
12. "弟子不必不如师,师不必贤于弟子,闻道有先后,术业有专攻,如是而已。"这句话带来的教育启示是有教无类。( )
13. "教学有法,教无定法,贵在得法",体现了教师工作的示范性。( )
14. "教育是农业而不是工业",学生是具有生命活力的人。( )

15. 教师劳动与其他劳动的最大区别在于示范性。示范性是指教师在道德方面为学生树立表率。（   ）

三、辨析题

1. 教师就是教育者。
2. 尽管随着时代和社会的不断发展，"教书育人"的目标、内容、方式可能存在差异，但"教书育人"依然被视为教师职业与其他职业相区分的特征之一。

四、案例分析题

　　一次，班上小明剪了一个非常帅气的发型，其他幼儿对发型设计产生了浓厚的兴趣。于是，陈老师带领大家开展了以"我喜欢的发型"为主题的活动。活动中，幼儿大胆地设计出了自己喜欢的发型，并以绘画的形式表现了出来。"我想搭一个真正的理发店！"在建构区，有孩子提议要搭建理发店，于是，陈老师指导幼儿掀起了搭建理发店的热潮。"理发店"开业时，现场很拥挤，陈老师示范说："老师，我也想当理发师，需要排队吗？我应该排在哪里？""店员"开始组织幼儿有序排队，就这样，"理发店"有序地"营业"着。

　　问题：结合案例，分析教师工作的特点。

第二节　教师基本素质

一、单项选择题

1. 教学理念、学科知识、专业技能、专业道德、身体素质和心理素养等构成了教师的（　　）。
   A. 专业素质　　　　B. 专业标准　　　　C. 行业标准　　　　D. 教育行业
2. 教育部设计并发布了各级教师专业标准是在（　　）。
   A. 2001年　　　　B. 2022年　　　　C. 2011年　　　　D. 2012年
3. 培养幼儿园教师必备的基本素质要求可见于（　　）。
   A.《中华人民共和国教育法》　　　　B.《中华人民共和国教师法》
   C.《中华人民共和国义务教育法》　　D.《幼儿园教师专业标准（试行）》
4. 教师对教育工作本质的理性理解，基于教育现象和问题建立的观念和信念构成了教师的（　　）。
   A. 教育理念　　　　B. 专业知识　　　　C. 专业能力　　　　D. 心理素质
5. 了解教育对象、进行教学活动以及研究所需的教育学科知识和技能，属于（　　）。
   A. 专业知识　　　　B. 条件性知识　　　　C. 教学实践知识　　　　D. 心理学知识
6. 引导、强化、提问、课堂管理、沟通、总结等方面的知识，属于教师应有的（　　）。
   A. 专业知识　　　　B. 条件性知识　　　　C. 实践性知识　　　　D. 心理学知识
7. 教师在教学过程中展现出来的促进教育活动顺利进行的能力和技能，是教师的（　　）。
   A. 教育理念　　　　B. 专业知识　　　　C. 专业能力　　　　D. 心理素质
8. 教师在教学过程中展现出的生理表现，属于教师的（　　）。
   A. 身体素质　　　　B. 专业知识　　　　C. 专业能力　　　　D. 心理素质
9. 爱国守法、爱岗敬业、关爱学生等要求，是关于教师专业素质中的（　　）。
   A. 专业道德　　　　B. 专业知识　　　　C. 专业能力　　　　D. 心理素质
10. 积极、丰富的教学情感，坚定的教学意愿，多元的兴趣爱好，灵活果断的工作风格，友善、亲和的个性特质等属于教师专业素质中的（　　）。
    A. 专业道德　　　　B. 专业知识　　　　C. 专业能力　　　　D. 心理素质
11. 幼儿园教师要制定（　　）的教育活动计划和具体活动方案。
    A. 长期性　　　　B. 阶段性　　　　C. 中长期　　　　D. 随机性
12. 幼儿园教师要使用符合幼儿（　　）的语言进行保教工作。
    A. 特殊需要　　　　B. 身心特点　　　　C. 随机喜爱　　　　D. 年龄特点
13. 幼儿园教师要重视丰富幼儿多方面的（　　），将探索、交往等实践活动作为幼儿最重要的学习方式。
    A. 书本知识　　　　B. 社会认知　　　　C. 直接经验　　　　D. 实践操作
14. 幼儿园教师要建立班级（　　），营造良好的班级氛围，让幼儿感受到安全、舒适。
    A. 常规要求　　　　B. 行为流程　　　　C. 日常守则　　　　D. 秩序与规则

15. 幼儿园教师要科学照料幼儿（　　），指导和协助保育员做好班级常规保育和卫生工作。
    A. 饮食睡眠　　　B. 在园卫生　　　C. 日常生活　　　D. 游戏学习

二、判断题

1. 作为教师，需要掌握某一学科及相关知识，这是教师必须具备的条件性知识。（　　）
2. 教师拥有健康的体魄、充沛的精力、旺盛的活力、有规律的生活方式和锻炼习惯。这属于教师的心理素质。（　　）
3. 幼儿园教师培养、准入、培训、考核等工作的重要依据是《幼儿园教师专业标准（试行）》。（　　）
4. 贯穿《幼儿园教师专业标准（试行）》的基本理念是：师德为先、幼儿为本、能力为重和教书育人。（　　）
5. 根据《幼儿园教师专业标准（试行）》，幼儿园教师要关爱幼儿，重视幼儿身心健康，将保护幼儿生命安全放在第二位。（　　）
6. 根据《幼儿园教师专业标准（试行）》，幼儿园老师的沟通与合作指的就是与幼儿沟通，与同事合作交流。（　　）
7. 根据《幼儿园教师专业标准（试行）》，幼儿园教师要制定专业发展规划，积极参加专业培训，不断提高自身专业素质。（　　）
8. 针对保教工作中的现实需要与问题，进行探索和研究。这描述符合师德为先的理念。（　　）
9. 根据《幼儿园教师专业标准（试行）》，教师教哪个年龄段的孩子，就只需要掌握哪个年龄幼儿身心发展特点、规律和促进幼儿全面发展的策略与方法。（　　）
10. 根据《幼儿园教师专业标准（试行）》，幼儿教师需要了解中国以及世界教育基本情况。（　　）

三、辨析题

1. 根据《幼儿园教师专业标准（试行）》，幼儿园教师只需掌握3～6岁幼儿的保教知识。
2. 《幼儿园教师专业标准（试行）》重视幼儿园教师的反思与教育行政部门对教师的培训。

四、案例分析题

大班美术活动《火车》中，赵老师首先给幼儿提供了丰富的火车图片，帮助幼儿回忆火车的外形结构，继而，教师和幼儿共同讲述自己设计的火车，然后，让幼儿用几何图形图片拼摆出自己设计的火车，最后，绘画出自己设计的火车。尽管赵老师一再交代，在桌子的一边拼摆，幼儿们还是将摆出的火车占据了桌子的很大面积，造成了绘画时的混乱。

问题：根据《幼儿园教师专业标准（试行）》评析赵老师教学的优缺点。

第三节 教师角色

一、单项选择题

1. 教师职业最显著特征在于其（　　）。
   A. 教书育人　　　　　　　　　　B. 终身学习
   C. 幼儿为本　　　　　　　　　　D. 角色的多元化

2. 教师需研究课本内容、获取相关信息，与学生交流学习经验，并认真对待教学内容，将知识转化为个人认知结构的一部分。以上描述体现教师是（　　）。
   A. 学习者和研究者　　　　　　　B. 教学活动的设计者
   C. 学生学习的榜样　　　　　　　D. 学生心灵的培育者

3. 优秀的教师擅长激发学生学习的热情与积极性，培养学生自主学习的技巧和习惯，调整学生的情绪和态度。以上描述反映了教师角色为（　　）。
   A. 学习者和研究者　　　　　　　B. 教学活动的设计者
   C. 学生学习的榜样　　　　　　　D. 学生心理的培育者

4. 作为学生（　　），教师应当成为学生的亲密伙伴，关怀学生的生活和全面发展，对学生平等相待，协助学生解决难题。
   A. 朋友的角色　　　　　　　　　B. 心灵的培育者
   C. 学生学习的榜样　　　　　　　D. 教学活动的设计者

5. 教师不仅仅扮演着教学的主导者角色，同时也是学生所认知的对象，因此，教师是（　　）。
   A. 学习者和研究者　　　　　　　B. 教学活动的设计者
   C. 学生学习的榜样　　　　　　　D. 学生心灵的培育者

6. 《纲要》指出：教师应成为幼儿学习活动的支持者、合作者、（　　）。
   A. 玩伴　　　　B. 伙伴　　　　C. 陪伴者　　　　D. 引导者

7. 学生往往会"度德而师之"，因而要求教师应扮演好（　　）。
   A. 研究者角色　　　　　　　　　B. 管理者角色
   C. 示范者角色　　　　　　　　　D. 授业解惑者角色

8. 在"师者，所以传道、授业、解惑也"中，目的和方向是（　　）。
   A. 传道　　　　　　　　　　　　B. 授业
   C. 解惑　　　　　　　　　　　　D. 授业和解惑

9. 某幼儿园教师在每周三下午都会参加本校组织的小组研讨会，讨论本周的教学任务。从新课程改革的角度看，这体现了（　　）。
   A. 教师是教育教学的研究者　　　B. 教师是学生学习的促进者
   C. 教师是社区型的开放教师　　　D. 教师是课程的建设者和开发者

二、判断题

1. 教师不仅是学校管理的对象，也是管理的主体。　　　　　　　　　　　　（　　）

2. 教师是幼儿活动的支持者,意味着教师只需要给幼儿提供情感支持。（　）
3. 幼儿教师不是幼儿唯一的知识来源。（　）
4. 教师要扮演的角色就是教学设计者。（　）
5. 张老师经常带幼儿到幼儿园观察榕树,为学生讲解榕树结果的知识,并引导学生将榕树的绘画、榕树相关知识做成电子教材。这体现了张老师是专业发展的引领者。（　）
6. 小花老师习惯运用PPT进行教学。某节课上她自始至终不停地呈现PPT内容进行讲解,不管幼儿是否理解。该老师坚持了教师在教学中的中心地位。（　）
7. 科学课上,张老师提出了一个具有挑战性的问题,引导幼儿思考并解决。这体现了教师是学生成长的研究者。（　）
8. 教师在教学过程中要扮演多种角色,学生希望得到教师在学习、生活、人生等多方面的指导,希望教师能与他们一起分担痛苦与忧伤、分享欢乐与幸福。这体现了教师的朋友角色。（　）
9. 幼儿园教师主要是从事保教工作,应集中精力,无暇开展科学研究活动。（　）
10. 教师所扮演的职业角色不包括协调者角色。（　）

三、辨析题

1. 教师是教学活动的设计者、组织者。
2. 教师和学生应该分别扮演好"猫"和"老鼠"的角色。

四、案例分析题

近年来,人工智能的发展环境发生了深刻的变化,呈现出深度学习、跨界融合、人机协同、自主操控等新特征。在可预见的未来,诸如超市收银员、银行柜台服务人员、高速公路收费人员、餐饮服务人员等将会被人工智能部分或全部取代。但是,根据一项国际研究的预测和分析,未来二十年最不容易被人工智能取代的职业之一是教师职业。

问题:从教师职业角色分析案例,阐述人工智能时代教师职业角色的"不变"与"变化"。

第四节　教师的专业发展

一、单项选择题

1. 教师群体的专业发展不包括（　　）。
　　A. 教师专业的自我建构　　　　　　B. 教育知识技能体系化建设
　　C. 形成社会公认的教师专业团体　　D. 国家设立特定机构负责教师培训

2. 一旦教师的( )确立,将深刻影响教师的工作态度、教育行为方式,进而直接影响教学效果。
   A. 专业自我　　　　B. 专业知识　　　　C. 专业能力　　　　D. 专业思想

3. 将教师专业发展阶段分为"关注生存、关注情境、关注学生"三个阶段的是( )。
   A. 叶澜　　　　　　　　　　　　　　B. 福勒和布朗
   C. 布卢姆和布鲁纳　　　　　　　　　D. 裴斯泰洛齐

4. 教师关注阶段论将教师专业发展分为( )、关注情境、关注自身三个阶段。
   A. 关注生存　　　　　　　　　　　　B. 关注学校
   C. 关注校长　　　　　　　　　　　　D. 关注自身

5. 张老师最近思考的问题是"如何备好课、上好课、提高学生成绩"。她目前处于教师专业发展的( )阶段。
   A. 关注生存　　　　B. 关注情境　　　　C. 关注学校　　　　D. 关注学生

6. 上课时,小华老师已经从关注教学设计到能够自觉关注学生。这说明她已经进入教师专业发展的( )阶段。
   A. 关注生存　　　　B. 关注情境　　　　C. 关注学校　　　　D. 关注学生

7. 教师关注阶段论中的最低阶段是( )。
   A. 关注生存　　　　B. 关注情境　　　　C. 关注学校　　　　D. 关注学生

8. 教师关注阶段论中的最高阶段是( )。
   A. 关注生存　　　　　　　　　　　　B. 关注情境
   C. 关注学校　　　　　　　　　　　　D. 关注学生

9. 叶澜"自我更新"取向的教师专业发展阶段论,将教师专业发展分为( )个阶段。
   A. 3　　　　　　　　B. 4　　　　　　　　C. 5　　　　　　　　D. 6

10. 按照叶澜"自我更新"取向的教师专业发展阶段论,教师专业发展的最初阶段是( )。
    A. 非关注阶段　　　　　　　　　　　B. 虚拟关注阶段
    C. 生存关注阶段　　　　　　　　　　D. 自我更新关注阶段

11. 按照叶澜"自我更新"取向的教师专业发展阶段论,教师专业发展的最高阶段是( )。
    A. 非关注阶段　　　　　　　　　　　B. 虚拟关注阶段
    C. 生存关注阶段　　　　　　　　　　D. 自我更新关注阶段

12. 按照叶澜"自我更新"取向的教师专业发展阶段论,虚拟关注阶段也就是( )。
    A. 非关注阶段　　　　　　　　　　　B. 生存关注阶段
    C. 教学前关注阶段　　　　　　　　　D. 自我更新关注阶段

13. 教育改革的原动力是( )。
    A. 教师的专业发展　　　　　　　　　B. 政治经济的进步
    C. 文化更新的加速　　　　　　　　　D. 生产力水平的提高

14. 普遍认为,教师专业发展可从三个方面进行:理智取向、实践反思取向和( )。
    A. 政治文明取向　　　　　　　　　　B. 教育改革取向
    C. 经济发展取向　　　　　　　　　　D. 文化生态取向

15. 教师个人职业发展的起点与基础是（　　）。
   A. 高中教育　　　　　　　　　　　B. 师范教育
   C. 新教师的入职辅导　　　　　　　D. 教师自我学习

二、判断题

1. 教师专业发展是随着时间发展而发展的，教龄越长，教师专业发展水平越高。（　　）
2. 对自身形象的正确认知、积极的个人体验、正确的事业动机，都属于教师专业自我的构建。（　　）
3. 教师关注阶段论将教师专业发展分为关注生存、关注情境、关注自身三个阶段。（　　）
4. 教师的专业发展是教师自身幸福感的源泉。（　　）
5. 教师的专业发展是学生发展的根本保障，学生发展的根本保障在于学生的主观能动性。（　　）
6. 教师取得资格证书意味着教师已经达到了专业化水平。（　　）
7. 叶澜等学者对教师专业发展阶段进行了研究，认为能够认识到学生是学习的主人，把教学看作是教师帮助学生去理解、建构意义的过程，能够关注学生整体发展的教师，处于专业发展的虚拟关注阶段。（　　）
8. 根据叶澜教授的关于教师发展的五阶段理论，主要关注"我怎么样才能行"的教师，处于专业发展的自我更新关注阶段。（　　）
9. 新任教师有强烈的自我专业发展的忧患意识，这时其处于教师专业发展的虚拟关注阶段。（　　）
10. 叶澜对教师专业发展的研究认为，不受外部评价或职业升迁的牵制，依据教师发展的路线和个人实践进行规划的教师，处于教师专业发展的自我更新关注阶段。（　　）
11. 取得教师资格证并不意味着教师是一个成熟的专业人员，当了一辈子教师也并不意味着专业性都得到了发展。（　　）
12. 师范教育是教师个体专业化发展的最直接、最普遍的途径。（　　）
13. 费斯勒的教师生涯循环论最后一个阶段是生涯低落阶段。（　　）
14. 张老师整天忧愁学生的成绩，章老师开始思考教材是否适合学生的基础。两位老师处于相同的教师专业发展阶段。（　　）

三、辨析题

1. 教师的专业自我是通过教师自我塑造形成的。
2. 教师专业发展是提高学校凝聚力的核心要素。

四、案例分析题

张小刚老师师范大学毕业后，经过新教师入职辅导，进入满天星幼儿园工作。他主动向一名有名的教师拜师，参与园本教研，闲暇时间都用来阅读各种前沿教育理论，慢慢地，他对自己的教学越来越有信心，不再担心被园长批评，被同事非议。他现在更纠结的是幼儿集体活动教学时自己如何安排教学时间，如何更好地呈现上课知识。

问题一：结合案例说说张老师处于福勒和布朗的教师关注阶段论中的哪个阶段。

问题二：结合材料分析张老师教师专业发展的路径。

第五节　教师职业道德

一、单项选择题

1. 教师应遵循的行为准则和道德品质要求是(　　)。
   A. 教师专业知识　　　　　　　　B. 教师专业能力
   C. 教师职业情感　　　　　　　　D. 教师职业道德
2. 教师职业道德修养的核心问题是确立坚定的(　　)。
   A. 职业信念　　B. 职业情感　　C. 职业行为　　D. 职业作风
3. 教师职业道德规范的核心是(　　)。
   A. 教书育人　　　　　　　　　　B. 爱与责任
   C. 爱国守法　　　　　　　　　　D. 忠诚于人民的教育事业
4. 教师的天职是(　　)。
   A. 教书育人　　　　　　　　　　B. 传道授业
   C. 救死扶伤　　　　　　　　　　D. 有教无类
5. 教师职业道德对教师修养有(　　)。
   A. 示范功能　　B. 评价功能　　C. 教育功能　　D. 引导功能
6. 在下列选项中，不属于关于教师职业道德"爱国守法"要求的是(　　)。
   A. 遵守国家的宪法和法律，依法履行教师职责
   B. 教师需依教育理念执教，符合《宪法》中规定的义务
   C. 贯彻国家教育方针，不得有违背党和国家方针政策的言行
   D. 热爱祖国，热爱人民，拥护中国共产党的领导，拥护社会主义
7. 教师职业的本质要求是(　　)。
   A. 爱国守法　　　　　　　　　　B. 爱岗敬业
   C. 关爱学生　　　　　　　　　　D. 终身学习
8. 忠诚于人民教育事业，志存高远，勤恳敬业，甘为人梯，乐于奉献，反映了教师职业道德规范要求中的(　　)。
   A. 爱国守法　　B. 爱岗敬业　　C. 关爱学生　　D. 终身学习

9. 遵守国家的宪法和法律,依法履行教师职责。以上表述反映了教师职业道德规范要求中的(　　)。

　　A. 爱国守法　　　　B. 爱岗敬业　　　　C. 关爱学生　　　　D. 终身学习

10. 教师职业道德的灵魂是(　　)。

　　A. 爱国守法　　　　B. 爱岗敬业　　　　C. 关爱学生　　　　D. 终身学习

11. 教师职业的内在要求是(　　)。

　　A. 爱国守法　　　　B. 爱岗敬业　　　　C. 为人师表　　　　D. 终身学习

12. 教师专业发展的不竭动力是(　　)。

　　A. 爱国守法　　　　B. 爱岗敬业　　　　C. 为人师表　　　　D. 终身学习

13. 拓宽知识视野,潜心钻研业务,勇于探索创新,不断提高专业素养和教育教学水平,以上表述反映了教师职业道德规范要求中的(　　)。

　　A. 爱国守法　　　　B. 爱岗敬业　　　　C. 为人师表　　　　D. 终身学习

14. 教师的天职是(　　)。

　　A. 爱国守法　　　　　　　　　　　　　B. 爱岗敬业

　　C. 关爱学生　　　　　　　　　　　　　D. 教书育人

二、判断题

1. 社会大众对教师的整体素质要求往往高于其他行业从业者。（　　）
2. 教师职业道德具有对社会文明的示范功能,这是其最基本的社会作用。（　　）
3. 教师进行人格修养最好的策略是取法乎中。（　　）
4. 欢欢老师在教育教学活动中,处处为学生着想,关心、帮助学生,保护学生安全,维护学生权益。这体现了教师职业道德规范中的爱岗敬业。（　　）
5. 朱熹曾经说过:"无一事而不学,无一时而不学,无一处而不学。"这句话体现了教师职业道德规范中的终身学习。（　　）
6. "动人以言者,其感不深;动人以行者,其应必速。"这句话体现了教师职业道德规范中的终身学习。（　　）
7. 陶行知说:"捧着一颗心来,不带半根草去。"这句话可用来阐释教师职业道德规范中的爱国守法。（　　）
8. 针对在新型的、民主的家庭气氛和父母子女关系的形成过程中,很多孩子对父母的教诲听不进或当作"耳边风",家长感到家庭教育力不从心的现象,教师应该督促家长,让家长成为自己的"助教"。（　　）
9. 所谓为人师表是指教师要在各方面都成为学生和社会上人们效法的表率、榜样和楷模,这是由社会习俗决定的。（　　）
10. 教师公正的核心是对家长的公正。（　　）
11. 孔子说:"其身正,不令而行;其身不正,虽令不从。"这句话提醒教育工作者:教师对学生要有明确的指令。（　　）
12. 热衷于"有偿家教"的教师,违反了教师职业道德规范。（　　）
13. 教师的师德修养,只有在反思中才能得到不断的充实、提高和完善。（　　）

14. 教师严厉批评犯错误的学生，属于违法行为。	（ ）
15. 教书育人要求教师要严格依照教材教学。	（ ）

三、辨析题

1. 道德和教师职业道德是共性和个性的关系。
2. 所谓师表美就是教师的穿着打扮等外在形象之美。

四、案例分析题

　　课上，陈老师完全按照自己的教学设计讲完了规定的内容后问道："小朋友们，听懂了吗？"全体幼儿大声说："听懂了。"老师又问："谁还有没有听懂的地方，请说出来，老师再详细讲解一下。"这时张小安站起来，怯生生地说出了自己的困惑，其他幼儿听了哈哈大笑。陈老师制止了大家，提请其他幼儿要懂得尊重别人。之后，他为张小安认真做了解答，并说："记住，今后听讲要专心啊。"

　　问题一：结合案例分析陈老师的师德情况。

　　问题二：分析案例中的陈老师的教学行为需要改进的地方。

第五章 班级管理

第一节 班级管理的内容(略)

第二节 班级管理的原则(略)

第三节 班级管理的方法

一、单项选择题
1. 幼儿园班级的主体是(　　)。
   A. 园长　　　　　　　B. 教师　　　　　　　C. 保育员　　　　　　D. 学前儿童
2. 幼儿园班级管理的基础是(　　)。
   A. 生活管理　　　　　B. 教育管理　　　　　C. 社会管理　　　　　D. 其他管理
3. 学前教育机构的社会功能具体包括(　　)。
   A. 服务家长、服务幼儿　　　　　　　　　　B. 服务基础教育、服务幼儿
   C. 服务家长、服务教师　　　　　　　　　　D. 服务基础教育、服务家长
4. (　　)是托幼园所管理水平的反映,是衡量托幼园所保教工作成果的显性标准。
   A. 生活管理　　　　　B. 教育管理　　　　　C. 社会管理　　　　　D. 其他管理
5. 小王老师进行班级管理时,总是以最少的人力、物力和时间,尽可能地使孩子们获得全面发展,小王老师遵循了(　　)。
   A. 主体性原则　　　　B. 开放性原则　　　　C. 整体性原则　　　　D. 高效性原则
6. 在班级管理中,教师不仅要对人进行管理,而且要对时间、空间等要素进行管理。这体现了班级管理的(　　)。
   A. 主体性原则　　　　B. 整体性原则　　　　C. 参与性原则　　　　D. 高效性原则
7. 保育员与孩子们一起讨论"阅读区的规则",并图文并茂地用图谱表现出来,引导幼儿自觉遵守规则。这体现了班级管理的(　　)。
   A. 主体性原则　　　　B. 整体性原则　　　　C. 参与性原则　　　　D. 高效性原则
8. 幼儿园班级管理最直接、最常用的方法是(　　)。
   A. 规则引导法　　　　B. 情感沟通法　　　　C. 互动指导法　　　　D. 榜样激励法

9. 罗老师鼓励学前儿童尝试从别人的角度看问题,学会与人沟通交往,主动帮助有困难的小朋友。罗老师采用的班级管理方法是(　　)。
   A. 规则引导法　　　　B. 情感沟通法　　　　C. 角色扮演法　　　　D. 榜样激励法
10. 小王老师请从来不迟到的小朋友分享"不迟到的好办法",此后,班里的迟到现象少了。小王老师采用的班级管理方法是(　　)。
   A. 角色扮演法　　　　B. 情感沟通法　　　　C. 规则引导法　　　　D. 榜样激励法

二、判断题

1. 幼儿园班级管理的内容主要是班级的人、财、物、空间和时间,不包括信息。(　　)
2. 生活功能是幼儿园班级的最基本功能,也是与其他教育阶段班级功能的区别。(　　)
3. 在班级中形成的共同舆论、价值观在潜移默化中影响着幼儿的行为和态度,体现了班级管理的认知发展功能。(　　)
4. 学前儿童在教师的指导下,逐渐掌握人际交往的技巧,有利于学前儿童社会性的发展,这体现了班级管理的社会功能。(　　)
5. 班级管理整体性原则是指班级管理应促进学前儿童德、智、体、美、劳整体发展。(　　)
6. 班级管理的主体是教师,幼儿只是被管理者,而且幼儿年龄较小,不适宜参与班级管理。(　　)
7. 教师进行班级管理时,以最少的人力、物力、时间,获得最大的收获,这属于班级管理的高效性原则。(　　)
8. 保教人员和学前儿童沟通,要尽量多地使用语言的形式。(　　)
9. 通过正面形象和良好的行为示范引导和规范幼儿行为,这种班级管理的方法是榜样激励法。(　　)
10. 教师采用目标指引法这一班级管理法时,制定的目标要难一些,对孩子来说更有挑战性。(　　)

三、辨析题

1. 教育功能是幼儿园班级的最基本功能。
2. 班级管理工作必须坚持正确的方向,着重突出长远目标的规划。

四、案例分析题

大班美术课活动快要结束时,突然传来尖叫:"老师,我的眼睛看不见了!"我抬头吓一跳,一个小女孩眼里满是红红的液体。我立刻帮她处理了眼睛里的液体并送校医处检查。我觉得应该利用这个契机给孩子们讲解安全知识,提高他们的安全意识。于是我们开展了小组讨论,讨论下次遇到这类事情的时候应该怎么做,还在班级游戏区设立了"危险事情心理咨询角""安全预防角"等区域,让孩子们在一次次的模拟实践中增强了安全意识。

问题一:教师的做法合理吗?
问题二:请结合材料,利用班级管理原则分析教师的教育行为。

第四节 幼儿园环境的创设

一、单项选择题

1. 下列属于幼儿园物质环境的是（　　）。
   A. 玩具图书　　　　B. 师生关系　　　　C. 同伴关系　　　　D. 管理制度
2. 师幼共同设置活动区域，商定规则，收集材料，遵循环境创设的（　　）。
   A. 开放性原则　　　B. 适应性原则　　　C. 动态性原则　　　D. 师幼共创原则
3. 在下列选项中，（　　）不宜在幼儿园中种植。
   A. 山茶花　　　　　B. 月季花　　　　　C. 茉莉花　　　　　D. 圆柏
4. "环境的布置要通过儿童的头脑和双手"，这句话体现了创设环境应遵循（　　）。
   A. 教育性原则　　　B. 开放性原则　　　C. 适宜性原则　　　D. 师幼共创原则
5. 罗老师重新规划班级空间并调整材料，班上幼儿抢玩具的现象变少了。这说明（　　）。
   A. 不同的班级环境有所差异　　　　　　B. 班级要营造温暖愉悦氛围
   C. 物理环境影响幼儿的行为　　　　　　D. 引导幼儿建立友好同伴关系
6. 幼儿园的设备、橱柜无尖锐棱角，器材下有泡沫板。这体现了幼儿园环境创设的（　　）原则。
   A. 生活性　　　　　B. 安全性　　　　　C. 参与性　　　　　D. 可变性
7. （　　）是儿童在活动区活动的基础。
   A. 空间　　　　　　B. 材料　　　　　　C. 时间　　　　　　D. 活动规则

二、判断题

1. 幼儿同伴互动是幼儿园精神环境创设中最重要的因素。（　　）
2. 幼儿园户外环境只要做到绿化、美化、自然化就可以了。（　　）
3. 教师对学前儿童要尽量使用多种适宜的身体语言动作。（　　）
4. 狭义的幼儿园环境是指幼儿园教育赖以进行的一切条件的总和。（　　）
5. 学前儿童能力较弱，教师在创设幼儿园的环境时，主要是教师间相互合作，配合完成。（　　）
6. 在布置自然角时，教师让幼儿讨论决定该饲养何种动物。这遵循了幼儿园环境创设原则中的参与性原则。（　　）
7. 春天来了，某老师改变了教室内主题墙布置，将其布置成春天的主题。这体现了幼儿园环境创设原则中的可变性原则。（　　）

三、辨析题

许多家长在选择托幼园所时，往往只考虑托幼园所有没有空调设备、活动室大不大、环境是否优美，你认为这些家长的观点正确吗？

四、案例分析题

有的幼儿园在创设物质环境过程中，购买大量高价的成品玩具，追求高档，教师花费大量心血布置五彩缤纷的墙饰，环境的布置非常明显地体现了幼儿园中教师的特长和喜好。面对这些高档材料，教师时刻提醒儿童注意爱护，甚至很多时候不让儿童操作这些材料，只是有人来参观时，才拿出来让儿童操作。这种高档的环境一旦布置之后，整个学期，甚至整个学年基本不会改变。此外，有的幼儿园小、中、大班环境布置非常雷同。

问题：结合材料，根据幼儿园环境创设的原则来分析教师的行为。

第六章 学前儿童卫生保健

第一节 学前儿童心理特点及卫生保健

一、单项选择题

1. 下列关于肝脏的说法,正确的是（　　）。
   A. 人体最大的消化腺　　　　　　　　B. 幼儿肝脏相对较小
   C. 幼儿肝脏糖原贮存少,不易饿　　　D. 幼儿肝脏的解毒能力比成人强
2. 人体主要的泌尿器官是（　　）。
   A. 肾脏　　　　B. 尿道　　　　C. 膀胱　　　　D. 输尿管
3. 以下有吞噬病菌作用的细胞是（　　）。
   A. 血小板　　　B. 血细胞　　　C. 红细胞　　　D. 白细胞
4. 学前儿童消化能力较弱的原因不包括（　　）。
   A. 胃壁肌肉发育较差　　　　　　　　B. 胃液分泌较少
   C. 胃液消化酶活力低　　　　　　　　D. 胃呈水平位置
5. 下列关于学前儿童肺的特点的表述,不正确的是（　　）。
   A. 肺泡数量多　　　　　　　　　　　B. 肺弹力组织发育较差
   C. 肺血管组织丰富　　　　　　　　　D. 气体交换的面积不足
6. 下列关于学前儿童皮肤的表述,不正确的是（　　）。
   A. 体温调节较稳定　　　　　　　　　B. 皮肤较薄嫩
   C. 皮肤保护功能差　　　　　　　　　D. 皮肤毛细血管丰富
7. 保护学前儿童皮肤最重要的方法是（　　）。
   A. 保持皮肤清洁　　　　　　　　　　B. 注重衣着卫生
   C. 加强体育锻炼　　　　　　　　　　D. 预防皮肤外伤
8. 下列关于学前儿童睡眠的说法,错误的是（　　）。
   A. 长时间睡眠不足会影响学前儿童身体和智力发育
   B. 清醒时脑垂体分泌的生长激素多于睡眠时的分泌量
   C. 婴幼儿年龄越小,睡眠时间越多
   D. 要培养幼儿午睡和夜间按时睡眠的习惯
9. 下列不适合让学前儿童玩的物品有（　　）。
   A. 积木　　　　B. 娃娃　　　　C. 弹弓　　　　D. 皮球

10. 下列不属于婴幼儿耳的特点的是（　　）。
    A. 耳郭易生冻疮　　B. 咽鼓管倾斜度大　　C. 容易患中耳炎　　D. 对噪声敏感
11. 下列关于学前儿童循环系统卫生保健的说法，错误的是（　　）。
    A. 保证幼儿营养，防止贫血　　　　B. 合理安排幼儿一日生活
    C. 穿紧身衣，促进血液循环　　　　D. 预防传染病和放射性污染
12. 学前儿童身体各系统发育不平衡，发育最早的是（　　）。
    A. 循环系统　　B. 运动系统　　C. 生殖系统　　D. 神经系统
13. 与机体的免疫机能有密切关系的内分泌腺是（　　）。
    A. 甲状腺　　B. 胸腺　　C. 肾上腺　　D. 性腺
14. 为避免婴幼儿患中耳炎，下列做法正确的是（　　）。
    A. 冬天注意头部保暖　　　　B. 教幼儿擤鼻涕
    C. 可让幼儿躺着喝水　　　　D. 减少环境噪声
15. 学前儿童的生殖系统发育缓慢，到（　　）时发展迅速。
    A. 6岁　　B. 3岁　　C. 2岁　　D. 青春期
16. 学前儿童看书距离过近，时间长了容易产生疲劳的是（　　）。
    A. 晶状体　　B. 视网膜　　C. 睫状肌　　D. 眼肌
17. 在血液循环系统中，有利于学前儿童生长发育和消除疲劳的是（　　）。
    A. 幼儿心脏排出量较少　　　　B. 幼儿血管比成人短
    C. 幼儿血管管壁薄，弹性小　　D. 幼儿心脏体积相对较成人大
18. 学前儿童鼻腔窄小，鼻毛较少，不能阻挡灰尘和细菌，因此容易患（　　）。
    A. 肺炎　　B. 气管炎　　C. 咽喉炎　　D. 上呼吸道感染
19. 培养学前儿童正确坐立行姿势，有利于预防（　　）的变形。
    A. 脊柱　　B. 足弓　　C. 骨盆　　D. 关节
20. 食碘过少易造成婴幼儿先天性甲状腺功能不足。以下症状中与缺碘无关的是（　　）。
    A. 智力低下　　B. 身材矮小　　C. 听力下降　　D. 兴奋性增高

二、判断题
1. 脑神经是中枢神经系统。　　　　　　　　　　　　　　　　　　　　　　（　　）
2. 呼吸道与消化道共同的通道是喉。　　　　　　　　　　　　　　　　　　（　　）
3. 在幼儿园饭后就要立即组织幼儿午睡。　　　　　　　　　　　　　　　　（　　）
4. 学前儿童身体出血时，血液凝固较快，愈合也快。　　　　　　　　　　　（　　）
5. 循环系统包括血液循环系统和淋巴系统。　　　　　　　　　　　　　　　（　　）
6. 不要让学前儿童长时间憋尿以免引起尿道感染。　　　　　　　　　　　　（　　）
7. 学前儿童皮肤调节体温能力差，应注意用温水洗脸。　　　　　　　　　　（　　）
8. 学前儿童腕骨未完全钙化，不能让幼儿做精细动作。　　　　　　　　　　（　　）
9. 学前儿童容易龋齿主要原因是牙釉质薄，牙本质松脆。　　　　　　　　　（　　）
10. 让学前儿童养成按时睡眠的习惯，可以减轻心脏的负担。　　　　　　　 （　　）
11. 学前儿童呼吸表浅，每次呼吸量比成人多，呼吸频率快。　　　　　　　 （　　）

12. 学前儿童肠壁肌肉组织和弹性组织发育好,肠蠕动能力比成人强。（   ）
13. 学前儿童唾液腺在出生时已形成,但分泌唾液少,口腔较干燥。（   ）
14. 为使学前儿童外耳道保持卫生,大人要用钢制的耳匙给幼儿掏耵聍。（   ）
15. 学前儿童淋巴结防御和保护功能比较弱,表现在幼儿时期常有淋巴结肿大的现象。（   ）
16. 幼儿期胰腺不发达,而且极易受寒冷天气和各种疾病的影响,导致消化不良。（   ）
17. 狭小的衣服会影响血液的流动和养料、氧气的供给,因此学前儿童的衣服应宽大舒适,以保证血液循环的畅通。（   ）
18. 学前儿童自主神经中的交感神经兴奋性弱,副交感神经兴奋性强,所以学前儿童胃肠消化能力极易受情绪影响。（   ）
19. "人有一个头,但是有两个脑袋",左脑负责感性思维,右脑负责逻辑思维,所以要加强学前儿童的右脑开发。（   ）
20. 过度或突然的神经刺激会影响学前儿童的心脏和血管的正常功能,所以要提供轻松、和谐的生活环境,避免神经受刺激。（   ）

三、辨析题

1. 有人认为："乳牙会掉,作用不大。"
2. 学前儿童生殖器官发育缓慢,可以在青春期再进行性教育。

四、案例分析题

为了迎接"六一"儿童节,星星幼儿园将举行歌咏比赛。某班的张老师为了获得奖项,给孩子们选择难度大的曲目,每天要求他们练唱1小时,并且提出谁唱的声音大就奖励小礼物。即使有的孩子唱得声音嘶哑,张老师也鼓励他们继续练习。

问题一：请问张老师的做法对吗？
问题二：如果你是该班的老师,应该怎么做？

第二节　学前儿童的营养与膳食卫生

一、单项选择题

1. 人体失水（　　）会产生酸中毒。
   A. 5％　　　　　B. 10％　　　　　C. 15％　　　　　D. 20％
2. 幼儿严重缺钙可能会造成（　　）。
   A. 佝偻病　　　B. 贫血　　　　　C. 异食癖　　　　D. 呆小症

3. 下列属于脂肪的生理功能的是（   ）。
   A. 保护内脏、神经、血管   B. 节约蛋白质
   C. 促进肠胃的蠕动和排空   D. 维持内脏和神经等的正常功能
4. 下列维生素属于脂溶性维生素的是（   ）。
   A. 维生素 A、维生素 B   B. 维生素 A、维生素 D
   C. 维生素 C、维生素 D   D. 维生素 C、维生素 B
5. 在米的淘洗过程中,容易损失的营养是（   ）。
   A. 维生素 B_1 B. 维生素 C   C. 维生素 B_2 D. 维生素 D
6. 以下营养素既提供热能又可保持体温的是（   ）。
   A. 蛋白质   B. 脂肪   C. 维生素   D. 糖类
7. 以下措施不符合学前儿童膳食特点的是（   ）。
   A. 儿童的膳食营养要求丰富、多样化。
   B. 年龄越小的幼儿,每日膳食次数越多
   C. 为避免营养不均衡,幼儿不喜欢吃也要迫其吃下
   D. 不同地区饮食习惯不同,幼儿膳食要适当调整
8. 以下营养素既能提供热能又可增强抵抗力的是（   ）。
   A. 蛋白质   B. 脂肪   C. 维生素   D. 糖类
9. 为了预防脚气病,食用（   ）的效果比较好。
   A. 精细粮   B. 精米   C. 粗杂粮   D. 蔬菜
10. 下列食物中,不能作为铁的良好食物来源的是（   ）。
    A. 乳类   B. 肝脏   C. 瘦肉   D. 动物血
11. 合成血红蛋白的主要微量元素是（   ）。
    A. 铁   B. 碘   C. 锌   D. 钙
12. 在人体的生命活动过程中,最合理的、主要的热能来源是（   ）。
    A. 糖类   B. 蛋白质   C. 脂肪   D. 无机盐
13. 在下列人体热能消耗中,幼儿所特有的需要是（   ）。
    A. 基础代谢   B. 排泄的消耗
    C. 生长发育所需   D. 食物的特殊动力作用
14. 不能在人体内自行合成,必须由食物供给的营养素是（   ）。
    A. 非必需氨基酸   B. 必需氨基酸   C. 非必需脂肪酸   D. 维生素 D
15. 通过参与合成甲状腺激素而促进人体物质和能量代谢的矿物质是（   ）。
    A. 锌   B. 钙   C. 铁   D. 碘
16. 小明最近晚上看不清物体、皮肤干燥粗糙、毛发干脆易脱落。他可能缺乏（   ）。
    A. 维生素 A   B. 维生素 B   C. 维生素 C   D. 维生素 D
17. 在学前儿童的膳食配制中,动物性蛋白质及豆类蛋白质不少于每日所需蛋白质总量的（   ）。
    A. 45%   B. 50%   C. 55%   D. 60%

18. 对促进儿童生长,保持正常味觉,促进创伤愈合以及提高机体免疫功能均有重要作用的无机盐是( )。
    A. 锌　　　　　　B. 钙　　　　　　C. 铁　　　　　　D. 碘

二、判断题

1. 幼儿年龄越小,每日的膳食次数越多。（　）
2. 胎儿期缺碘可导致死胎、早产及先天畸形。（　）
3. 钙参与人体血液的凝固过程,是血液凝固的要素。（　）
4. 婴幼儿严重缺锌,也会造成幼儿长大后得侏儒症。（　）
5. 平衡膳食是指膳食中所含的营养素种类齐全,数量充足。（　）
6. 营养素是指机体摄取、消化、吸收和利用食物的整个过程。（　）
7. 无机盐和学前儿童的生长发育密切相关,年龄越小,越容易缺乏。（　）
8. 毛细血管脆弱,牙龈出血、皮下出血,就可能是缺少维生素 B2。（　）
9. 保护动脉健康,要从幼儿期开始,少吃含胆固醇过多脂肪类食物。（　）
10. 长期贫血不仅严重影响幼儿的生长发育,而且也会影响幼儿智力的发展。（　）
11. 含有机体所需的一切营养素和热量的饮食结构就是学前儿童合理的营养。（　）
12. 维生素 C 主要来源于新鲜的水果与蔬菜,例如柑橘、猕猴桃、韭菜、青椒、菠菜等。（　）
13. 配制学前儿童膳食时要注意根据季节作适当的调整,冬季适当增加脂肪量,夏季多选用清淡的食品。（　）
14. 胡萝卜最有营养的吃法是鲜榨胡萝卜汁。胡萝卜汁可以最大限度地保证胡萝卜中的营养成分不被破坏。（　）
15. 幼儿生长发育迅速,但各器官和身体均较小,所以所需热能相对成人较多,而所需的营养素相对成人较少。（　）
16. 血糖是神经系统能量的唯一来源。血糖过低,人体神经系统失去能量,会引起昏迷、休克、甚至死亡。（　）
17. 动物脂肪中的鱼类脂肪和多数的植物油脂,所含饱和脂肪酸较多,所以,不容易造成人体动脉硬化,属比较健康的食品。（　）
18. 人体内含量较多的无机盐有钙盐、铁盐等,含量极少的无机盐有碘盐、锌盐等。无机盐无论含量多少,都是幼儿生长发育中不可缺少的元素。（　）
19. 脂肪能帮助脂溶性维生素的吸收。如果学前儿童膳食中,长期缺乏脂肪,会造成脂溶性维生素吸收障碍而导致脂溶性维生素缺乏症。（　）
20. 食物的特殊动力作用,也可称为食物的代谢反应,是指消化和吸收食物时所需的能量。三种主要热源营养素的特殊动力作用各不相同,以脂肪的特殊动力作用为最大。（　）

三、辨析题

1. 营养就是食物质量的好坏。
2. 人体需要大量的维生素。

四、案例分析题

在晨间谈话时，艳艳告诉老师"我妈妈给我吃的早餐是牛奶和鸡蛋"。

问题一：艳艳的这份早餐配制科学吗？请从"配制学前儿童膳食的原则"分析为什么？

问题二：请为艳艳的家长在幼儿早餐配制方面，提出合理的建议。

第三节　学前儿童常见疾病及预防

一、单项选择题

1. 牙齿出现残根属于（　　）。
   A. Ⅱ度龋　　　　　　B. Ⅲ度龋　　　　　　C. Ⅳ度龋　　　　　　D. Ⅴ度龋
2. 肥胖儿最关键的是要（　　）。
   A. 改变饮食习惯　　　　　　　　　　　B. 治疗内分泌疾病
   C. 多做有氧运动　　　　　　　　　　　D. 定期测体重
3. 传染病的基本特征包括（　　）。
   A. 有病原体、传染性、流行性、免疫性
   B. 有病原体、传染性与流行性、可控性、免疫性
   C. 有病原体、传染性、病程发展具有一定的规律性、免疫性
   D. 有病原体、传染性与流行性、病程发展具有一定的规律性、免疫性
4. 以下不属于腹泻原因的是（　　）。
   A. 喂养不当　　　　B. 肠道感染　　　　C. 奶粉喂养　　　　D. 肠道外感染
5. 小儿肺炎典型症状表现为（　　）。
   A. 发热、咳嗽、呼吸困难　　　　　　　B. 头晕、疲倦、心悸
   C. 面色樱红、疲倦、嗜睡　　　　　　　D. 出现皮疹，呈向心性
6. 以下不属于营养性疾病的是（　　）。
   A. 肥胖　　　　　　B. 佝偻病　　　　　C. 肺炎　　　　　　D. 缺铁性贫血
7. 以下不属于佝偻病预防措施的是（　　）。
   A. 户外活动　　　　B. 少食多动　　　　C. 适当补充VD　　　D. 定期健康检查
8. 传染病的（　　）特征是与非传染病的根本区别。
   A. 传染性　　　　　B. 有病原体　　　　C. 流行性　　　　　D. 免疫性
9. 关于流行性腮腺炎，下列描述正确的是（　　）。
   A. 病原体存在患者粪便中　　　　　　　B. 可以给患儿吃酸的食物
   C. 痊愈后可获得终身免疫　　　　　　　D. 出现红色丘疹腮腺肿胀

10. 传染病发生和流行的三个环节包括：传染源、（　　）、易感人群。
    A. 患者　　　　　　B. 病原体　　　　　C. 传染性　　　　　D. 传播途径
11. （　　）多发生于5岁以下儿童，主要表现为手、足、口腔等部位的疱疹。
    A. 流感　　　　　　　　　　　　　　B. 手足口病
    C. 水痘　　　　　　　　　　　　　　D. 急性出血性结膜炎
12. （　　）起病急，常为双眼或左右眼先后发病。患眼有异物感或烧灼感及轻度怕光、流泪。
    A. 流感　　　　　　　　　　　　　　B. 手足口病
    C. 水痘　　　　　　　　　　　　　　D. 急性出血性结膜炎
13. 流感患者通过咳嗽、打喷嚏等方式排出病毒，经呼吸道感染他人。流行性感冒的传播途径是（　　）。
    A. 空气飞沫传播　　B. 食物传播　　　　C. 生活接触传播　　D. 虫媒传播
14. 豆豆头皮、面部出现皮疹，渐渐的躯干、四肢也出现了皮疹，1天左右转为水疱，皮肤刺痒，且出现了发热、精神不安、食欲不振等症状。豆豆可能患上了（　　）。
    A. 流感　　　　　　　　　　　　　　B. 手足口病
    C. 水痘　　　　　　　　　　　　　　D. 急性出血性结膜炎
15. 若出汗过多，加之空气潮湿，不通风，衣服太厚或太紧等因素，汗液不能及时从人体皮肤表面蒸发，造成表皮被汗液浸渍。浸渍的结果引起汗管口的阻塞，影响汗液的正常排泄，于是形成（　　）。
    A. 水痘　　　　　　B. 痱子　　　　　　C. 疱疹　　　　　　D. 麻疹

二、判断题

1. 腹泻患儿要禁食，防止病情更严重。　　　　　　　　　　　　　　　　　　　（　　）
2. 所有的传染病痊愈后均可获得终身免疫。　　　　　　　　　　　　　　　　　（　　）
3. 易感人群是指容易受这种传染病传染的人群。　　　　　　　　　　　　　　　（　　）
4. 牙齿排列不齐，容易造成学前儿童龋齿的发生。　　　　　　　　　　　　　　（　　）
5. 对水痘患儿要勤剪指甲，避免抓破皮肤，引起感染。　　　　　　　　　　　　（　　）
6. 学前儿童要少吃粗糙、硬质和含纤维质的食物，避免龋齿。　　　　　　　　　（　　）
7. 有的发病急骤，可不出现前驱期，前驱期患者没有传染性。　　　　　　　　　（　　）
8. 流行性感冒四季均可流行，以春秋季居多，病后免疫力不持久。　　　　　　　（　　）
9. 病毒性结膜炎一般有脓性及黏性分泌物，早上醒来时上下眼睑被粘住。　　　　（　　）
10. 手足口病的主要传染源是患者，与患者密切接触和空气飞沫都可传播。　　　　（　　）
11. 学前儿童若吸入二手烟，不仅会引起中耳炎，情况严重的还会造成暂时性耳聋。（　　）
12. 患缺铁性贫血的学前儿童在饮食上要注意均衡，摄入含铁和维生素C丰富的食物。
　　　　　　　　　　　　　　　　　　　　　　　　　　　　　　　　　　　　　（　　）
13. 接触日光不足，喂养不当，疾病和药物的影响等均可造成维生素D缺乏性佝偻病。（　　）
14. 传染病是由病原体（细菌、病毒、寄生虫等）侵入机体引起的，只能在人群之间传播的疾病。　　　　　　　　　　　　　　　　　　　　　　　　　　　　　　　　　（　　）

15. 学前儿童腹泻严重时可出现高热、呼吸障碍、昏迷,甚至发生惊厥,但不会危及生命。
(   )

三、辨析题
1. 水痘是皮肤传染病。
2. "保持室内空气新鲜,温湿度适宜"是小儿肺炎的护理措施。

四、案例分析题
午睡后,老师发现豆豆额头有点发烫,豆豆说喉咙痛,全身乏力,一直喊冷,老师还发现他眼里有血丝。随后,老师给他测了体温,显示有39℃。老师立即通知了家长,但家长要几个小时后才能赶来幼儿园。

问题一:依据豆豆的症状,判断他可能患什么病?

问题二:在家长来接豆豆之前,老师应该如何对豆豆进行护理?并阐述预防该病的措施。

第四节　学前儿童意外事故的预防和急救

一、单项选择题
1. 割伤出血的处理办法是(　　)。
   A. 止血—消毒—包扎　　　　　　B. 包扎—止血—消毒
   C. 消毒—止血—包扎　　　　　　D. 止血—包扎—消毒
2. 滴眼药时,最先要做的是(　　)。
   A. 教师先把手洗干净　　　　　　B. 核对药名、姓名
   C. 清洗患儿眼睛分泌物　　　　　D. 让患儿头向后仰
3. 昆虫进入耳朵,下列做法不正确的是(　　)。
   A. 滴入甘油淹毙　　　　　　　　B. 用力晃动脑部
   C. 送医院　　　　　　　　　　　D. 灯光照外耳道口
4. 宠物咬伤的第一步处理方法是(　　)。
   A. 立即送医治疗　　　　　　　　B. 立即注射狂犬疫苗
   C. 立即止血包扎　　　　　　　　D. 立即彻底清洗伤口
5. 幼儿被烫伤以后,施援急救的第一步是(　　)。
   A. 涂碘酒　　　　B. 涂清凉油　　　　C. 涂酱油　　　　D. 冷水冲淋
6. 飞虫、沙子入眼后,下列做法正确的是(　　)。
   A. 吹气　　　　　　　　　　　　B. 揉眼以便揉出异物
   C. 用棉签擦去　　　　　　　　　D. 用力眨眼睛,使异物挤出眼睛

7. 关于体温及体温测量,以下说法正确的是( )。
    A. 幼儿的体温比成人略低   B. 3 岁以下可采用红外线耳温计
    C. 幼儿的体温有生理性波动   D. 进食半小时内,安静时测体温
8. 对学前儿童晕厥的最佳处理措施是( )。
    A. 头略低于脚平卧   B. 头偏向一侧侧卧   C. 头略高于脚平卧   D. 头向后仰呈半卧
9. 关于幼儿刺伤的处理办法,下列说法错误的是( )。
    A. 先将伤口清洗干净   B. 顺着刺的方向把刺挑出
    C. 刺伤后不宜挤淤血   D. 刺难以拔除,立即送医
10. 学前儿童被虫咬伤后,可以用食醋处理的是( )。
    A. 臭虫咬伤   B. 黄蜂蜇伤   C. 蜈蚣咬伤   D. 蚊子叮咬
11. 骨折的处理原则是使断骨不再刺伤周围组织,不使骨折再加重。这种处理叫( )。
    A. 固定   B. 包扎   C. 止血   D. 不移动
12. ( )是指当伤者出现心跳、呼吸骤停,表现为脉搏消失,呼吸停止,意识丧失时实施人工急救方法。
    A. 心肺复苏急救   B. 人工呼吸   C. 胸外心脏按压   D. 呼吸道异物
13. 用拇指和食指捏住鼻翼 5 分钟,压迫止血。这种止血方法最好用在( )。
    A. 鼻腔前部出血   B. 鼻腔中部出血   C. 鼻中隔出血   D. 鼻腔后部出血
14. 学前儿童因关节附近韧带较松、过度牵拉、负重的情况下,易引起( )。
    A. 骨折   B. 脱臼   C. 扭伤   D. 摔伤
15. 滴鼻药水时,应让小儿仰卧,肩下垫上枕头,使头后仰,鼻孔向上。或坐在椅上,背靠椅背,头尽量后仰。滴药后应保持原姿势( )。
    A. 10～15 分钟   B. 5～10 分钟   C. 3～5 分钟   D. 2～3 分钟

二、判断题
1. 支气管异物以左侧为多见。   ( )
2. 催吐是排除胃内毒物的简便而有效的方法。   ( )
3. 闭合性骨折,骨折处皮肤不破裂,与外界不相通。   ( )
4. 对于不易取出的外耳道异物,可自行用镊子夹出来。   ( )
5. 幼儿跌伤,身体出现乌青以后,应马上揉,使乌青消失。   ( )
6. 应鼓励 2～3 岁幼儿自己吃药,不要采用吓唬的方法。   ( )
7. 挤伤疼痛难忍时,可将受伤的手指高举过心脏,缓解痛苦。   ( )
8. 在患儿脱离电源前,应避免直接拖拉,防止急救者也触电。   ( )
9. 通过心肺复苏术,幼儿能自主呼吸了,可不必送往医院抢救。   ( )
10. 为了防止幼儿异物入体,不能让幼儿将别针、硬币、纽扣等物品带入幼儿园。   ( )
11. 为幼儿滴眼药水时,应将药液滴在幼儿眼角膜上,然后让幼儿轻轻闭上眼睛,转动眼球。
                                                                                  ( )
12. 当幼儿不幸发生眼外伤后,教师在做急救处理后,应争分夺秒地将幼儿送到就近的医院治疗。   ( )

13. 异物（鱼刺、骨头渣、枣核等）入咽部时，可采用喝醋或硬吞食物的方法，让异物吞入食道。　　　　　　　　　　　　　　　　　　　　　　　　　　　　　　　（　　）
14. 如果幼儿发生严重摔伤时，可能造成腰椎骨折，施救时不能抱或背患儿，应该用绳索、帆布等担架抬救患儿。　　　　　　　　　　　　　　　　　　　　　　　　　　（　　）
15. 冷敷时，如果发现幼儿打寒战或面色苍白，可以继续进行冷敷，因为这是进行降温时的正常现象。　　　　　　　　　　　　　　　　　　　　　　　　　　　　　　　（　　）

三、辨析题

1. 学前儿童气管、支气管异物，可以用拍背的方式将异物拍出。
2. 学前儿童出鼻血时，应让其坐着，头稍向后仰。

四、案例分析题

进餐时，强强的手臂被面条烫伤了，在医生到来之前，老师给强强的手臂涂抹了牙膏。
问题一：该教师的处理方法是否恰当？结合材料分析理由。
问题二：说说幼儿烫伤的正确处理方法。

第五节　托幼园所的卫生保健制度

一、单项选择题

1. 学前儿童正确的睡姿一般是（　　）。
   A. 右侧睡和平睡　　　　　　　　　B. 左侧睡和平睡
   C. 右侧睡和左侧睡　　　　　　　　D. 右侧睡和俯卧睡
2. 以下不是艺术活动卫生要求的是（　　）。
   A. 演唱幼儿歌曲　　　　　　　　　B. 教给正确的发音方法
   C. 演唱成人歌曲　　　　　　　　　D. 唱歌的地点空气清新
3. 以下属于幼儿进餐时良好卫生习惯的是（　　）。
   A. 撒饭　　　　　　　　　　　　　B. 用衣袖擦嘴
   C. 保持桌面清洁　　　　　　　　　D. 饭菜掉衣服上
4. 幼儿要掌握正确的刷牙方法，每次尽量刷（　　）。
   A. 1分钟　　　　B. 2分钟　　　　C. 3分钟　　　　D. 4分钟
5. 以下不属于盥洗和如厕的卫生要求的是（　　）。
   A. 用流动的水洗手　　　　　　　　B. 掌握正确刷牙方法
   C. 小班幼儿学会料理大小便和穿脱裤子　D. 定期清洗并消毒幼儿的洗脸、洗脚盆

6. 以下措施不能创造良好的睡眠环境的是（　　）。
   A. 卧室通风换气　　　　　　　　　　　B. 室内光线不宜太强
   C. 卧室保持安静　　　　　　　　　　　D. 老师间交流午餐情况
7. 可采取在阳光下暴晒的方法进行消毒的物品是（　　）。
   A. 便盆　　　　　B. 水果　　　　　C. 图书　　　　　D. 餐具
8. 关于学前儿童一日生活制度，下列表述正确的有（　　）。
   A. 一日生活各环节要有卫生要求　　　B. 学前儿童喝水不需要老师提醒
   C. 集中教学活动贯穿一日生活活动始终　D. 户外活动不是一日生活的主要环节
9. 关于教学活动时间的安排，以下说法正确的是（　　）。
   A. 小班一节课 10～15 分钟　　　　　B. 小班一节课 10～20 分钟
   C. 小班一节课 15～20 分钟　　　　　D. 小班一节课 20～25 分钟
10. 下列关于幼儿离园环节的安全管理，错误的是（　　）。
    A. 凭接送卡任何人可接走幼儿　　　　B. 下班前应确保班级没有幼儿
    C. 离园时应再次清点幼儿的人数　　　D. 教师亲自将晚接的幼儿交给值班人员
11. 要求幼儿学会自己料理大小便和穿、脱裤子，针对的年龄班是（　　）。
    A. 小班　　　　　B. 中班　　　　　C. 大班　　　　　D. 中大班
12. 幼儿要用肥皂或者洗手液将手心、手背、手指缝、手指甲反复搓至少（　　）。
    A. 1 分钟　　　　B. 2 分钟　　　　C. 3 分钟　　　　D. 4 分钟
13. 随着电视、游戏和电脑的普及，幼儿与视频打交道的时间与机会越来越多。以下说法正确的是（　　）。
    A. 要适时控制否则会弊多利少　　　　B. 幼儿自由选择看电视的内容
    C. 长时间看电视不会影响幼儿的进食　D. 短视频很有趣，让孩子多看一点
14. 为了让幼儿接受空气中的温度、湿度、气流的刺激和阳光照射，促进新陈代谢，增进健康，可开展的游戏是（　　）。
    A. 区域游戏　　　　　　　　　　　　B. 教室游戏
    C. 户外游戏　　　　　　　　　　　　D. 多功能活动室游戏
15. 幼儿园应多组织幼儿参加户外活动，多晒太阳，进行日光浴锻炼。这样能促进钙、磷吸收，增强幼儿免疫能力，预防和治疗（　　）。
    A. 佝偻病　　　　B. 多动症　　　　C. 呆小症　　　　D. 坏血病

二、判断题

1. 三岁以上幼儿提倡用马桶式厕所。　　　　　　　　　　　　　　　　　　　（　　）
2. 大中小班的教学活动时间一样长。　　　　　　　　　　　　　　　　　　　（　　）
3. 三浴锻炼是指空气浴、水浴和沙浴。　　　　　　　　　　　　　　　　　　（　　）
4. 幼儿进行日光浴时要注意保护眼睛。　　　　　　　　　　　　　　　　　　（　　）
5. 幼儿的体格锻炼要遵循循序渐进的原则。　　　　　　　　　　　　　　　　（　　）
6. 幼儿入园健康检查结果在三个月内有效。　　　　　　　　　　　　　　　　（　　）
7. 全日健康观察的重点是儿童的精神、食欲情况。　　　　　　　　　　　　　（　　）

8. 幼儿的入园检查通常是在所在地的妇幼卫生保健院所进行。（   ）
9. 为了让幼儿集中注意力，提倡幼儿手背在后面听课。（   ）
10. 幼儿全部接走后，教师把活动室收拾好，直接锁好门就行。（   ）
11. 婴幼儿的饮水多少是个人习惯问题，保教人员不需要组织集体饮水。（   ）
12. 在正常天气下，幼儿应每天坚持3小时以上户外活动，并加强冬季锻炼。（   ）
13. 幼儿园里每学期至少会有一次大型节日活动，有利于培养幼儿的音乐兴趣。（   ）
14. 晨检中的"二摸"是指摸幼儿的口袋里是否有小刀、弹弓、别针、小钉子等不安全的东西。
（   ）
15. 玩老鹰捉小鸡的游戏应该让性格内向的幼儿扮演老鹰和母鸡，而让性格外向的幼儿扮演小鸡，这样能充分调动幼儿的积极性，使游戏活动活泼有趣。（   ）

三、辨析题

1. 晨检中的四查是认真查看学前儿童的咽喉部是否发红，学前儿童的脸色、皮肤和精神状况等有无异常。
2. 可以利用进餐时间处理班级问题。

四、案例分析题

陈老师是一位实习老师，今天第一次尝试带班。一会儿朵朵要喝水，一会儿明明要喝水，一下子，七八个孩子都想喝水，陈老师先让明明去喝水。可是调皮的明明把水洒得满地都是，陈老师非常生气，决定不允许小朋友们在课堂上喝水。孩子们很想喝水，但又怕老师生气，活动中显得心不在焉，活动效果很不理想。

问题一：陈老师的做法对吗？
问题二：结合案例谈一谈喝水的卫生要求。

第七章 心理学概论

第一节 研究对象

一、单项选择题

1. 心理现象又称(   )。
   A. 心理过程   B. 心理特征   C. 心理活动   D. 心理特质
2. 梦是一种心理现象。它是(   )的。
   A. 有意识   B. 无意识   C. 无知觉   D. 有知觉
3. 下列属于个性倾向性的是(   )。
   A. 动机   B. 气质   C. 性格   D. 能力
4. 以下不是心理活动倾向性的是(   )。
   A. 需要   B. 价值观   C. 能力   D. 理想
5. 人得以能动地认识世界、改造世界,是因为人具有(   )。
   A. 认识   B. 情感   C. 需要   D. 意识
6. 它在感知觉与记忆的基础上产生,间接、概括地认识客观对象。它是指(   )。
   A. 意志   B. 认知   C. 想象   D. 思维
7. "看到""浮现"属于心理活动中的(   )。
   A. 认知过程   B. 情感过程   C. 认识过程   D. 意志过程
8. 考试后你对这次考试产生不满意的态度,这就是(   )。
   A. 认知   B. 思维   C. 想象   D. 情绪情感
9. 人们觉察不到,也不能自觉调节和控制的心理现象被称为(   )。
   A. 想象   B. 行为   C. 意识   D. 无意识
10. 累积并保存个体经验的心理过程就叫(   )。
    A. 记忆   B. 情感   C. 思维   D. 想象
11. 有人积极主动,有人消极被动;有人机智果断,有人优柔寡断。像这些表现在态度、意志上的不同特点是(   )。
    A. 性格   B. 气质   C. 认知   D. 情绪
12. 你不希望自己考不好于是对这次考试的场景信息加以改造,想着蒙的题目都能做对。这种心理过程属于(   )。
    A. 感觉   B. 知觉   C. 想象   D. 思维

13. 心理过程包括( )。
    A. 认知过程、情感过程、知觉过程
    B. 知觉过程、情感过程、意志过程
    C. 感觉过程、知觉过程、认知过程
    D. 认知过程、情感过程、意志过程
14. 感知、记忆、思维是信息加工过程,也是我们获取和应用知识的基本过程。它们属于( )。
    A. 认知过程
    B. 情绪情感
    C. 人格心理
    D. 意志过程
15. 下列说法不正确的是( )。
    A. 情感属于心理过程
    B. 意志是需要克服困难和挫折的行为
    C. 人格可以通过心理过程表现出来
    D. 认知是人认识外界事物的过程
16. 人有意识地确立目标,并以此支配和调节自己行为,以此达到实现预定目标的心理过程是( )。
    A. 认知过程
    B. 情绪过程
    C. 意志过程
    D. 情感过程
17. 成绩公布后你对这次考试产生态度,引起满意或不满意等主观体验。这就是( )。
    A. 认知过程
    B. 知觉过程
    C. 情感过程
    D. 意志过程
18. 人是社会化的自然实体,人的心理、意识不是与生俱来的,而是人们在社会实践中获得的,个体心理的发生发展离不开( )。
    A. 人文环境
    B. 社会环境
    C. 自然环境
    D. 物质条件

二、判断题
1. 心理是人脑对客观现实的反映。 ( )
2. 心理是人脑对内在心理活动的反映。 ( )
3. 个体行为包含生理的反应和心理的反应。 ( )
4. 心理学以人的心理现象为主要的研究对象。 ( )
5. 人在清醒的时候,不存在无意识的心理现象。 ( )
6. 人们可以通过观察他人生理变化判断他的心理状态。 ( )
7. 行为不同于心理,所以人的行为与心理活动没有任何联系。 ( )
8. 通过对人行为的观察和描述使我们可能探讨其内部心理活动。 ( )
9. 不同的人感受也不同,这种现象说明人的心理具有主观性。 ( )
10. 我们在日常生活中也经常使用"气质"与心理学中的科学概念是完全一样。 ( )
11. 社会团体与个体一样具有某些心理特征,如团体需求、团体价值观、团体目的等。
    ( )
12. 个体心理现象分为个体意识和个体无意识,人的多数行为是在意识的支配下进行,也存在无意识的心理现象。 ( )
13. 中国人在情感表达上比较含蓄,这跟中国人所接受的教育、传统文化的影响有关,所以个体心理发展受到特定社会文化的影响。 ( )

三、辨析题
1. 社会心理也是心理学的研究对象。
2. 心理学将行为作为研究对象,目的是为了研究支配行为的心理现象。

四、案例分析题

在一次考试中,你看到大家都在奋笔疾书,而你却脑袋空白,不由地感到紧张。这种紧张的场景并没有在你离开考场后马上消失,还停留在你的头脑中,有可能在下次考试中再现出紧张的画面。考试结束后你会根据自己在考场上的紧张状态推断出这次肯定考不好,为了让自己减少焦虑,你对这次考试的场景信息加以改造,希望蒙的全对。考试结果出来果然考得不好,你感到非常沮丧。而后重新制定学习目标,通过改善学习方法,希望下次能够考个好成绩。

问题一:请找出材料中的心理现象。
问题二:他们分别属于哪些心理过程。

第二节 研究任务

一、单项选择题

1. 它是对各种心理现象和行为形成心理的科学概念。它是指( )。
   A. 说明　　　　B. 描述　　　　C. 测量　　　　D. 预测

2. 心理学研究还需要对心理现象进行量化。该过程属于( )。
   A. 说明　　　　B. 描述　　　　C. 测量　　　　D. 预测

3. 一种测量工具单有可靠性还不够,还必须有效。有效是指( )。
   A. 信度　　　　B. 效度　　　　C. 效果　　　　D. 预测

4. 心理学研究的核心任务是( )。
   A. 解释与说明　　B. 描述与测量　　C. 预测与控制　　D. 假设与证实

5. 心理学研究要解决"是什么"的问题,就是要对心理现象加以( )。
   A. 解释与说明　　B. 描述与测量　　C. 预测与控制　　D. 假设与证实

6. 心理学研究就要解决"怎么做"的问题,就要对心理现象加以( )。
   A. 解释与说明　　B. 描述与测量　　C. 预测与控制　　D. 假设与证实

7. 我们不仅要认识世界,还要改造世界,这意味着在心理学的研究任务中,需要将心理规律运用到实践中,也就是要( )。
   A. 描述心理事实　　　　　　　B. 揭示心理规律
   C. 治愈心理疾病　　　　　　　D. 预测和控制心理

8. 一份问卷,对同一批人多次进行测试(排除练习效应),每次测试结果差异很大,也就说明这份问卷没有( )。
   A. 信度　　　　B. 效度　　　　C. 效果　　　　D. 预测

9. 研究如何减少攻击性行为发生,首先要告诉人们攻击性行为是一个什么行为、它有什么特点和表现,如何加以测量。这里涉及心理学的基本任务是(　　)。
   A. 解释与说明　　　B. 描述与测量　　　C. 预测与控制　　　D. 假设与证实
10. 心理学家需要通过理论构建和实证研究,探究心理现象背后的原因和机制。这个过程属于心理学的基本任务中的(　　)。
    A. 解释与说明　　　B. 描述与测量　　　C. 预测与控制　　　D. 假设与证实

二、判断题

1. 行为预测的目的是改变和控制行为。(　　)
2. 效度指一个测量工具的可靠程度。(　　)
3. 效度指一个测量工具测量到所需要测量的东西。(　　)
4. 解释说明是对各种心理现象和行为形成心理的科学概念。(　　)
5. 描述和测量可以帮助人们更好地对心理现象和行为加以控制。(　　)
6. 描述和测量心理现象和行为的研究,要解决"是什么"的问题。(　　)
7. 心理学研究任务包括描述和测量、解释和说明、预测和控制。(　　)
8. 人们可以从生理、心理、行为和社会文化等四个层次来对心理现象和行为的发生发展过程进行解释说明。(　　)
9. 心理现象进行量化测量揭示心理现象的内在规律和特点,更好地理解和解释人类行为。(　　)
10. 一份问卷,对同一批人多次进行测试(排除练习效应),每次的测试结果差异都很大,也就说明这份问卷没有效度。(　　)

三、辨析题

1. 描述和测量可以帮助人们更好地对心理现象和行为加以控制。
2. 我们可以从生理、心理、行为和社会文化四个层面,来对心理现象和行为的发生发展过程进行解释说明。

四、案例分析题

在教育教学过程中,通过对儿童进行心理测验可以帮助成人更好地了解儿童心理发展水平和行为特点,在此基础上做出针对性的教育指导。例如,克氏行为量表是适合儿童孤独症早期筛查的量表之一,通过测验结果,能够帮助我们筛选出患有孤独症及孤独症倾向的儿童。

问题一:对儿童进行心理测验属于心理学研究任务中的哪个环节。

问题二:在选择心理测验量表时要注意哪两个点。

第三节 研究方法

一、单项选择题

1. 自然实验法的优点是（　　）。
   A. 减少人为性，提高真实性　　　　B. 减少人为性，降低真实性
   C. 提高人为性，增加真实性　　　　D. 提高人为性，降低真实性

2. 研究学前儿童心理活动的最基本、最常用的方法是（　　）。
   A. 观察法　　　　B. 测验法　　　　C. 实验法　　　　D. 访谈法

3. 运用（　　）获得的资料有助于研究者了解心理现象之间的因果关系。
   A. 调查法　　　　B. 测验法　　　　C. 自然实验法　　　　D. 实验室实验法

4. 研究者根据事先拟好的问题对被试者进行面对面的提问，随时记录被试者的回答和反应。这种研究方法是（　　）。
   A. 观察法　　　　B. 测验法　　　　C. 实验法　　　　D. 调查法

5. 根据是否在自然情境中对人的行为进行观察，可分为自然观察法和（　　）。
   A. 观察法　　　　B. 参与观察法　　　　C. 控制观察法　　　　D. 非参与观察法

6. 观察者参与活动中，将所见所闻随时加以观察记录是（　　）。
   A. 自然观察法　　　　B. 参与观察法　　　　C. 控制观察法　　　　D. 非参与观察法

7. 观察者以旁观者的身份随时观察记录所见所闻。这种方法属于（　　）。
   A. 自然观察法　　　　B. 参与观察法　　　　C. 控制观察法　　　　D. 非参与观察法

8. 对某个或某些被试者在较长时间内连续进行了解并分析其心理发展变化的研究方法叫作（　　）。
   A. 实验法　　　　B. 个案法　　　　C. 谈话法　　　　D. 调查法

9. 通过向受调查者提出问题或要求，以收集他们对某个心理现象、态度、行为或观点的数据和信息的研究方法是（　　）。
   A. 观察法　　　　B. 测验法　　　　C. 实验法　　　　D. 调查法

10. 具有标准化、易于量化和分析的特点，但可能受到受调查者阅读能力和理解能力限制的研究方法是（　　）。
    A. 观察法　　　　B. 测验法　　　　C. 书面调查法　　　　D. 口头调查法

11. 通过面对面的访谈、电话访谈或网络访谈等方式，直接询问受调查者的意见和看法的研究方法是（　　）。
    A. 观察法　　　　B. 测验法　　　　C. 书面调查法　　　　D. 口头调查法

12. 优点是易于在短时间内收集大量数据，操作起来相对简单易行，不需要复杂的实验设备和条件，具有广泛的适用性的研究方法是（　　）。
    A. 观察法　　　　　　　　　　　　B. 测验法
    C. 实验法　　　　　　　　　　　　D. 调查法

13. 需要长时间的追踪和调查,研究周期较长,需要研究者具备足够的耐心和毅力的研究方法是(　　)。
    A. 观察法　　　　B. 测验法　　　　C. 个案法　　　　D. 调查法
14. 通过观察记录、访谈记录、测验结果等多种途径,收集研究对象的各方面的信息的研究方法是(　　)。
    A. 观察法　　　　B. 测验法　　　　C. 个案法　　　　D. 调查法
15. 通常选择具有典型性或特殊性的个体或群体作为研究对象,其研究结果可能难以推广到一般人群的研究方法是(　　)。
    A. 观察法　　　　B. 测验法　　　　C. 个案法　　　　D. 调查法
16. 实施中,首先确定典型性或特殊性的个体作为研究对象,明确研究目的和问题的研究方法是(　　)。
    A. 观察法　　　　B. 测验法　　　　C. 个案法　　　　D. 调查法
17. 艾森克人格问卷(EPQ)、卡特尔十六种人格因素测验(16PF)、罗夏墨迹图、主题统觉测验、房树人测验属于(　　)。
    A. 智力测验　　　B. 人格测验　　　C. 个别测验　　　D. 团体测验
18. 通过观察儿童在阅读绘本时行为和语言的表现,分析儿童阅读能力,内部言语等心理活动发展的规律和特征,运用的是(　　)。
    A. 观察法　　　　B. 测验法　　　　C. 个案法　　　　D. 调查法
19. 观察学前儿童在特定游戏活动中与他人互动的频率和互动方式的特点,运用的是(　　)。
    A. 自然观察法　　　　　　　　　　B. 参与观察法
    C. 控制观察法　　　　　　　　　　D. 非参与观察法
20. 研究者对被试作心理健康测验和人格测验,调查熟悉被试的家长、亲人、同学等,或从被试的书信、日记、病历等方面进行分析,这种研究方法是(　　)。
    A. 观察法　　　　B. 测验法　　　　C. 个案法　　　　D. 调查法

二、判断题
1. 瑞文测验(SPM)属于非文字智力测验。　　　　　　　　　　　　　　　　　(　　)
2. 对某个学生进行心理健康测评属于个体测验。　　　　　　　　　　　　　　(　　)
3. 测验法使用应考虑被测者的文化背景和个体差异。　　　　　　　　　　　　(　　)
4. 个案法不仅可以以个体为对象,同样也可以以群体为对象。　　　　　　　　(　　)
5. 实施心理测验时严格按照测验工具的说明和操作步骤进行。　　　　　　　　(　　)
6. 观察者是否参与活动中进行观察分为参与观察和非参与观察。　　　　　　　(　　)
7. 测验法短时间内收集大量数据,操作起来相对简单易行,不需要复杂的实验设备和条件。
　　　　　　　　　　　　　　　　　　　　　　　　　　　　　　　　　　　(　　)
8. 一个实用的心理测验必须具备信度和效度。　　　　　　　　　　　　　　　(　　)
9. 观察法的缺点是研究结果适合个别情况,难以推广运用。　　　　　　　　　(　　)
10. 口头调查是指通过面对面的访谈、电话访谈或网络访谈的方式。　　　　　(　　)
11. 根据实验环境的不同分为自然实验法和实验室实验法。　　　　　　　　　(　　)

12. 个案法的优点是能够在短时间内收集大量资料。（　　）
13. 测验法指人为地、有目的地控制和改变某种条件来引起某种心理变化,从而进行分析研究的方法。（　　）
14. 自然实验法特点精确度高,研究情境的人为性。（　　）
15. 我们用同一份测试量表对一个被试在一个月内先后进行两次测试,测试间隔时间是两周,前后两次的分数大致相同,说明该测试量表信度系数高。（　　）

三、辨析题
1. 口头调查具有标准化、易于量化和分析的特点。
2. 调查法是研究学前儿童心理活动的最基本、最常用的方法。

四、案例分析题
　　在教学过程中,教师可以通过观察学前儿童,在特定游戏活动中,与他人互动的频率和互动方式、情绪反应等特点,了解幼儿在同伴交往中的优势和不足,从而为他们提供个性化的指导和支持。例如,对于害羞或退缩的幼儿,教师可以鼓励他们多参与集体活动,与同伴建立友好关系;对于过于强势或带有攻击性的幼儿,教师可以引导他们学会尊重他人,学会合作和分享。

　　问题一:该案例中运用哪种心理研究方法?
　　问题二:在使用该方法时要注意什么?

第八章 认知发展

第一节 感知觉发展

一、单项选择题

1. 长时间闻一种气味会产生（　　）现象。
   A. 感觉对比　　　B. 嗅觉适应　　　C. 感觉适应　　　D. 味觉对比
2. 以下不属于空间知觉的是（　　）。
   A. 形状知觉　　　B. 深度知觉　　　C. 大小知觉　　　D. 时间知觉
3. 最小可觉差也称（　　）。
   A. 感受性　　　B. 感觉阈限　　　C. 绝对感受性　　　D. 差别感觉阈限
4. 以下属于心理学"感觉"范畴的是（　　）。
   A. 初恋的感觉很美好　　　　　　　B. 有人对自我感觉良好
   C. 白天进电影院眼前感觉一片漆黑　　D. 领导感觉小王是个有前途的青年
5. 看见一朵玫瑰花并能认识它，这种心理活动是（　　）。
   A. 色觉　　　B. 知觉　　　C. 感觉　　　D. 统觉
6. 主要收集声音和身体平衡位置信号的感觉器官是（　　）。
   A. 眼睛　　　B. 耳朵　　　C. 鼻子　　　D. 舌
7. 能够引起人的感觉的刺激范围或刺激量是（　　）。
   A. 感觉阈限　　　B. 绝对阈限　　　C. 差别阈限　　　D. 相对阈限
8. 刚刚能感觉出的两个同类刺激的最小差别量是（　　）。
   A. 感觉阈限　　　B. 绝对阈限　　　C. 差别阈限　　　D. 相对阈限
9. 心理学中的"视觉悬崖"实验说明婴儿具有（　　）。
   A. 方位知觉　　　B. 深度知觉　　　C. 时间知觉　　　D. 爬行知觉
10. 研究表明，感受性与感觉阈限在数值上呈（　　）。
    A. 正比关系　　　B. 反比关系　　　C. 幂函数　　　D. 对数函数
11. 它的单位为分贝（db），用音压级（SPL）来表示。它是指（　　）。
    A. 音高　　　B. 响度　　　C. 声波　　　D. 音色
12. 听觉的适宜刺激的声波频率为（　　）。
    A. 16～20000 赫兹　　　　　B. 16 赫兹以下
    C. 20000 赫兹以上　　　　　D. 13000 赫兹

13. 由光强在空间上的不同分布造成的是( )。
    A. 感觉对比　　　　B. 明暗对比　　　　C. 颜色对比　　　　D. 色彩对比
14. 以下现象不能表现"注意的集中性"的是( )。
    A. 视而不见、听而不闻　　　　　　　　B. 用志不分,乃凝于神
    C. 学习英语要眼到、耳到、口到、手到　　D. 两耳不闻窗外事,一心只读圣贤书
15. 同一感受器在刺激物的持续作用下感受性发生变化的现象是( )。
    A. 联觉　　　　　　B. 感觉对比　　　　C. 感觉后像　　　　D. 感觉适应
16. 人们看到红、橙、黄的颜色时会有暖的感觉,这种现象属于( )。
    A. 联觉　　　　　　B. 感觉对比　　　　C. 感觉后像　　　　D. 感觉适应
17. 在课堂上,幼儿会把黑板上动的教具作为知觉的对象,而把静止的黑板作为知觉的背景。这利用知觉的( )。
    A. 理解性　　　　　B. 整体性　　　　　C. 恒常性　　　　　D. 选择性
18. 它由物体振动产生的,是听觉的适宜刺激。它指的是( )。
    A. 音高　　　　　　B. 音响　　　　　　C. 声波　　　　　　D. 电磁波
19. 面对外界物体时,人们总要用过去的经验对其加以解释,并用词把它标示出来。这表明知觉具有( )。
    A. 恒常性　　　　　B. 整体性　　　　　C. 理解性　　　　　D. 选择性
20. 将一个灰色正方形放在白色背景上,灰色正方形将略显暗,正方形的轮廓和细节会更突出。这是( )。
    A. 感觉对比　　　　B. 明暗对比　　　　C. 颜色对比　　　　D. 色彩对比

二、判断题
1. 听觉的适宜刺激是声波。　　　　　　　　　　　　　　　　　　　　　　　　( )
2. 感觉阈限越小表明感受性越差。　　　　　　　　　　　　　　　　　　　　　( )
3. 响度的单位为分贝(db)。　　　　　　　　　　　　　　　　　　　　　　　　( )
4. 感觉阈限越大表明感受性越低。　　　　　　　　　　　　　　　　　　　　　( )
5. 新生儿主要通过听觉辨别事物。　　　　　　　　　　　　　　　　　　　　　( )
6. 4岁儿童能正确辨别前后,左右方位。　　　　　　　　　　　　　　　　　　　( )
7. 暗适应的过程相对明适应的过程要慢。　　　　　　　　　　　　　　　　　　( )
8. 幼儿辨别物体的大小比辨别物体的形状容易。　　　　　　　　　　　　　　　( )
9. 物体的颜色只有在光线照射时才显现出来。　　　　　　　　　　　　　　　　( )
10. 任何感觉的产生都离不开刺激物和感觉器官。　　　　　　　　　　　　　　　( )
11. 孩子出生后就能依靠视觉确定物体的位置。　　　　　　　　　　　　　　　　( )
12. 4岁孩子把两只鞋穿反了的情况说明方位知觉出现错误。　　　　　　　　　　( )
13. 暗适应是指从明到暗,视觉感受光刺激的能力上升。　　　　　　　　　　　　( )
14. "门处于关门到开门的不同状态"但人们对门的大小、形状知觉并不改变,体现的是知觉的理解性。　　　　　　　　　　　　　　　　　　　　　　　　　　　　　　　　( )
15. 人对整体的知觉优先于对个别成分的知觉,这种现象是知觉的整体性。　　　　( )

16. 幼儿会把黑板上动的教具作为知觉的对象,而把静止的黑板作为知觉的背景,这是知觉的整体性。   (   )

二、辨析题
1. 听力上有缺陷的儿童完全不能理解别人说的话。
2. 一定的条件下知觉的对象和背景可以相互转换。

三、案例分析题
  寒假期间老师布置儿童观察绿豆如何长成豆苗,儿童在观察时往往抓不住要点,东瞧瞧、西看看,缺乏一定的顺序性,观察了一会儿就跑开了,问他们发现绿豆有什么变化时,他们常常说不上来,观察效果较差。
  问题一:这个案例说明儿童观察力发展具有什么特点?
  问题二:发展和培养学前儿童的观察力时要注意什么?

第二节　注意的发展

一、单项选择题
1. 注意是一种(　　)。
  A. 心理过程　　　　B. 意志过程　　　　C. 心理活动的状态　　D. 认知活动的过程
2. 简单任务下的注意广度是(　　)。
  A. 5~9个项目　　　B. 4~6个项目　　　C. 9~11个项目　　　D. 3~5个项目
3. 注意分配的条件不包括(　　)。
  A. 必须有内在的联系　　　　　　　　B. 其中必须有非常熟练的
  C. 活动之间属于同一种心理操作　　　D. 活动之间属于不同的心理操作
4. "视而不见"的现象,体现了注意的(　　)。
  A. 指向性　　　　　B. 集中性　　　　　C. 稳定性　　　　　D. 分配性
5. 对一定对象的指向和集中是(　　)。
  A. 感觉　　　　　　B. 注意　　　　　　C. 记忆　　　　　　D. 思维
6. 注意的转移是指(　　)。
  A. 注意出现周期性变化
  B. 同一时间内把意识指向不同的对象
  C. 意识能长时间地保持在所选择的对象上
  D. 任务要求时意识由一个对象转到另一个对象

7. 与注意稳定性相反的品质是（　　）。
   A. 注意的分散　　　B. 注意的范围　　　C. 注意的集中性　　　D. 注意的稳定性
8. 有预定目的、需要一定意志努力的注意称为（　　）。
   A. 无意后注意　　　B. 有意后注意　　　C. 无意注意　　　D. 有意注意
9. 儿童能够一边唱歌一边根据老师节奏拍拍手，这种现象属于（　　）。
   A. 注意范围　　　B. 注意转移　　　C. 注意分配　　　D. 注意稳定性
10. 人很难长时间保持固定不变的感知某一事物，这种现象属于（　　）。
    A. 注意范围　　　B. 注意稳定性　　　C. 注意转移　　　D. 注意分配
11. 发光的、运动的、鲜艳的物体容易吸引幼儿的注意，说明幼儿的主要注意是（　　）。
    A. 有意注意　　　B. 无意注意　　　C. 有意后注意　　　D. 无意后注意
12. 在同一对象或同一活动上注意所能持续的时间指的是（　　）。
    A. 注意的集中性　　　B. 注意的范围　　　C. 注意的分配　　　D. 注意的稳定性
13. 幼儿画完画，能接着尽快地投入到语言课中，这是幼儿（　　）。
    A. 注意的广度　　　B. 注意的转移　　　C. 注意的稳定　　　D. 注意的分配
14. 动的教具比静止的图片容易吸引幼儿的注意，这种注意是（　　）。
    A. 无意注意　　　B. 有意注意　　　C. 有意后注意　　　D. 注意分散
15. 听表走动的滴答声，时而有时而无的这种周期性变化现象是（　　）。
    A. 注意的稳定性　　　B. 注意的范围　　　C. 注意的分配　　　D. 注意的起伏
16. 教师弄一个新发型到教室时，引起了幼儿的注意，这是由于（　　）。
    A. 刺激物的强度　　　　　　　　　B. 刺激物的新异性
    C. 刺激物的对比关系　　　　　　　D. 刺激物的活动和变化
17. 幼儿正在教室上课，突然一只小蜜蜂从窗边飞进教室，大家不约而同地转过头去看。这种现象叫作（　　）。
    A. 无意注意　　　B. 有意注意　　　C. 有意后注意　　　D. 集中注意
18. 学生进行计算时，发现自己计算错误并进行了改正。这体现了注意的（　　）。
    A. 选择功能　　　B. 维持功能　　　C. 集中功能　　　D. 调节和监督功能
19. 教师在班上用眼光一扫，便知道哪个同学在，哪个同学不在。这就是（　　）。
    A. 注意的广度　　　B. 注意的起伏　　　C. 注意的稳定　　　D. 注意的分配
20. 幼儿爱看动画片、听故事，说明他们发展中占优势的注意是（　　）。
    A. 无意注意　　　B. 有意注意　　　C. 随意注意　　　D. 有意后注意

二、判断题
1. 无意注意也叫随意注意。（　　）
2. 婴儿注意都是无意注意。（　　）
3. 无意注意是一种主动的注意。（　　）
4. 情绪与注意力是密切相关的。（　　）
5. 注意的分配产生是有条件的。（　　）
6. 给幼儿提问题时一次不能提得太多。（　　）

7. 对年龄小的幼儿不要出示过多的教具。( )
8. 注意本身并不反映事物及其属性。( )
9. 不随意注意比随意注意出现得较晚。( )
10. 一边听课,一边记笔记属于注意转移。( )
11. 对新事物不感兴趣,注意转移就较困难。( )
12. 注意的灵活性与人的神经系统是否灵活有关。( )
13. 交替使用有意注意和无意注意目的防止注意分散。( )
14. 注意的分散,常常是因为无关刺激的干扰造成的。( )
15. 长时间运用有意注意,时间一长便会产生精神的紧张和疲劳。( )
16. 人们对注意对象的兴趣会影响注意转移的快慢和难易。( )

三、辨析题

1. 注意转移等于注意分散。
2. 无意注意出现时,人的积极性的水平较低。

四、案例分析题

亮亮3岁了,他妈妈给他讲故事,可是亮亮一会儿说外面有小猫在叫,一会儿说要玩皮球,总是不能专注地听下去。

问题一:3岁幼儿注意发展有什么特点?
问题二:如何让亮亮专注地听下去?

第三节 记忆的发展

一、单项选择题

1. 短时记忆的信息容量是( )。
   A. 9±2   B. 7±2   C. 5±2   D. 6±2
2. 心理过程在时间上的持续被称为( )。
   A. 感觉   B. 知觉   C. 记忆   D. 思维
3. ( )是短时记忆的重要保持机制。
   A. 复述   B. 回忆   C. 重复   D. 登记
4. ( )不会影响遗忘进程。
   A. 记忆力的强弱   B. 记忆材料的性质
   C. 记忆材料的重要性   D. 记忆材料的系列位置

5. 根据信息加工的观点,记忆属于(　　)。
   A. 信息的选择　　　　　　　　　　B. 信息的识别
   C. 信息的输入和登录　　　　　　　D. 信息的编码、储存和提取
6. 下列关于感觉记忆的说法,错误的是(　　)。
   A. 感觉记忆的时间极短
   B. 感觉记忆的容量很小
   C. 感觉记忆的储存信息未经任何处理
   D. 感觉记忆的编码方式主要是图像记忆和声像记忆
7. 感觉记忆又叫感觉登记和(　　)。
   A. 情绪记忆　　　B. 瞬时记忆　　　C. 逻辑记忆　　　D. 形象记忆
8. 以动作、技巧为内容的记忆是(　　)。
   A. 形象记忆　　　B. 情绪记忆　　　C. 运动记忆　　　D. 语词逻辑记忆
9. 心理学家艾宾浩斯认为,遗忘的进程是(　　)。
   A. 先快后慢　　　B. 先慢后快　　　C. 保持同一速率　　　D. 越来越快
10. 考试时能够回忆起来的知识点,大部分属于(　　)。
    A. 长时记忆　　　B. 瞬时记忆　　　C. 短时记忆　　　D. 形象记忆
11. 小明回家和妈妈描述新老师的外貌特征,这种记忆属于(　　)。
    A. 语词记忆　　　B. 情景记忆　　　C. 短时记忆　　　D. 形象记忆
12. 对语法规则、公式符号、法律条文等知识的记忆属于(　　)。
    A. 情景记忆　　　B. 语义记忆　　　C. 形象记忆　　　D. 运动记忆
13. 背书时容易记住所背内容的开头和结尾部分,不容易记住中间部分。这表明遗忘受(　　)的影响。
    A. 材料数量　　　　　　　　　　　B. 材料性质
    C. 个人兴趣　　　　　　　　　　　D. 材料系列位置
14. 自动发生的,不需要个体的刻意努力和意识参与的记忆是(　　)。
    A. 情绪记忆　　　B. 有意记忆　　　C. 无意记忆　　　D. 逻辑记忆
15. 我们去看电影后演员的形象深深印在脑海里。这就是(　　)。
    A. 情绪记忆　　　B. 运动记忆　　　C. 逻辑记忆　　　D. 形象记忆
16. 我们在看电视时一个画面在我们脑海里一闪而过。这属于(　　)。
    A. 情绪记忆　　　B. 感觉记忆　　　C. 逻辑记忆　　　D. 形象记忆
17. 我们刷视频时看到一句话觉得挺有道理多看了两眼,接着刷后面视频时想回忆刚刚那句话,却想不起来。这种记忆属于(　　)。
    A. 长时记忆　　　　　　　　　　　B. 瞬时记忆
    C. 短时记忆　　　　　　　　　　　D. 形象记忆
18. 幼儿会背很多的古诗,但却不能理解其意义,说明幼儿主要靠(　　)。
    A. 意义记忆　　　　　　　　　　　B. 短时记忆
    C. 机械记忆　　　　　　　　　　　D. 瞬时记忆

二、判断题
1. 短时记忆的容量有限。( )
2. 幼儿语词记忆出现比较晚。( )
3. 幼儿再现的出现早于再认。( )
4. 幼儿机械记忆用得多。( )
5. 机械记忆的效果优于意义记忆。( )
6. 复习是防止遗忘的最基本的方法。( )
7. 幼儿有意记忆效果优于无意记忆。( )
8. 幼儿进行适当的机械记忆也是必要的。( )
9. 组块的大小与人的知识经验有关。( )
10. 感觉记忆编码方式主要有图像记忆和语词记忆。( )
11. 记忆、保持、再认是记忆的三个基本环节。( )
12. 幼儿记忆的精确性较差,把想象的东西当作现实。( )
13. 最先记忆和最后记忆的内容记忆效果较好。( )
14. 视觉感觉记忆的保持时间比声像记忆的时间短。( )
15. 根据记忆时对材料是否理解,可以分为无意记忆和有意记忆。( )
16. 有意记忆的记忆信息也比较零散、不系统,容易受外界因素影响。( )
17. 幼儿常常"6""9"不分,说明他们记忆的精确性较差。( )
18. 我们学习游泳时要记住手脚协调的动作的记忆,是运动记忆。( )
19. 无意间经过一路口,记住路边广告牌的内容,这种记忆属于无意记忆。( )
20. 幼儿害怕打针,看到医生拿着针就想哭,这种害怕的情绪,就是情绪记忆引发的。
( )

三、辨析题
1. 再认发生早于再现。
2. 意义记忆的效果优于机械记忆,要尽量少用机械记忆。

四、案例分析题
日常生活中发现,幼儿教师花费很大的力气去教幼儿背诵一首歌谣。但他们在电视里看到关于儿童食品的广告,只需一两次就对广告词熟记于心。

问题一:结合案例说明幼儿分别运用到哪些记忆?
问题二:结合案例分析该现象产生的原因。

第四节 思维的发展

一、单项选择题

1. ( )的主要功能是求异与创新。
   A. 聚合思维　　　B. 发散思维　　　C. 创造性思维　　　D. 辐射性思维
2. ( )又可以称为实践思维。
   A. 抽象思维　　　B. 形象思维　　　C. 语词逻辑思维　　　D. 直觉行动思维
3. 按照思维结果的新颖性，可以把思维分成( )。
   A. 发散思维和聚合思维　　　B. 直觉思维和分析思维
   C. 常规思维和创造性思维　　　D. 动作思维和形象思维
4. 聚合思维又称为( )。
   A. 形象思维　　　B. 抽象思维　　　C. 集中思维　　　D. 求异思维
5. 做数学题时，一题多解是由于( )。
   A. 思维定式
   C. 适宜的动机强度
   B. 原型启发
   D. 良好的发散性思维
6. 3岁前儿童思维主要是( )。
   A. 逻辑思维　　　B. 抽象思维　　　C. 直觉行动思维　　　D. 创新思维
7. ( )的主要功能是求同。
   A. 形象思维　　　B. 发散思维　　　C. 聚合思维　　　D. 直觉思维
8. "灯是照明的工具"这种认识反映了( )。
   A. 思维的间接性
   C. 思维的概括性
   B. 思维的灵活性
   D. 思维的敏捷性
9. ( )是高级的认识过程，是智力的核心。
   A. 认知　　　B. 感知　　　C. 思维　　　D. 意志
10. 扯动桌布"拿"玩具说明幼儿出现( )。
    A. 具体形象思维
    C. 直觉行动思维
    B. 抽象逻辑思维
    D. 创造性思维
11. 用常规的方法，固定的模式，去解决问题的思维方式是( )。
    A. 创造性思维　　　B. 常规思维　　　C. 想象思维　　　D. 分析思维
12. "头脑风暴"是培养( )的重要方式之一。
    A. 常规思维　　　B. 发散思维　　　C. 聚合思维　　　D. 创造性思维
13. "给文章续编不同的结尾"等练习可以用来训练学生的( )。
    A. 形象思维　　　B. 发散思维　　　C. 辐合思维　　　D. 直觉思维
14. 每次看见"潮湿"就要下雨，即得"础润而雨"的结论，这属于思维的( )。
    A. 抽象性　　　B. 概括性　　　C. 间接性　　　D. 情境性

15. 放学时,东东看见草地上有很多蜻蜓在低飞,便对小红说:"赶紧回家吧,今晚有可能会下雨。"东东的一番话体现了思维的(　　)。
    A. 间接性　　　　B. 概括性　　　　C. 敏捷性　　　　D. 广阔性
16. 气象学家能够从太空拍摄地球的云图,通过分析云图的变化,可以推断出未来的天气趋势。这体现了思维的(　　)。
    A. 间接性　　　　B. 概括性　　　　C. 敏捷性　　　　D. 广阔性
17. 各种各样具体的鸟都可以用概括的"鸟类"这个词表示。这体现了思维的(　　)。
    A. 间接性　　　　B. 概括性　　　　C. 敏捷性　　　　D. 广阔性
18. 英国小职员吉姆创造性地将鞋子和能滑行的轮子结合在一起,发明了四季都能用的旱冰鞋。他运用的是(　　)。
    A. 聚合思维　　　B. 再生性思维　　C. 创造性思维　　D. 辐射性思维
19. 幼儿会指着天上的白云问:"白云是不是地上的棉花变的?地上的棉花被风吹到天上,就变成了白云"。这体现(　　)方式。
    A. 动作思维　　　B. 具体形象思维　C. 语词逻辑思维　D. 抽象思维

二、判断题
1. 思维能力是智力的核心。　　　　　　　　　　　　　　　　　　　　　　　　(　　)
2. "月晕而风"反映了思维的概括性。　　　　　　　　　　　　　　　　　　　　(　　)
3. 3岁前儿童主要是直觉行动思维。　　　　　　　　　　　　　　　　　　　　(　　)
4. 3岁前儿童思维的主要工具是动作。　　　　　　　　　　　　　　　　　　　(　　)
5. 一题一解运用的是聚合思维。　　　　　　　　　　　　　　　　　　　　　　(　　)
6. 条条大路通罗马是发散思维。　　　　　　　　　　　　　　　　　　　　　　(　　)
7. 强调一类事物所共有的本质特征是思维的概括性。　　　　　　　　　　　　　(　　)
8. 学前晚期,儿童开始出现形象思维的萌芽。　　　　　　　　　　　　　　　　(　　)
9. 经过逐步推导,给出合理答案是常规思维。　　　　　　　　　　　　　　　　(　　)
10. 小孩子边搭积木边思考,这属于形象思维。　　　　　　　　　　　　　　　(　　)
11. 概括性和逻辑性,是思维活动的两个基本特点。　　　　　　　　　　　　　(　　)
12. 3岁前的儿童常常不会先想好再行动,而是边做边想。　　　　　　　　　　 (　　)
13. 学会的公式解决某一类型的问题,体现的是常规思维。　　　　　　　　　　(　　)
14. "燕子低飞蛇过道,大雨马上就来到",体现思维的概括性。　　　　　　　　 (　　)
15. 借助头脑中地图思考最佳路线属于抽象逻辑思维。　　　　　　　　　　　　(　　)
16. 数学定理证明,科学假设推理属于抽象逻辑思维。　　　　　　　　　　　　(　　)
17. 人们凭借概念、判断和推理进行的思维,叫做抽象思维。　　　　　　　　　(　　)
18. 加强学生的朗读、默读的训练,有利于学生思维的发展。　　　　　　　　　(　　)
19. 运用已有知识经验,按现成方案与程序来解决问题的思维方式被称为创造性思维。(　　)
20. 教师根据学生的言行了解学生的内心世界,体现了思维的概括性。　　　　　(　　)

三、辨析题
1. 形象思维是用语词来进行分析、综合、抽象、概括的过程。

2. "盆里原来有3条金鱼,妈妈又买来了2条,现在共有几条?"对于小班幼儿用这样提问的效果往往比直接问 3+2=? 的效果好。

四、案例分析题

3岁的丫丫是个十分活泼可爱的幼儿,父母很喜欢她。可令其父母感到疑惑的是,无论在做什么事情之前,丫丫从不爱多思考。比如,画画时,让她想好了再去画,而她却是拿起画笔就开始随便地画,画出什么样,就说画的是什么。在玩积木或要解决别的问题时也是这样。夫妇俩认为这样不好,便总是要求丫丫想好了再去做,可丫丫却常常做不到。

问题一:试问丫丫父母的态度和行为对吗?

问题二:请从幼儿思维发展的角度分析丫丫的这一类行为,并为丫丫的父母提出科学的教育建议。

第五节 想象力的发展

一、单项选择题

1. 人脑产生想象的基础材料是(　　)。
   A. 表象 B. 理想 C. 意象 D. 联想
2. 想象要处理的信息主要是(　　)。
   A. 符号类 B. 字词类 C. 操作类 D. 表象类
3. 儿童产生想象的原材料是(　　)。
   A. 过去感知过的事物 B. 老师语言的描述
   C. 头脑中已有的表象 D. 丰富的游戏内容
4. 幼儿有意想象才刚开始发展,主要是(　　)。
   A. 无意想象 B. 有意想象 C. 再造想象 D. 幻想
5. 建筑工人根据图纸想象出建筑物的形象。这是(　　)。
   A. 创造想象 B. 再造想象 C. 科学幻想 D. 理想
6. 人脑对过去感知过的事物的形象的反应是(　　)。
   A. 表象 B. 想象 C. 后象 D. 印象
7. 莱特兄弟发明飞机,灵感来自于自由自在飞翔的小鸟。这是(　　)。
   A. 无意想象 B. 创造想象 C. 再造现象 D. 幻想
8. 在阅读《红楼梦》时,关于林黛玉形象的想象是(　　)。
   A. 无意想象 B. 有意想象 C. 再造想象 D. 创造想象
9. "孙悟空"的形象是作者吴承恩用(　　)的结果。
   A. 无意想象 B. 创造想象 C. 再造现象 D. 幻想

10. 2岁左右儿童的想象加工材料是大脑中保存的记忆的(　　)。
   A. 想象　　　　　　B. 经验　　　　　　C. 表象　　　　　　D. 幻想
11. 幼儿可以做到先想清楚画什么然后按照预想的去画。这说明他们出现(　　)。
   A. 无意想象　　　　B. 有意想象　　　　C. 再造想象　　　　D. 幻想
12. 在画画过程基本上是围绕主题进行的,虽然有时偏离主题,但能够自动回到主题上来。这说明他们出现(　　)。
   A. 无意想象　　　　B. 有意想象　　　　C. 再造想象　　　　D. 幻想
13. 看图说话中能讲出与主题有关,但画面上没有表现出来的情节,这是(　　)。
   A. 无意想象　　　　B. 创造想象　　　　C. 再造想象　　　　D. 幻想
14. 画小朋友在草地上玩,把蝴蝶画得有三个小朋友那么大,体现想象(　　)。
   A. 独特性　　　　　B. 夸张性　　　　　C. 混淆性　　　　　D. 幻想性
15. 儿童看见天上的云彩,说是"有个小孩在骑马"。这是一种(　　)。
   A. 注意　　　　　　B. 感觉　　　　　　C. 想象　　　　　　D. 知觉
16. 人们偶然看到天上的白云,会下意识的脱口说出它像棉花糖、鲸鱼等。这种是(　　)。
   A. 幻想　　　　　　B. 幻觉　　　　　　C. 无意想象　　　　D. 有意想象
17. 我们读到"天苍苍,野茫茫,风吹草低见牛羊"时,头脑中浮现出广袤的大草原水草丰美、牛羊成群的景象。这是(　　)。
   A. 再造想象　　　　B. 创造想象　　　　C. 幻想　　　　　　D. 空想
18. 一位4岁幼儿绘画时,无意画了个圆圈,一看很像面包,于是便高兴地说:"啊呀,我画了个大面包,真香真好吃!"这说明幼儿的(　　)。
   A. 想象无预定目的　　　　　　　　　B. 想象的主题不稳定
   C. 以想象过程为满足　　　　　　　　D. 想象的内容零散,无系统

二、判断题
1. 幼儿期仍以再造想象为主。　　　　　　　　　　　　　　　　　　　　(　　)
2. 幼儿的想象性活动常常没有主题。　　　　　　　　　　　　　　　　　(　　)
3. 幼儿想象常常脱离现实或者与现实相混淆。　　　　　　　　　　　　　(　　)
4. 幼儿想象的再造成分比创造性成分少。　　　　　　　　　　　　　　　(　　)
5. 想象不是对客观现实的反映。　　　　　　　　　　　　　　　　　　　(　　)
6. 幼儿的想象容易受外界因素的影响。　　　　　　　　　　　　　　　　(　　)
7. 创造想象比再造想象更复杂、更困难。　　　　　　　　　　　　　　　(　　)
8. 学前儿童想象发生的年龄是在1岁～1岁半。　　　　　　　　　　　　　(　　)
9. 幼儿常常把想象的事情当作真实的发生。　　　　　　　　　　　　　　(　　)
10. 丰富幼儿的感性经验能促进幼儿想象的发展。　　　　　　　　　　　　(　　)
11. 幼儿的想象性活动即使有主题也不稳定,极易变化。　　　　　　　　　(　　)
12. 幼儿非常喜欢听童话故事,这与幼儿想象发展有关。　　　　　　　　　(　　)
13. 天生听力有障碍的人,决不能想象出美妙的音乐。　　　　　　　　　　(　　)
14. "孙悟空"的形象是《西游记》的作者吴承恩再造想象的结果。　　　　(　　)

15. 幼儿想象活动常常受别人的影响,看到别人画什么,自己才进行这方面的想象。（   ）
16. 当幼儿已注意自己画得像不像,这也是有意想象发展的表现。（   ）
17. 听着《龟兔赛跑》的故事,孩子们也似乎看见灵活而骄傲的小兔子和沉稳而踏实的乌龟赛跑的情景,这都是再造想象的功能。（   ）
18. 如果老师不提示,孩子常常不能独立地展开想象进行游戏,说明幼儿以无意想象和再造想象为主。（   ）
19. 一个5岁三个月的女孩说:"我想画小猫咪、小花、还想画人"她基本上按所说的去画了。说明她的想象仍以无意想象为主。（   ）
20. 幼儿画画时,为画而画,原因是以想象的过程为满足。（   ）

三、辨析题

1. 想象不是对客观现实的反映。
2. 儿童讲的事情不是真的,是他们有意撒谎。

四、案例分析题

　　画画课上,老师问一位2岁半的小朋友:"你在画什么啊?"孩子看了看自己画的东西,思考半天说不出画的是什么。画着画着孩子突然说"老师你看我画的是一颗红太阳"。
　　问题一:该案例反映幼儿想象具有什么特点?
　　问题二:请分析幼儿想象具有该特点的原因。

第六节　言语的发展

一、单项选择题

1. 语言是(　　)。
   A. 社会现象　　　　B. 交流工具　　　　C. 个体现象　　　　D. 一种符号
2. 不出声也不用文字形式呈现,在内心中进行的一种言语活动是(　　)。
   A. 内部言语　　　　B. 对话言语　　　　C. 独白言语　　　　D. 书面言语
3. 学习书面言语的关键时期是(　　)。
   A. 1~2岁　　　　　B. 2~3岁　　　　　C. 4~5岁　　　　　D. 5~6岁
4. 以下不是书面言语特点的是(　　)。
   A. 随意性　　　　　B. 连贯性　　　　　C. 展开性　　　　　D. 计划性
5. 书面言语的特点不包括(　　)。
   A. 随意性　　　　　B. 展开性　　　　　C. 反应性　　　　　D. 计划性

6. 幼儿语音意识明显地发展起来的时期是（　　）。
   A. 2 岁左右　　　　　B. 3 岁左右　　　　C. 4 岁左右　　　　D. 5 岁左右
7. 儿童逐渐出现比较完整的句子是在（　　）。
   A. 1 岁半左右　　　　B. 2 岁以后　　　　C. 2 岁半左右　　　D. 3 岁以后
8. 儿童的语言最初是（　　）。
   A. 对话式的　　　　　B. 独白式的　　　　C. 连贯式的　　　　D. 创造性的
9. 儿童的独白言语产生在（　　）。
   A. 1 岁半左右　　　　B. 2 岁左右　　　　C. 2 岁半左右　　　D. 幼儿期
10. 矫正口吃的重要原则性方法是（　　）。
    A. 反复练习　　　　　　　　　　　　　B. 回避说出某些词
    C. 放慢说话的速度　　　　　　　　　　D. 解除紧张
11. 具有"情境性"突出特点的言语是（　　）。
    A. 口头言语　　　　B. 对话言语　　　　C. 独白言语　　　　D. 书面言语
12. "积木掉了""宝宝要睡觉"属于（　　）。
    A. 单词句　　　　　B. 双词句　　　　　C. 简单句　　　　　D. 复合句
13. "糖掉地上了,脏脏!"属于（　　）。
    A. 单词句　　　　　B. 双词句　　　　　C. 简单句　　　　　D. 复合句
14. 3 岁前儿童的言语主要是（　　）。
    A. 连贯性言语　　　B. 对话言语　　　　C. 独白言语　　　　D. 书面言语
15. 一般地,0~1 岁是儿童言语的（　　）。
    A. 准备阶段　　　　　　　　　　　　　B. 前言语阶段
    C. 发生阶段　　　　　　　　　　　　　D. 基本掌握口语阶段
16. 具有较强的互动性是（　　）的特点。
    A. 口头言语　　　　B. 对话言语　　　　C. 独白言语　　　　D. 书面言语
17. 儿童运用情境性言语最多的是在（　　）。
    A. 复述故事时　　　　　　　　　　　　B. 看图复述故事时
    C. 看图讲述故事时　　　　　　　　　　D. 不看图而独立讲故事时
18. 幼儿自言自语的表现有两种形式,一是问题言语,二是（　　）。
    A. 情境言语　　　　B. 游戏言语　　　　C. 对话言语　　　　D. 交际言语
19. 消极词汇是指（　　）。
    A. 能理解也能运用的词汇　　　　　　　B. 不能理解但能运用的词汇
    C. 能理解但不能运用的词汇　　　　　　D. 不能理解也不能运用的词汇

二、判断题
1. 语言是言语的工具。　　　　　　　　　　　　　　　　　　　　　　　　（　　）
2. 说或写属于语言活动。　　　　　　　　　　　　　　　　　　　　　　　（　　）
3. 内部言语特点具有隐蔽性。　　　　　　　　　　　　　　　　　　　　　（　　）
4. 内部言语是在外部言语的基础上产生的。　　　　　　　　　　　　　　　（　　）

5. "妈妈抱""帽帽掉"属于单词句。 （   ）
6. 幼儿的自言自语具有自我调节的机能。 （   ）
7. 儿童开始出现内部言语的年龄大约是 3 岁。 （   ）
8. 初步掌握本族语言的时期是先学前期。 （   ）
9. 3 岁是培养儿童正确发音的关键期。 （   ）
10. 3 岁左右,幼儿已经能够掌握 800 左右个词。 （   ）
11. 儿童学习语言过程中最早出现的句型是电报句。 （   ）
12. 在幼儿使用的词汇中,词频率出现最高的是代词。 （   ）
13. 儿童说出的句子发展的趋势是从非陈述句到陈述句。 （   ）
14. 儿童说出的句子发展的趋势是从完整句到不完整句。 （   ）
15. 幼儿口吃现象出现除了词汇较贫乏,还有心理紧张。 （   ）
16. 幼儿掌握的主要是一些具体的词汇,首先理解的是意义比较具体的词。 （   ）
17. 学龄前阶段的儿童听得懂妈妈说"要学会吃点苦。" （   ）
18. 3 岁多的孩子会把"你用筷子吃饭,我用小勺吃",说成"你吃筷子,我吃勺子"。 （   ）

三、辨析题

1. 推广普通话要从小做起。
2. 一般 4 岁的儿童就能比较连贯地叙述一件事。

四、案例分析题

幼儿在自己玩时常常会自言自语,有的家长则以为孩子有问题而看医生,或是嫌干扰了自己看书而斥责孩子玩时不要出声音,有的教师因为幼儿在上课时候会自言自语而斥责幼儿。

问题一:请判断家长和老师的做法对吗?
问题二:请结合幼儿言语发展特点提出正确引导方法。

第七节　智力与创造力的发展

一、单项选择题

1. 在下列量表中,属于智力测验的是（   ）。
   A. SAS　　　　　B. SPM　　　　　C. EPQ　　　　　D. SCL－90
2. 一般而言,低常儿童是指智力低于（   ）。
   A. 50　　　　　B. 60　　　　　C. 70　　　　　D. 80

3. 智力超常是指智商在（　　）。
   A. 90～110　　　　B. 110～130　　　　C. 70 分以下　　　　D. 130～140
4. 以下属于智力因素的是（　　）。
   A. 注意力　　　　B. 动机　　　　C. 情感　　　　D. 意志
5. 小明智力年龄为12岁，实际年龄为10岁，其比率智商是（　　）。
   A. 80　　　　B. 95　　　　C. 100　　　　D. 120
6. （　　）标志着科学智力定量评估方法的诞生。
   A. 瑞文推理测验　　　　B. 比纳—西蒙量表
   C. 斯坦福—比纳智力量表　　　　D. 非文字智力测验
7. 智力障碍者具有明显的适应能力缺陷，其 IQ 分数低于（　　）。
   A. 50　　　　B. 60　　　　C. 70　　　　D. 80
8. 离差智商以离差大小表明智力高低，离差大、且为正数者智商（　　）。
   A. 平均　　　　B. 中等　　　　C. 高　　　　D. 低
9. 发散思维的（　　）特性指在限定的时间内产生观念数量的多少。
   A. 灵活性　　　　B. 变通性　　　　C. 流畅性　　　　D. 独特性
10. "姜还是老的辣"反映了人类的某种智力随着年龄和社会阅历的增长而增长。这种智力是（　　）。
    A. 流体智力　　　　B. 晶体智力　　　　C. 能力智力　　　　D. 情绪智力
11. 不落俗套和不寻常规的思维能力指的是发散思维的（　　）。
    A. 多样性　　　　B. 变通性　　　　C. 流畅性　　　　D. 独特性
12. （　　）采用了智商（智力商数）来表示智力水平的高低。
    A. 瑞文推理测验　　　　B. 比纳—西蒙量表
    C. 斯坦福—比纳智力量表　　　　D. 非文字智力测验
13. 世界上最著名的智力量表是在对比纳—西蒙量表进行修订的基础上提出来的。它是（　　）。
    A. 韦克斯勒量表　　　　B. 斯坦福—比纳智力量表
    C. 比纳—西蒙量表　　　　D. 斯坦福量表
14. 最早的智力测验是用（　　）的概念来表示智力水平。
    A. 智商　　　　B. 离差智商　　　　C. 智龄　　　　D. 比率智商
15. 在（　　）中，智商的计算方法为离差智商。
    A. 瑞文智力测验　　　　B. 比纳—西蒙量表
    C. 斯坦福—比纳测验　　　　D. 韦克斯勒智力量表

二、判断题
1. 智力高的人创造性就一定高。　　　　　　　　　　　　　　　　　　　　　　（　　）
2. 具有非凡的记忆力可以称为天才。　　　　　　　　　　　　　　　　　　　　（　　）
3. 传统的智力强调人在认知方面的能力。　　　　　　　　　　　　　　　　　　（　　）
4. 晶体智力在人的一生中是逐渐增长的。　　　　　　　　　　　　　　　　　　（　　）

5. 儿童掌握丰富的知识可以促进智力的发展。（ ）
6. 韦氏智力量表,用比率智商来衡量智力水平。（ ）
7. 对学前儿童智力的开发应重视非智力因素的训练。（ ）
8. 比纳创造了智力年龄（心理年龄）这个概念。（ ）
9. 大多数智力落后者是因为本身有生理疾病或脑损伤。（ ）
10. 流体智力在年老的时候还能继续保持较高的水平。（ ）
11. 流体智力是指人后天习得的能力,与文化知识、经验的积累有关,它在人的一生中都在发展。（ ）
12. 曹冲称象体现思维的独特性。（ ）
13. 在单位时间内给出的方法越多,说明他的思维越流畅。（ ）
14. 爱迪生发明电灯说明他的思维具有独特性。（ ）
15. 老师让小明在一分钟内尽可能多的列举粉笔的用途,这是考察创造性的变通性特征。（ ）
16. 某学生列举筷子的用途,他在单位时间内列出了很多答案,但是都在餐饮的范围内,这表明该学生发散性思维流畅性好,变通性好。（ ）

三、辨析题
1. 智力低的人创造性就一定低。
2. 学生的学习成绩好坏是由智力水平决定的。

四、案例分析题
　　一位4岁的小朋友奇奇,他对太空充满好奇。经常围着父母和老师不停地问关于太空的问题,如"地球外面有没有外星人,宇宙到底有多大等",还经常把自己想象成一名宇航员,去太空探险,在画画时候把自己画成一名宇航员,在太空中建造自己的家园。

　　问题一:该案例中奇奇对太空充满好奇,这是培养他们什么能力的黄金时期。
　　问题二:如何培养儿童的创造力?

第九章 个性和社会性的发展

第一节 情绪情感的发展

一、单项选择题

1. "心境"是指（　　）。
   A. 一种微弱、平静而持久的情绪状态
   B. 一种强烈的、短暂的、爆发式的情绪状态
   C. 人在特定情境下对某一事物产生的态度体验
   D. 人对客观事物是否符合自身需要的态度的体验
2. "应激"是指（　　）。
   A. 一种持久的情绪状态
   B. 一种短暂的、爆发式的情绪状态
   C. 人在特定情境下对某一事物产生的态度体验
   D. 人在面临突发或重大事件时产生的情绪反应
3. "激情"是指（　　）。
   A. 一种持久的情绪状态
   B. 一种短暂的、爆发式的情绪状态
   C. 人在特定情境下对某一事物产生的态度体验
   D. 人在面临突发或重大事件时产生的情绪反应
4. 道德感是（　　）。
   A. 对美的体验
   B. 对身体舒适度的体验
   C. 求知欲是否得到满足而产生的情感体验
   D. 对自己或他人行为是否符合社会道德标准而产生的情感体验
5. 理智感是（　　）。
   A. 对美的体验
   B. 对身体舒适度的体验
   C. 求知欲是否得到满足而产生的情感体验
   D. 对自己或他人行为是否符合社会道德标准而产生的情感体验
6. 美感是（　　）。
   A. 对美的体验

B. 对身体舒适度的体验

C. 求知欲是否得到满足而产生的情感体验

D. 对自己或他人行为是否符合社会道德标准而产生的情感体验

7. 伴随婴儿依恋形成的是（　　）。
   A. 怕生　　　　　　　　　　　　B. 本能的恐惧
   C. 预测性恐惧　　　　　　　　　D. 与知觉经验相联系的恐惧

8. 幼儿最近的归属感来自（　　）。
   A. 家庭　　　　B. 家乡　　　　C. 社区　　　　D. 幼儿园

9. 以下不是情绪特性的是（　　）。
   A. 情境性　　　B. 激动性　　　C. 暂时性　　　D. 持久性

10. 以下不是情感特性的是（　　）。
    A. 稳定性　　　B. 深刻性　　　C. 持久性　　　D. 情境性

11. 早期出现在婴儿困倦和睡梦中的是（　　）。
    A. 大笑　　　　B. 嫣然一笑　　C. 自发性的笑　D. 诱发性的笑

12. 婴儿开始出现"咯咯"的笑声是在出生后的（　　）。
    A. 第四周　　　B. 第五周　　　C. 三个月左右　D. 四个月左右

13. 与知觉和经验相联系的恐惧开始出现在婴儿出生的（　　）。
    A. 第四周　　　B. 第五周　　　C. 三个月左右　D. 四个月左右

14. 下列关于幼儿情绪情感社会化的趋势，说法不正确的是（　　）。
    A. 表情的日益社会化　　　　　　B. 情感指向事物不断增加
    C. 情感中社会性交往的成分不断增加　D. 引起情绪反应的社会性动因不断增加

15. （　　）不是华生认为的人类婴儿一出生就具有的情绪。
    A. 怕　　　　　B. 怒　　　　　C. 爱　　　　　D. 恨

16. （　　）不是情绪心理学家伊扎得认为的儿童一出生就已有的情绪。
    A. 吃惊　　　　B. 痛苦　　　　C. 厌恶　　　　D. 生气

17. 到学前儿童晚期，情绪情感开始表现出内隐性，体现了幼儿情绪发展的（　　）。
    A. 社会化　　　B. 丰富化　　　C. 深刻化　　　D. 自我调节化

18. 学前儿童刚开始只爱妈妈，后来发展到爱兄弟姐妹、老师同学，这体现了情绪发展的（　　）。
    A. 社会化　　　B. 丰富化　　　C. 深刻化　　　D. 自我调节化

19. 婴儿对人脸微笑，说明婴儿开始与社会性群体发生交流，产生"社会性诱发笑"，大致发生在新生儿出生的（　　）。
    A. 第一周　　　B. 第三周　　　C. 第五周　　　D. 一个月

20. "怒发冲冠，凭栏处、潇潇雨歇"，岳飞通过"怒发冲冠"这一形象生动的描写，展现了他在愤怒和紧迫情况下的（　　）情绪状态。
    A. 心境　　　　　　　　　　　　B. 激情
    C. 应激　　　　　　　　　　　　D. 以上三个都不是

二、判断题

1. 情绪受情感的制约和调节。（   ）
2. 疼痛是感觉刺激引发的情绪。（   ）
3. 心境具有短暂性和强烈性的特点。（   ）
4. 婴儿六个月前的微笑是不出声的。（   ）
5. 情感产生较早，新生儿一生下来就有。（   ）
6. 情绪具有较大的稳定性、深刻性和持久性。（   ）
7. 情感是在情绪的基础上形成并表现出来的。（   ）
8. 情感一般与个体较低级的生理性需求相联系。（   ）
9. 道德感受社会道德观念和文化背景的影响。（   ）
10. 儿童最初的情绪反应是与生理需要直接相关的。（   ）
11. 情感是情绪过程的主观体验，是情绪的感受部分。（   ）
12. 授予新时代"最美教师"称号涉及的情感是美感。（   ）
13. 激情是一种微弱平静持久的情绪状态，也称为心情。（   ）
14. 引起情绪的刺激消失时，相应的情绪反应也会停止。（   ）
15. 根据情绪的构成可以把情绪分为基本情绪和复合情绪。（   ）
16. 随着年龄的增长，幼儿对情绪的自我调节能力越来越强，情感越来越外露。（   ）
17. 归属感指个体认同所在的群体并感觉自己也被群体认可和接纳的感觉。（   ）
18. 与知觉和经验相联系的恐惧开始出现在婴儿六个月左右，如因深度知觉产生的"高处恐惧"等。（   ）
19. 随着幼儿年龄的增长，幼儿的情绪情感逐渐从生理性需要相联系向社会性需要相联系靠近。（   ）
20. 新生儿出生后一个星期左右，在他吃饱或听到柔和声音的清醒状态下，有时候也会嫣然一笑。（   ）

三、辨析题

1. 情绪和情感只有区别没有联系。
2. 随着年龄的增长，婴幼儿哭的次数减少，主要是因为婴幼儿逐渐适应外在环境和成人，成人在长时间的照顾中也更懂婴幼儿。

四、案例分析题

小杰今年四岁了，是幼儿园中班的小朋友。老师发现小杰以前在搭建积木时，会因为一块积木总是放不稳而感到沮丧、生气、怒扔积木。但这次，他没有像往常那样发脾气或放弃，而是深吸一口气，尝试从不同的角度和方式去解决问题。最终，小杰成功地完成了作品，并露出了满意的笑容。

问题一：本案例中小杰情绪情感的发展有什么特点？

问题二：幼儿情绪情感的发展还有哪些特点？

第二节 意志的发展

一、单项选择题

1. 意志行动的动力是( )。
   A. 认知　　　　B. 情绪　　　　C. 情感　　　　D. 行为
2. 意志产生的前提是( )。
   A. 认知　　　　B. 情绪　　　　C. 情感　　　　D. 行为
3. 以下不属于意志概念特征的是( )。
   A. 有效性　　　　　　　　　　B. 明确的目的性
   C. 有意识的调节性　　　　　　D. 与克服困难相联系
4. "今日事今日毕"体现的意志品质是( )。
   A. 自觉性　　　　B. 果断性　　　　C. 自制性　　　　D. 坚韧性
5. 学前儿童开始出现随意行动是在出生( )。
   A. 1个月　　　　B. 2至3个月　　　　C. 4至5个月　　　　D. 5至6个月
6. 学前儿童意志行为发展的初步发展阶段是( )。
   A. 出生至3个月左右　　　　　　B. 出生至1岁左右
   C. 1岁至2岁　　　　　　　　　D. 1岁至3岁
7. 学前儿童意志行为发展的深入发展阶段是( )。
   A. 出生至6岁　　　　B. 4岁至5岁　　　　C. 3岁至6岁　　　　D. 5岁至6岁
8. "三天打鱼、两天晒网"是缺乏意志品质的( )。
   A. 自觉性　　　　B. 果断性　　　　C. 自制性　　　　D. 坚韧性
9. 下列关于学前儿童意志行为发展的描述,不正确的是( )。
   A. 从简单到复杂
   B. 从有意性向无意性
   C. 从受外界影响大向自主性增强
   D. 从萌芽到初步发展再到深入发展的渐进过程
10. 在面对问题时难以做出决定,是( )意志品质弱的表现。
    A. 自觉性　　　　B. 果断性　　　　C. 自制性　　　　D. 坚韧性
11. 圆圆回到家就开始写作业,无需妈妈督促,体现的是意志品质的( )。
    A. 自觉性　　　　B. 果断性　　　　C. 自制性　　　　D. 坚韧性
12. 个体有意识地支配、调节行为,通过克服困难以实现预定目的的心理过程是( )。
    A. 认知　　　　B. 情绪　　　　C. 意志　　　　D. 行为

二、判断题

1. 行为是对意志的反映和强化。　　　　　　　　　　　　　　　　　　　　　　(　　)
2. 失败的行为结果会弱化个体的意志。　　　　　　　　　　　　　　　　　　　(　　)

3. 意志可以控制情感,使情感服从于理智。 (   )
4. 个体的遗传素质决定其意志行为的发展。 (   )
5. 遇事当机立断体现的是意志品质的果断性。 (   )
6. 婴儿在 2～3 个月开始出现随意性行动。 (   )
7. 学前儿童意志行为是从有意性向无意性发展。 (   )
8. 成功的行为结果会弱化个体的自信心和意志力。 (   )
9. 自觉性贯穿于意志行动的始终,是意志的首要品质。 (   )
10. 学前儿童意志行为从受外界影响小向自主性增强发展。 (   )
11. 学前儿童的意志行为发展萌芽阶段主要表现为不随意行动。 (   )
12. 当某种情感对个体的活动起阻碍或消极作用时,它就会成为意志行动的动力。 (   )
13. 学前儿童伸手抓取眼前的物体,表明他们的动作开始具有一定的目的性和意向性。
 (   )
14. 意志作为人类特有的高级心理机能,是推动个体克服困难、实现预定目标的重要动力。
 (   )
15. 在意志行为深入发展阶段,学前儿童能够提出简单的行动目的,并尝试按照一定的计划
 去行动。 (   )

三、辨析题

1. 学前儿童的意志行为等同于简单的冲动。
2. 意志支配和调节行为,行为不对意志发生作用。

四、案例分析题

 明明是一个 5 岁的学前儿童,他平时对游戏和活动充满热情,但对需要耐心和坚持的任务,往往容易分心或放弃。为了培养明明的意志品质,特别是坚持性和自制力,幼儿园老师根据明明的年龄和兴趣,选择了一套既有一定挑战性又不太难的拼图。活动开始前,老师向明明解释了完成一幅完整拼图作品的目标。老师把拼图过程分阶段,每完成一个阶段就给予明明及时的鼓励和奖励,帮助他保持兴趣和动力。在拼图过程中,老师鼓励明明独立思考解决问题。当明明遇到难以解决的难题时,老师引导他尝试不同的方法,给予必要的指导和帮助,鼓励他不要轻易放弃。最终明明成功完成拼图。

 问题一:明明在拼图挑战中的表现如何?
 问题二:这次活动对幼儿园老师有哪些启示?

第三节　个性的发展

一、单项选择题

1. 自我意识的基础是(　　)。
   A. 自我认识　　　　B. 自我评价　　　　C. 自我调节　　　　D. 自我激励
2. 以下表现最为稳定的是(　　)。
   A. 气质　　　　　　B. 性格　　　　　　C. 能力　　　　　　D. 兴趣
3. (　　)不是胆汁质人的特征。
   A. 直率　　　　　　B. 机智　　　　　　C. 暴躁　　　　　　D. 精力旺盛
4. (　　)不是多血质人的特征。
   A. 热情　　　　　　B. 活泼　　　　　　C. 机智　　　　　　D. 稳重
5. (　　)不是黏液质人的特征。
   A. 稳重　　　　　　B. 认真　　　　　　C. 热情　　　　　　D. 踏实
6. (　　)不是抑郁质人的特征。
   A. 多愁善感　　　　B. 神经过敏　　　　C. 小心谨慎　　　　D. 心胸坦荡
7. "诚实、虚伪"描述的是性格的(　　)。
   A. 态度特征　　　　B. 意志特征　　　　C. 情绪特征　　　　D. 理智特征
8. 下列不属于婴幼儿气质类型划分的是(　　)。
   A. 困难型　　　　　B. 容易型　　　　　C. 迟缓型　　　　　D. 敏捷型
9. 困难型的婴幼儿人数不多，仅占群体中的(　　)。
   A. 1%～5%　　　　B. 5%～10%　　　　C. 10%～15%　　　D. 15%～20%
10. 更多体现人格社会属性的个性心理特征是(　　)。
    A. 气质　　　　　　B. 性格　　　　　　C. 能力　　　　　　D. 兴趣
11. (　　)不是气质所体现的个体心理活动的属性。
    A. 强度　　　　　　B. 速度　　　　　　C. 多样性　　　　　D. 指向性
12. 在人格形成、发展及个体行为起调控的关键因素的是(　　)。
    A. 气质　　　　　　B. 性格　　　　　　C. 能力　　　　　　D. 自我意识
13. 下列关于学前儿童自我评价发展特点的描述，不正确的是(　　)。
    A. 从依从性评价到独立性评价
    B. 从外部行为评价到内心品质评价
    C. 从初步客观评价到主观情绪性评价
    D. 从局部的自我评价到比较全面的自我评价
14. 下列关于学前儿童自我意识发展特点的描述，不正确的是(　　)。
    A. 随年龄增长而提高　　　　　　　　　B. 各因素发展速度不同
    C. 各因素发展程度相同　　　　　　　　D. 受家庭和社会环境的影响

15. 个体在不同时间和情境下表现出一致的心理面貌,从而使自己与其他人的个性区别开来。这说明自我意识具有( )。
    A. 意识性　　　　B. 社会性　　　　C. 能动性　　　　D. 同一性

16. 反映个体对自己所持的态度,包括自我感受、自爱、自尊、自信、自卑、内疚、自豪感、成就感等情感体验的是( )。
    A. 自我认识　　　B. 自我体验　　　C. 自我调节　　　D. 自我激励

17. 自我意识的真正出现与儿童言语的发展密切相关,儿童开始掌握( )个代名词,标志着儿童的自我意识开始萌芽。( )。
    A."你"　　　　　B."我"　　　　　C."他"　　　　　D."它"

18. 自我意识使个体对自己的行为、情感、思维等具有明确的理解和自觉的态度,而非无意识或潜意识的状态。这说明自我意识具有( )。
    A. 意识性　　　　B. 社会性　　　　C. 能动性　　　　D. 同一性

19. 自我意识不仅仅是对个体生理特性的意识,更重要的是对个体社会特性的意识,包括社会角色、社会地位和作用等。这说明自我意识具有( )。
    A. 意识性　　　　B. 社会性　　　　C. 能动性　　　　D. 同一性

20. "生活有规律,可以预测其行为反应。对成人的交往反应积极,容易与父母建立和谐、稳定的亲子关系"描述的婴幼儿气质类型是( )。
    A. 困难型　　　　B. 容易型　　　　C. 迟缓型　　　　D. 健康型

二、判断题

1. "优柔寡断"属于性格的情绪特征。　　　　　　　　　　　　　　　　　　( )
2. 气质具有相对稳定性,它是一成不变的。　　　　　　　　　　　　　　　( )
3. 学前儿童的气质类型会影响父母的教养方式。　　　　　　　　　　　　　( )
4. 困难型的婴幼儿人数较多,约占群体中的40%。　　　　　　　　　　　　( )
5. 学前儿童最初对自己的认识主要集中在身体特征上。　　　　　　　　　　( )
6. 与气质相比较,性格更多地体现了人格的生物属性。　　　　　　　　　　( )
7. 自我认识指个体对自己心理自我和社会自我的认知。　　　　　　　　　　( )
8. 学前儿童在行为调节上完全依赖成人的指导和帮助。　　　　　　　　　　( )
9. 学前儿童的自我评价从复述成人的评价到逐渐形成自己的评价标准。　　　( )
10. 气质是在后天的社会实践活动中逐渐形成的,并具有一定的可塑性。　　　( )
11. 学前儿童的自我评价常常带有主观情绪性,容易受到情绪状态的影响。　　( )
12. 容易型的婴幼儿对新环境和新经验适应较慢,容易对常规事物反应过度。　( )
13. 多血质的人性情直率、感情充沛、精力旺盛,但脾气暴躁,情绪容易冲动。( )
14. 抑郁质的人情绪不易外露,注意力稳定而不容易转移,外部动作少而缓慢。( )
15. 多血质的人热情活泼、机智灵敏、动作迅捷,其心理活动和外部动作都具有很高的灵活性。　　　　　　　　　　　　　　　　　　　　　　　　　　　　( )
16. 迟缓型婴幼儿在没有压力的情况下,也能逐渐对新刺激产生兴趣,并在新环境中慢慢活跃起来。　　　　　　　　　　　　　　　　　　　　　　　　　　( )

17. 当儿童认识到手脚是自己身体的一部分,标志着儿童开始有了自我感觉,是自我意识发展的起点。   (   )
18. 性格的态度特征指一个人对现实世界的稳定态度,包括对社会、集体、工作、劳动、他人以及对自己的态度。   (   )
19. 儿童开始掌握代名词"我",并能够准确使用"我"来表达自己的愿望和需求时,标志着儿童的自我意识开始萌芽。   (   )
20. 学前儿童的气质在大多数情况下具有相对稳定性。这意味着在儿童的成长过程中,早期的气质特征往往能够持续一段时间,不会轻易发生根本性变化。   (   )

三、辨析题

1. 胆汁质气质类型的人脾气暴躁,黏液质气质类型的人安静稳重,所以黏液质气质类型优于胆汁质气质类型。
2. 容易型的婴幼儿对成人的交往反应积极,容易与父母建立和谐、稳定的亲子关系,对各种教养方式都比较适应,所以父母可以"放养"。

四、案例分析题

　　红红是一名4岁半的女孩,即将升入幼儿园中班,她喜欢与同伴一起玩耍,但往往容易因为小事与同伴发生争执,如玩具分配不均、游戏规则不同等。她有时会显得固执己见,难以接受别人的意见或妥协。在学习新知识或参与集体活动时,红红的兴趣点容易转移,注意力不够集中。然而,一旦她对某个话题或活动产生浓厚兴趣,她就会表现出极高的专注度和热情,甚至能主动探索和学习相关知识。红红的情绪表达较为直接,喜怒哀乐都写在脸上。当她感到开心时,会大笑并乐于分享;但遇到挫折或不如意时,她容易情绪低落,甚至哭泣。她需要一定的时间来平复情绪,并需要成人适当的引导和安慰。红红在某些方面表现出较强的自信心,如画画、唱歌等她擅长的领域。但在一些她不熟悉的领域或面对新的挑战时,她会显得犹豫不决,依赖成人的帮助和支持。

　　问题一:根据红红的行为表现,请分析她的主要性格特征,并探讨这些特征是如何影响她的社交、学习和情绪管理的。

　　问题二:针对红红的性格特点,请提出几项具体的教育策略建议,帮助她的父母和老师更好地理解和教育她,促进她的全面发展。

第四节　社会交往的发展

一、单项选择题

1. 受欢迎型儿童约占群体中的(　　)。
　　A. 13.33%　　　　B. 26.66%　　　　C. 30%　　　　D. 33%

2. 下列不是学前儿童依恋类型的是(　　)。
　　A. 安全型　　　　B. 回避型　　　　C. 反抗型　　　　D. 迎合型
3. 学前儿童对人有差别的反应出现在(　　)。
　　A. 2～3个月　　　B. 3～5个月　　　C. 3～6个月　　　D. 4～6个月
4. 安全型依恋的儿童约占群体中的(　　)。
　　A. 45%～50%　　B. 55%～60%　　C. 65%～70%　　D. 75%～80%
5. 下列关于学前儿童依恋的描述,不准确的是(　　)。
　　A. 依恋对象使儿童有安全感
　　B. 儿童愿意与依恋对象在一起
　　C. 良好的依恋关系不利于儿童建立安全感
　　D. 依恋对象比其他任何人更能抚慰处于不安状态下的儿童
6. 下列不属于0～2岁同伴交往发展阶段的是(　　)。
　　A. 游戏和规则　　　　　　　　　B. 客体中心阶段
　　C. 简单相互作用阶段　　　　　　D. 互补的相互作用阶段
7. 下列关于学前儿童同伴交往的描述,不正确的是(　　)。
　　A. 儿童的行为特征对同伴交往有重要影响
　　B. 行为笨拙的儿童往往容易遭到同伴的拒斥
　　C. 情绪稳定的儿童更容易与同伴建立良好的关系
　　D. 长相好看的儿童更不容易建立起良好的人际关系
8. 下列关于学前儿童同伴交往的描述,不正确的是(　　)。
　　A. 父母对儿童的同伴关系有重要影响
　　B. 家长教养方式对儿童同伴交往没有影响
　　C. 亲子关系的质量也会影响儿童的同伴交往
　　D. 受教师关注和支持的儿童更容易建立起良好的同伴关系
9. 权威型教养方式下长大的孩子通常具有的表现是(　　)。
　　A. 焦虑　　　　　B. 退缩　　　　　C. 自卑　　　　　D. 乐观
10. 学前儿童依恋发展特殊的情感联结阶段出现在(　　)。
　　A. 2～3个月　　　B. 5～8个月　　　C. 6个月～1岁　　D. 6个月～2岁
11. 学前儿童依恋发展目标调整的伙伴关系阶段出现在(　　)。
　　A. 2～3个月　　　B. 6个月～2岁　　C. 2岁～3岁　　　D. 2岁～3岁以后
12. 在专断型教养方式下长大的孩子,通常具有的性格是(　　)。
　　A. 积极　　　　　B. 乐观　　　　　C. 开心　　　　　D. 冷漠
13. 下列关于学前儿童社会交往技能培养的描述,不正确的是(　　)。
　　A. 良好的环境可以锻炼幼儿交往能力
　　B. 幼儿在游戏中学会社会交往技能
　　C. 榜样示范对幼儿交往技能的培养不起作用
　　D. 家长在引导幼儿交往时要关注幼儿个体差异

14. 在陌生情境中，儿童把母亲作为"安全基地"，去探究周围环境的儿童依恋类型是（　　）。
    A. 安全型　　　　　B. 回避型　　　　　C. 反抗型　　　　　D. 迎合型
15. 对自己评价很高，独立性较强，但难以与人建立深厚的情感联系的儿童依恋类型是（　　）。
    A. 安全型　　　　　B. 回避型　　　　　C. 反抗型　　　　　D. 迎合型
16. 母亲离开时表现出极度的反抗和忧伤，但重逢时又难以被安慰的儿童依恋类型是（　　）。
    A. 安全型　　　　　B. 回避型　　　　　C. 反抗型　　　　　D. 迎合型
17. 婴儿最初对同伴的交往主要是基于共同感兴趣的物体，如玩具。这个交往阶段是（　　）。
    A. 语言技能阶段　　　　　　　　　　B. 客体中心阶段
    C. 简单相互作用阶段　　　　　　　　D. 互补的相互作用阶段
18. 体质较弱、力气小、性格内向、胆小、害羞、不活泼、腼腆、不爱说话的儿童同伴交往类型是（　　）。
    A. 一般型　　　　　B. 受欢迎型　　　　C. 被拒绝型　　　　D. 被忽视型
19. 在同伴中享有较高的社交地位，具有较强的影响力，受到大多数同伴的接纳和喜爱的同伴交往类型是（　　）。
    A. 一般型　　　　　B. 受欢迎型　　　　C. 被拒绝型　　　　D. 被忽视型
20. 在同伴交往中行为表现一般，没有明显的特征，既不是特别主动友好，也不具有较强攻击性和敌对性的同伴交往类型是（　　）。
    A. 一般型　　　　　　　　　　　　　B. 受欢迎型
    C. 被拒绝型　　　　　　　　　　　　D. 被忽视型

二、判断题

1. 学前儿童的依恋对象使儿童有安全感。（　　）
2. 学前儿童社会交往狭义上主要指同伴交往。（　　）
3. 亲子交往是儿童最早接触到的社会交往形式。（　　）
4. 学前儿童对人有差别的反应出现在 2～5 个月。（　　）
5. 社会经济地位会影响亲子交往的资源和环境。（　　）
6. 学前儿童特殊的情感联结阶段出现在 6 个月～1 岁。（　　）
7. 亲子交往具有双向性、情感性、教育性以及发展性。（　　）
8. 行为笨拙、攻击性行为多的儿童容易遭到同伴的拒斥。（　　）
9. 依恋的形成有着深刻的生物根源，是一种本能的反应。（　　）
10. 婴儿能够互相模仿对方的行为发生在 0～1 岁的婴儿期。（　　）
11. 父母对儿童发展的期望会影响亲子交往的方式和内容。（　　）
12. 活动材料，如玩具的数量和特征不同会引起儿童不同的交往行为。（　　）
13. 受到教师关注和支持的儿童不容易在同伴中建立起良好的关系。（　　）
14. 观看暴力节目可能会增加儿童的攻击性行为，从而影响其同伴关系。（　　）
15. 学前儿童依恋发展的目标调整的伙伴关系阶段出现在 1 岁～2 岁以后。（　　）
16. 亲子交往通过父母的示范、行为强化和直接教导等途径影响儿童发展。（　　）

17. 安全型依恋儿童在陌生的情境中,母亲是否在场对他们的探究行为没有影响。（ ）
18. 权威型教养方式下长大的孩子通常具有很强的自卑感,但他们能较好的自我控制。
（ ）
19. 反抗型依恋的儿童对自己评价很高,独立性较强,但难以与人建立深厚的情感联系。
（ ）
20. 忽视型的父母对孩子不很关心,这种教养方式下长大的孩子一般很自立自强,十分"社牛"。（ ）

三、辨析题
1. 学前儿童的亲子交往主要依赖于天生的血缘关系,无需后天刻意培养和维护。
2. 学前儿童的同伴交往主要是基于共同的兴趣爱好,与他们的性格和社交技能关系不大。

四、案例分析题
华华是一个5岁的学前儿童,在幼儿园里他通常喜欢独自玩耍,对加入其他小朋友的游戏或活动兴趣不大。在集体活动中,华华往往选择站在一旁观察,很少主动参与讨论或合作。当遇到自己特别感兴趣的话题或玩具时,华华也会变得积极,试图吸引其他小朋友的注意,但方式往往比较含蓄,其他小朋友一般都没有注意到。

问题一:分析华华可能属于哪种同伴交往类型,并描述该类型的特征。
问题二:提出促进华华同伴交往能力发展的策略。

第五节　品德的发展

一、单项选择题
1. 个体品德的核心部分是(　　)。
   A. 道德认识　　　B. 道德情感　　　C. 道德意志　　　D. 道德行为
2. 下列不属于道德情感的是(　　)。
   A. 直觉的道德情感　　　　　　B. 想象的道德情感
   C. 伦理的道德情感　　　　　　D. 直接的道德情感
3. 下列不属于行为习惯特点的是(　　)。
   A. 自动化　　　B. 可变性　　　C. 单一性　　　D. 持久性
4. 学前儿童较少达到的道德发展阶段是(　　)。
   A. 前道德阶段　　B. 后道德阶段　　C. 他律道德阶段　　D. 自律道德阶段
5. 学前儿童早期学习行为的主要方式是(　　)。
   A. 观察与模仿　　B. 认知与理解　　C. 实践与强化　　D. 内化与稳定

6. 皮亚杰认为，儿童前道德阶段发生的年龄是（　　）。
   A. 一二岁以前　　　B. 二三岁以后　　　C. 四五岁以前　　　D. 六七岁以后
7. 皮亚杰认为，儿童他律道德阶段发生的年龄是（　　）。
   A. 一二岁以后　　　　　　　　　　B. 四五岁以前
   C. 四五岁至八九岁之间　　　　　　D. 六七岁至八九岁以后
8. 下列关于皮亚杰儿童道德发展阶段顺序的描述，正确的是（　　）。
   A. 他律道德阶段－自律道德阶段－无律道德阶段
   B. 自律道德阶段－他律道德阶段－无律道德阶段
   C. 无律道德阶段－他律道德阶段－自律道德阶段
   D. 无律道德阶段－自律道德阶段－他律道德阶段
9. 伴随着道德认识和道德行为而出现的内心体验叫做（　　）。
   A. 道德观念　　　B. 道德情感　　　C. 道德意志　　　D. 道德规范
10. 在个体行为习惯的形成和发展中起至关重要作用的是（　　）。
    A. 遗传因素　　　B. 环境因素　　　C. 教育因素　　　D. 个人因素
11. 下列不是皮亚杰认为的儿童道德认知发展阶段的是（　　）。
    A. 前道德阶段　　B. 后道德阶段　　C. 他律道德阶段　　D. 自律道德阶段
12. （　　）是品德发展的最终体现，也是品德教育的重要目标。
    A. 道德认识　　　B. 道德情感　　　C. 道德意志　　　D. 道德行为
13. 个体自觉地调节道德行为，克服困难，以实现道德目标的心理过程叫做（　　）。
    A. 道德观念　　　B. 道德情感　　　C. 道德意志　　　D. 道德规范
14. 主动模仿、爱探究、好攻击、喜欢自我表现的主动发展阶段处于（　　）年龄段。
    A. 0～1岁　　　B. 0～3岁　　　C. 3～12岁　　　D. 12岁至成年
15. 科尔伯格认为，儿童以自我接受的道德原则，主要履行自己选择的道德标准，处于（　　）。
    A. 习俗水平　　B. 前习俗水平　　C. 后习俗水平　　D. 超习俗水平
16. 科尔伯格认为，儿童以满足社会期望、受到赞扬、遵守社会现行的准则习俗判断是非，处于（　　）。
    A. 习俗水平　　B. 前习俗水平　　C. 后习俗水平　　D. 超习俗水平
17. 主要依靠遗传和本能的力量，通过无意识的模仿来发展行为的被动发展阶段处于（　　）年龄段。
    A. 0～1岁　　　B. 0～3岁　　　C. 3～12岁　　　D. 12岁至成年
18. 儿童遵守规范，只重视行为后果（如打破杯子就是坏事），而不考虑行为意向，偏爱抵罪性惩罚的是（　　）。
    A. 前道德阶段　　B. 后道德阶段　　C. 他律道德阶段　　D. 自律道德阶段
19. 以是否被人喜爱、取悦于人为道德判断依据，以他人的表扬或做"好孩子"为目的儿童处于道德认知发展的（　　）。
    A. 寻求认可取向阶段　　　　　　B. 遵守法规取向阶段
    C. 社会契约取向阶段　　　　　　D. 个体内在良心的道德

20. 儿童不再盲目服从权威,而是开始理解道德规则的内在意义,他们的行为不再仅仅受到外部因素的影响,而是基于自己的价值观和道德标准,形成自己的道德判断的是( )。
   A. 前道德阶段　　　　B. 后道德阶段　　　　C. 他律道德阶段　　　D. 自律道德阶段

二、判断题
1. 学前儿童不可能达到自律阶段。　　　　　　　　　　　　　　　　　　　　( )
2. 遗传在行为习惯的形成中起决定性作用。　　　　　　　　　　　　　　　　( )
3. 前道德阶段大约出现在儿童四五岁以前。　　　　　　　　　　　　　　　　( )
4. 道德行为是品德的外在表现和衡量品德的重要标志。　　　　　　　　　　　( )
5. 道德情感是品德发展的最终体现和教育的重要目标。　　　　　　　　　　　( )
6. 道德情感表现为个体在道德行为中的坚持性和自制力。　　　　　　　　　　( )
7. 学前儿童道德认知的发展只表现出了顺序性和阶段性　　　　　　　　　　　( )
8. 在早期阶段,个体主要通过认知与理解来学习行为。　　　　　　　　　　　( )
9. 道德认识是个体品德中的核心部分,是品德形成和发展的基础。　　　　　　( )
10. 当个体的行为符合自己的道德观念时,会产生消极的道德情感。　　　　　( )
11. 品德反映了个体的道德面貌,是个性中具有道德评价意义的核心部分。　　( )
12. 个体的性格特点、兴趣爱好、认知水平等不会影响其行为习惯的形成和发展。( )
13. 社会风气、法律法规、道德规范等都会对人的行为习惯产生制约和引导作用。( )
14. 遗传因素对行为习惯的影响不是决定性的,它更多的是提供了一个基础或倾向。( )
15. 0~3岁的学前儿童主要依靠遗传和本能的力量,通过无意识的模仿来发展行为。
　　　　　　　　　　　　　　　　　　　　　　　　　　　　　　　　　　　( )
16. 行为习惯是人在一定时间内逐渐养成的,与人后天条件反射系统的建立有密切关系。
　　　　　　　　　　　　　　　　　　　　　　　　　　　　　　　　　　　( )
17. 道德情感是伴随着道德认识和道德行为而出现的一种内心体验,它能调节人们的道德行为。　　　　　　　　　　　　　　　　　　　　　　　　　　　　　　　( )
18. 科尔伯格认为,处于后习俗水平的儿童,采用自我接受的道德原则,主要履行自己选择的道德标准。　　　　　　　　　　　　　　　　　　　　　　　　　　　　( )
19. 科尔伯格认为,处于习俗水平的儿童着眼于行为的具体后果和自身的利害关系来判断是非,儿童无内在的道德标准。　　　　　　　　　　　　　　　　　　　　( )
20. 皮亚杰认为,处于前道德阶段的儿童还没有道德意识,不会把自己和外面的世界分开,行为主要受生理和情感因素的影响,缺乏对行为后果的预见性和对他人感受的关注。
　　　　　　　　　　　　　　　　　　　　　　　　　　　　　　　　　　　( )

三、辨析题
1. 学前儿童的道德认知发展主要依赖于外部规则的灌输,不包含自我探索和内部建构的过程
2. 学前儿童行为习惯的发展是自然成熟的结果,还是需要通过外部教育和环境塑造来培养?

四、案例分析题

小杰是一名即将升入幼儿园大班的5岁男孩。在家里,小杰习惯于晚睡晚起,每天早上都需要父母多次催促才能勉强起床,而且经常因为匆忙而忘记整理自己的床铺和玩具。到了幼儿园,小杰也表现出类似的行为习惯问题:在用餐时,他常常吃得很慢,需要老师多次提醒才能专心吃饭;在游戏活动中,他喜欢独占玩具,不愿意与其他小朋友分享,导致与同伴间发生争执。

问题一:分析小杰行为习惯问题的成因。

问题二:提出改善小杰行为习惯的具体策略。

第十章　心理健康与教育

第一节　心理健康概述

一、单项选择题

1. 下列不是心理健康一般标准的是（　　）。
   A. 智力正常　　　B. 情绪健康　　　C. 意志健全　　　D. 人格高尚
2. 下列关于心理健康的标准，不正确的是（　　）。
   A. 智力超常　　　B. 情绪健康　　　C. 意志健全　　　D. 人格完整
3. 下列不是影响心理健康生物因素的是（　　）。
   A. 遗传因素　　　B. 生理因素　　　C. 认知因素　　　D. 疾病与药物
4. 下列不是影响心理健康心理因素的是（　　）。
   A. 认知因素　　　B. 人格特征　　　C. 家庭环境　　　D. 情绪调节
5. 下列不是影响心理健康社会因素的是（　　）。
   A. 人际关系　　　B. 社会环境　　　C. 家庭环境　　　D. 饮食习惯
6. 下列影响个体心理健康的因素中与其他项不同类的是（　　）。
   A. 脑损伤　　　　B. 糖尿病　　　　C. 灾难性思维　　D. 甲状腺机能亢进
7. 下列影响个体心理健康的因素与其他项不同类的是（　　）。
   A. 认知因素　　　B. 人格特质　　　C. 情绪调节　　　D. 疾病与药物
8. 下列影响个体心理健康的因素与其他项不同类的是（　　）。
   A. 认知因素　　　B. 人格特质　　　C. 情绪调节　　　D. 家庭环境
9. 下列影响个体心理健康的因素与其他项不同类的是（　　）。
   A. 家庭环境　　　B. 人际关系　　　C. 社会环境　　　D. 饮食习惯
10. 下列影响个体心理健康的因素与其他项不同类的是（　　）。
    A. 饮食习惯　　　B. 人际关系　　　C. 运动与睡眠　　D. 休闲与娱乐

二、判断题

1. 健康指一个人处于没有疾病的状态。　　　　　　　　　　　　　　　　　（　　）
2. 遗传因素在心理健康问题中起着决定性作用。　　　　　　　　　　　　　（　　）
3. 良好的睡眠则有助于恢复精力，维持情绪稳定。　　　　　　　　　　　　（　　）
4. 甲状腺机能亢进可引起个体情绪低落、反应迟钝。　　　　　　　　　　　（　　）
5. 不同性别和年龄段的个体在心理健康方面存在差异。　　　　　　　　　　（　　）

6. 社会变迁、文化冲突、宗教信仰等对个体的心理健康产生影响。（   ）
7. 家庭关系、家庭氛围、教育方式等都会影响个体的心理健康。（   ）
8. 神经递质不平衡导致的血清素水平的异常，会引发心理健康问题。（   ）
9. 智力正常要求个体的智力发育水平与所有人相比，在正常误差范围内。（   ）
10. 一个人的心理行为如果经常严重偏离自己的年龄特征，往往标志着心理不健康。（   ）

三、辨析题

1. 心理健康仅仅是指没有精神疾病或心理问题，无需进一步关注或维护。
2. 家庭环境是影响个体心理健康的唯一重要因素。

四、案例分析题

　　明明是一名小学生，近期表现出明显的学习成绩下滑、情绪波动大、社交退缩等症状。他原本是一个开朗、活泼的学生，喜欢参加各种课外活动和与朋友们交流。但近几个月来，他变得沉默寡言，经常独自一人坐在教室角落，对老师和同学的关心也显得冷淡。晚上回家后，明明常常熬夜玩手机或游戏，第二天则显得疲惫不堪，注意力难以集中。

　　问题一：明明出现了什么样的心理问题。
　　问题二：分析明明出现心理问题的原因。

第二节　积极促进学前儿童心理健康

一、单项选择题

1. WPPSI 把学前儿童的平均智商（IQ）定为（   ）。
   A. 80　　　　　　　B. 90　　　　　　　C. 100　　　　　　D. 110
2. （   ）不是学前儿童心理健康的标准。
   A. 智力发展超常　　B. 情绪稳定愉快　　C. 人际关系和谐　　D. 自我意识良好
3. （   ）不是学前儿童心理健康教育的目标。
   A. 培养积极情绪　　B. 增强自我意识　　C. 发展社交技能　　D. 提高智力水平
4. （   ）是学前儿童产生心理卫生问题的因素。
   A. 生物因素　　　　B. 心理因素　　　　C. 社会因素　　　　D. 以上三个都是
5. 幼儿创作一个虚构的故事，以掩盖或改变真相属于（   ）。
   A. 直接撒谎　　　　B. 回避问题　　　　C. 编造故事　　　　D. 非语言欺骗
6. 学前儿童做出虚假的表情、姿势或动作以掩盖真相的是（   ）。
   A. 直接撒谎　　　　B. 回避问题　　　　C. 编造故事　　　　D. 非语言欺骗
7. 幼儿直接说出与事实不符的陈述，如说自己没有做过的事情，属于（   ）。
   A. 直接撒谎　　　　B. 回避问题　　　　C. 夸大事实　　　　D. 非语言欺骗

8. 如果一个学前儿童被认为是智力低下,那他的 WPPSI 的测试智商可能是(　　)。
   A. 65　　　　　　　B. 75　　　　　　　C. 85　　　　　　　D. 90
9. 学前儿童表现出对特定的人、事、物产生的极端害怕和回避的反应,他产生的心理卫生问题是(　　)。
   A. 说谎　　　　　　B. 恐惧　　　　　　C. 多动症　　　　　　D. 攻击性行为
10. 智力发展正常与否可使用智力测验《韦氏学前和小学儿童智力量表》进行判定参考。《韦氏学前和小学儿童智力量表》的英文缩写是(　　)。
    A. WAIS　　　　　B. WISC　　　　　C. WPSI　　　　　D. WPPSI

二、判断题

1. 遗传因素在幼儿恐惧的发生中也起一定的作用。　　　　　　　　　　　　　　　(　　)
2. 口吃多发生于 3 岁左右的幼儿,女孩多于男孩。　　　　　　　　　　　　　　　(　　)
3. 性健康教育是学前儿童心理健康教育的内容之一。　　　　　　　　　　　　　　(　　)
4. 智力开发是学前儿童心理健康教育的重要目标和内容。　　　　　　　　　　　　(　　)
5. 学前儿童的恐惧会随着儿童年龄的增长而自然缓解,大人要顺其自然。　　　　　(　　)
6. 帮助幼儿明确正确的行为标准和道德准则是心理健康教育的重要内容。　　　　　(　　)
7. 发展社交技能,提高人际交往能力,是学前儿童心理健康教育的重要目标。　　　(　　)
8. 如果学前儿童长期生活在含铅量超标的环境中,会增加他患多动症的几率。　　　(　　)
9. 幼儿故意改变事实的重要性或程度,以获得他们所期望的反应或结果,不属于说谎。
    　　　　　　　　　　　　　　　　　　　　　　　　　　　　　　　　　　　(　　)
10. 学前儿童心理健康发展存在个体差异性和动态性,不同年龄段的儿童心理健康标准也会有所不同。　　　　　　　　　　　　　　　　　　　　　　　　　　　　　　(　　)

三、辨析题

1. 判定一个学前儿童心理是否健康,只要看他情绪是否稳定,行为是否符合规范就可以了。
2. 攻击性行为是品行障碍的一种,学前儿童出现攻击性行为,说明该儿童品行有问题。

四、案例分析题

　　小红是一名 4 岁半的幼儿园中班女孩,近期被老师发现多次说谎。例如,在一次绘画活动中,小红声称自己的画是在家里和妈妈一起完成的,但实际上是她自己独立完成的;另一次,当被问及为什么没有完成作业时,小红说是因为昨晚家里的狗狗把作业本撕坏了,而实际上是她忘记了做作业。这些说谎行为让老师感到困惑,也引起了家长的注意。家长反映,小红在家中也偶尔会说些不实之言,但大多是为了避免惩罚或获得某种好处。

　　问题一:请分析小红说谎行为的可能原因。
　　问题二:家长和老师在面对小红的说谎行为时,应采取怎样的态度和策略?

第二部分　参考答案

第一章　教育基本原理

第一节　教育的概念与本质

一、单项选择题

1. 解析：选 A。教育是培养人的实践活动，实践活动显著的特征就是有目的性。教育就是有计划、有目的、有组织地对人的身心施加影响的活动。

2. 解析：选 A。教育的本质回答了"教育是什么"，教育的本质是区别于其他事物的根本属性，是对教育最核心的认识。

3. 解析：C。学校教育与生产劳动相脱离是农业社会教育的特征，其余三项为工业社会教育的特征。

4. 解析：选 A。统治阶级对生产资料的绝对占有，控制着学校，教育为统治阶级服务并具有阶级性，教育的阶级性不仅体现教育权利和受教育权利上，还体现教育目的、教育内容、教师选拔等方面。

5. 解析：选 C。教育的神话起源说是最古老的教育起源说，它认为教育起源于上帝或天——人格化的神，教育是神的意志的体现，教育是为了让人皈依于神或顺从于天。

6. 解析：选 D。教育内涵有四种特征：教育是实践活动、教育是双向耦合的过程、教育具有促进作用、教育具有社会历史性。ABC 是教育内涵，D 是教育的构成要素。

7. 解析：选 A。通过课程、教师、校园环境等一系列特定的条件，教育在个体和社会的双向耦合过程中起到了引导、加速、促进的作用。

8. 解析：选 C。美国教育史学家孟禄是教育的心理起源说的代表人物，他认为教育起源于原始公社日常生活中儿童对成人的无意识模仿。

9. 解析：选 D。教育是根据一定社会需要进行的培养人的实践活动，这种社会需要会随着社会生产力的发展不断产生变化。"一定的社会需要"强调教育行为发生的历史背景，说明教育活动的社会性、历史性，教育目的集中反映了社会的需求。

10. 解析：选 C。一方面，全球化的浪潮让不同国家和地区的文化交流更加密切，推动全球化的发展；另一方面，人们在全球化的浪潮下意识到文化自主的重要性，逐渐重视本土文化和教育传统。

二、判断题

1. 解析：√。教育是一种实践活动，具有明确的目的。

2. 解析：×。没有明确目的、偶然发生的事件虽然对个体有影响，但不属于教育活动，教育作为实践活动具有明确的目的。
3. 解析：×。我们当前所处的信息社会不是一个已经定型的社会，而是一个正处于变化发展中的过渡性社会。
4. 解析：√。教育的劳动起源说直接批判生物起源说和心理起源说。
5. 解析：×。"樊迟问稼"向老师孔子请教学种庄稼、种菜遭到拒绝，说明农业社会的教育与生产劳动相脱离，只宣传统治阶级喜好的知识。农业社会中，统治阶级对学校教育权的控制，鄙视农业生产劳动和技能。
6. 解析：×。机器大工业的出现是工业社会的主要标志。
7. 解析：×。教育最根本的任务就是要促进受教育者身心的发展。
8. 解析：√。教育的劳动起源说以马克思唯物主义理论为指导思想，认为劳动创造了人本身，教育起源于劳动。
9. 解析：×。学校教育与生产劳动相脱离是农业社会教育的特征。
10. 解析：√。英国的教育学家沛西·能是教育生物起源说的代表人物。

三、辨析题

1. 解析：观点错误。教育的本质回答了"教育是什么"，是对教育最核心的认识。教育的本质属性是教育的质的特点，是区别教育活动与其他活动的根本。
2. 解析：观点错误。教育与生产劳动从分离走向结合，教育的生产功能和服务社会的作用越来越凸显。教育与生产劳动从分离走向结合，教育的生产功能和服务社会的作用越来越凸显。这是工业社会的教育特征。

四、案例分析题

问题一解析：工业社会的教育具有以下特征：

第一，教育与生产劳动从分离走向结合。

第二，教育的公共性日益淡化。

第三，教育的复杂程度越来越低。

第四，教育的理论自觉性越来越低。

问题二解析：教育的本质回答了"教育是什么"，是对教育最核心的认识。

教育的本质是培养人，教育是培养人的实践活动，是根据一定社会需要进行的培养人的实践活动，最根本的任务就是要促进受教育者身心的发展。

第二节 教育的要素与形态

一、单项选择题

1. 解析：选 D。受教育者是教育的对象，范围从青少年扩大到社会中的成年人乃至所有人。
2. 解析：选 C。从学校教师、教育管理人员都属于教育者。学校教师是教育者的主体，在教育活动中起主导作用。

3. 解析:选 D。非制度化的教育与生产、生活融为一体,没有从生产、生活中分离出来,教育与生产、生活密不可分,没有专门的教育机构。非制度化的教育主要发生在原始社会。

4. 解析:选 A。家庭是个体面对的第一个场所,为个体的精神成长和生活的丰富提供坚实的保障,在个体成长过程中能够促进个体的社会化、智育发展、道德养成、身心健康等。

5. 解析:选 C。受教育者以学习为主要任务。

6. 解析:选 C。教育影响包括教育内容和教育手段。

7. 解析:选 C。教育者是承担教育责任、对教育者施加教育影响的人。

8. 解析:选 C。家庭教育是指在家庭内部进行教育活动。

9. 解析:选 A。制度化的教育指的是教育是一种专门的活动,有专门的教育人员,有专门的机构,有其运行制度所构成的教育形态。

10. 解析:选 B。开展教育活动的空间称为场所,根据教育活动发生的场所,教育被划分为:家庭教育、学校教育、社会教育。

二、判断题

1. 解析:×。社会事件属于社会教育。

2. 解析:×。原始社会有社会教育,如举办的各种仪式或者宗教活动,都是社会教育。

3. 解析:×。学校未产生前的教育是非制度化的教育,但人类学校产生后,非制度化的教育仍然存在,如办公室、教室、车间。

4. 解析:×。家庭教育作用非常重要,特别是在培养青少年健全人格方面,家庭的作用更是学校无法取代的。

5. 解析:√。社会教育是学校教育的延伸,为学校教育提供广阔的实践场所,又检验学校教育的成效。

6. 解析:√。学校作为专门的教育机构,是当前主导性的现代教育形态,承担着道德教育、智力教育、身心健康教育、能力培养等诸多职能。

7. 解析:√。打破家庭教育、学校教育、社会教育之间的界限,建立家校社一体化,有助于形成教育合力。

8. 解析:×。制度化的教育是人类文明的进步,极大地推动了人类文明的整体进步。

9. 解析:×。教育的三要素相互独立,有着各自的明确含义;教育的三要素又是互为存在的条件,是教育实践活动中必要的因素,缺一不可。

10. 解析:√。这是教育学对教育定义的普遍共识。

三、辨析题

1. 解析:观点错误。教育影响是沟通教育者与受教育者的媒介,具体表现为教育内容、教育手段。

2. 解析:观点错误。学校是统治阶级进行意识形态教育的主要场所,也是公共教育的主要场所,肩负着提高国民素质的责任。

四、案例分析题

问题一解析:非制度化的教育与生产、生活融为一体,没有从生产、生活中分离出来,教育与生产、生活密不可分,没有专门的教育机构。非制度化的教育主要发生在原始社会,或散布在当今的车间、家庭等场所。

问题二解析: 家庭教育是指在家庭内部进行教育活动。家庭的教育作用从古至今都非常重要,因为家庭是个体面对的第一个场所,为个体的精神成长和生活的丰富提供坚实的保障,在个体成长过程中能够促进个体的社会化、智育发展、道德养成、身心健康等。

不论是原始社会还是新时代的社会,家庭教育是教育的重要形式,对个体的身心健康成长有着重要的作用。鉴于家庭教育的重要性,国家对其进行了立法,使家庭教育从"家务事"提升到"国家事务"层面,提升了家庭教育的品质。

问题三解析: 小红爸爸做法错误,把小学内容移到大班学习,用机械背诵、强化训练等方式让孩子学习间接经验。《指南》中明确了3~6岁幼儿需达到的发展水平,对防止和克服学前教育"小学化"现象提供了具体方法和建议,供家长实施家庭教育参考。作为大班家长,一定要科学育儿,用符合幼儿年龄特点、发展水平的方式学习,不可"拔苗助长"。

第三节 教育与社会、个体的发展

一、单项选择题

1. **解析:** 选 D。每个人之间的发展优势、发展速度往往千差万别。因材施教是因为每个学生存在具体的发展差异。只有在深入了解学生的基础上,才能根据学生不同发展水平以及兴趣爱好进行有针对性的教育。
2. **解析:** 选 A。极大地促进经济发展。科学技术是第一生产力,教育能够生产出科学技术,是孵化科学技术的重要手段。
3. **解析:** 选 B。美国的"早期开端计划"追踪研究显示,美国在高质量学前教育领域投入的每1美元,可以为以后的社会管理节省7美元,早期的教育投入产生了7倍的经济效益。说明教育能产生经济效益,是经济发展新的增长点。
4. **解析:** 选 D。遗传素质是人们从父母先代继承下来的解剖生理特征,如肤色、身高、体重,它们为个体发展提供了物质基础和生理前提。
5. **解析:** 选 C。教育要遵循人身心发展的规律,才能有效地促进人的发展。
6. **解析:** 选 B。幼儿的学习与小学阶段的学习不同,属于不同的阶段。在阶段之间做好衔接工作,能让幼儿较快地适应小学阶段的学习。
7. **解析:** 选 A。影响个体身心发展的因素主要有:个体自身要素、环境因素、活动因素。个体的自身因素如遗传和成熟为个体发展提供了物质基础和生理前提(内部条件),环境是个体发展的外部条件。活动因素是中介,个体自身因素和外部的环境因素通过活动结合起来,成为活动的主体、客体。
8. **解析:** 选 A。教育为政治服务,通过培养人才来维护统治阶级的利益。这是教育服务于政治的最基本的途径。
9. **解析:** 选 A。教育传播科学,启迪人的民主观念。
10. **解析:** 选 B。ACD三项体现了教育与政治的关系,B项体现了教育与经济的关系。

11. 解析：选 C。个体机体某一方面的机能缺失另一方面的机能会补偿发展。盲人视觉缺失，听觉变得更灵敏，这是因为机能能够互补。

12. 解析：选 B。人的发展离不开环境，尤其是正常的社会环境。"狼孩"小时候生活在非正常的社会环境，言行举止与社会脱节。即使长大以后回归了正常的社会环境，但错过了语言和智力等发展的关键期，"狼孩"也无法回到正常的发展轨道上来。说明真长的社会环境对人发展的重要性。

13. 解析：选 D。格赛尔根据双生子爬楼梯的实验成果提出了"成熟决定论"，这夸大了成熟的作用。

14. 解析：选 B。受教育权利的平等、教育资源分配的公平等维度能够折射出教育的民主化和政治的民主化程度，是教育对政治的影响，不属于教育对经济的影响。A、C、D 是"教育生产科学技术"的方式。

15. 解析：选 D。个体发展的自觉性是个体对自我发现的自觉意识、发展需要以及对发展行为的自我控制。个体发展的真正动力，来自个体的自觉性，即内在驱动力。遗传和成熟为个体发展提供了物质基础和生理前提（内部条件），环境是个体发展的外部条件。

二、判断题

1. 解析：×。环境为人的发展提供了外部条件，但对人的发展不起决定性作用。

2. 解析：√。陵节而施出自《礼记·学记》。原句是"不陵节而施之谓孙（xùn）"，陵：超越。节：限度。孙：通"逊"，顺。原句的意思是不超过学的人的接受能力而进行教育，叫做合乎顺序。强调教育活动要循序渐进，合乎顺序。陵节而施违背了发展的顺序性。

3. 解析：√。个体身心发展有量的积累，也有质的飞跃。这种质的变化表现为发展的阶段性。在个体发展的不同阶段，会表现出不同年龄特征和主要矛盾，面临着不同的发展任务。

4. 解析：×。自然环境是任何人和生物共同的生存环境。

5. 解析：√。教育对人的发展既可能起到积极的促进作用，也可能起到消极的损害作用。教育发挥对个体发展的促进作用是有条件的。

6. 解析：×。身心发展的不平衡性是指人的发展并不总是匀速的。

7. 解析：×。客观规律是不以人的意志为转移的规律。个体身心发展规律是教育活动必须遵循的客观规律。

8. 解析：×。身心发展的不平衡性要求教育要抓住关键期，适时而教。不平衡性是指人的发展并不总是匀速的，有时发展得快、有时发展得慢，在发展快的时候及关键期进行教育，会起到事半功倍的效果。

9. 解析：√。个体的发展是一种内部心理活动，由外部实践活动转化而来，通过所做的活动促进个体的学习发展。

10. 解析：√。人的生命发展是先天因素和后天因素共同作用的结果，而不是由遗传、环境、教育当中的某一方面决定的。

11. 解析：×。活动是个体发展的决定因素，制约着环境影响的内化和主体的自我建构。个体的自身因素如遗传和成熟为个体发展提供了物质基础和生理前提（内部条件），环境是个体发展的外部条件。活动因素是中介,是个体发展的决定性因素。个体自身因素和外部的环境因素通过活动结合起来,成为活动的主体、客体。

12. **解析**:×。心理学家华生的"刺激—反应"学说只看到了环境的作用,忽视了人的自觉能动性。

13. **解析**:√。遗传素质和生理成熟知识为个体的发展提供了基础和可能。这些先天因素会随着个体年龄的增长逐渐失去作用,后天的发展主要靠个体积累的知识、经验、能力和倾向。

14. **解析**:×。个体发展是指个体生命从开始到结束的一生中身心诸方面及其整体性结构与特征所发生的一系列变化的过程。

15. **解析**:√。阶段性要求教育按照各个年龄阶段的特征组织教学活动,前后相邻的阶段有联系又有区别,要注意前后两个阶段的过渡衔接。把幼儿阶段的教育与小学一二年级的教育内容既有区别又有联系,很好地体现了身心发展的阶段性规律。

三、辨析题

1. **解析**:观点错误。成熟是个体身心发展的自然结果,成熟是一个自然的过程。

2. **解析**:观点正确。活动是将主体和客体有机联系的媒介。个体自身因素和外部的环境因素通过活动结合起来,成为活动的主体、客体,并在活动过程中,主体、客体之间相互促进转化。

四、案例分析题

问题一解析:王老师的做法正确,体现了尊重身心发展的个别差异性。人是独特的个体,教育者要了解每一个人的兴趣、爱好、成长的家庭背景和环境等特征,动态地把握个体在学习过程中的知识水平、求知意愿、情绪状态等具体情况,做到以学定教、因材施教、教中有"人",坚持一把钥匙开一把锁。王老师发现瑶瑶的情况后,通过与家长沟通、观察把握了瑶瑶的优点,采取了有针对性的鼓励措施,尊重孩子的节奏,从孩子擅长的事入手,一步一步帮瑶瑶建立自信,做到一把钥匙开一把锁。

问题二解析:生命的成长变化过程就是发展,影响个体身心发展的因素主要有:个体自身要素、环境因素、活动因素。影响瑶瑶转变的有个体发展的自觉性、活动因素。个体发展的真正动力,来自个体的自觉性,即内在驱动力。教育要善于唤醒和调动个体的发展自觉性。王老师主动靠近瑶瑶,引导孩子从做擅长的活动入手,找回自信。

第四节　教育目的

一、单项选择题

1. **解析**:选 C。教育目的是教育的核心问题,是国家根据一定的社会需要对教育培养人的总要求,是教育想要达到的宏观状态和预期理想状态。

2. **解析**:选 D。A、B、C 是德育实施的方法,D 是德育实施的途径。

3. **解析**:选 A。学校美育的内容主要有自然美、社会美、艺术美。

4. 解析:选 D。D 为社会领域的目标特点。

5. 解析:选 D。劳动教育是一个动手动脑的实践过程,注重手脑并用,要让学生面对真实的任务情境,亲历实际的劳动过程。

6. 解析:选 A。幼儿健康教育的终极目的是促进幼儿身心健康发展,B、C、D 为健康教育的具体目标。

7. 解析:选 A。根据《指南》,A 是科学探究的目标,而不是数学认知的目标。

8. 解析:选 D。A、B、C 三项均为幼儿心理健康和社会适应方面的具体体现。

9. 解析:选 A。最新研究表明,语言是交际和思维的工具,要注重语言的工具性和运用性,语言能力是在运用的过程中发展起来的。

10. 解析:选 D。A、B、C 三项均属于《纲要》中艺术领域目标的特点。

11. 解析:选 D。3~8 岁是儿童学习早期阅读和读写的关键期。教育要抓住这个时期,发展幼儿的口语语言和初步的书面语言能力,做好前阅读与前书写的准备。

12. 解析:选 A。政治认同是社会主义建设者和接班人必须具备的思想前提,道德修养是立身成人之本,法治观念是行为的指引,健全人格是身心健康的体现,责任意识是担当民族复兴大任时代新人的内在要求。

13. 解析:选 A。A 是《纲要》中健康领域的目标。B、C、D 都是科学领域目标的特点。

14. 解析:选 E。A、B、C、D 都是《指南》说明部分提出的实施原则。

15. 解析:选 B。教育目的是国家对教育所要培养的人的质量和规格的总要求,即要把受教育者培养成什么样的人,回答的是"为谁培养人""培养什么样的人"的问题。

16. 解析:选 A。幼儿身体生长快速,把健康领域放在五大领域之首,充分强调健康对幼儿发展的重要性,是其他领域学习与发展的基础。

17. 解析:选 A。"喜欢自然界与生活中美的事物"属于《纲要》艺术领域子领域"感受与欣赏"下的目标。

18. 解析:选 D。3~6 岁是幼儿语言发展的敏感期,尤其是语音与口语发展的敏感期,因此口语交际能力的培养是幼儿语言学习的重中之重。

19. 解析:选 C。"具有健康的体态"是健康领域子领域"身心状况"的目标之一。

20. 解析:选 B。智育主要以课程形式为载体,向教育者传授系统的文化科学基本知识、技能。

21. 解析:选 C。这些词语从情感态度方面来表述发展要求。

22. 解析:选 C。"具有初步的归属感"是社会领域的目标。

23. 解析:选 B。《道德与法治》根据不同阶段学生的身心发展特点,以学生实际生活为基础,分学段按主题对内容进行科学设计。

24. 解析:选 D。"乐意与人交谈,讲话礼貌"是语言领域的目标。

25. 解析:选 A。"能运用各种感官,动手动脑,探究问题"是科学领域的目标。

26. 解析:选 B。教育目的的制定依据社会依据和人的依据。社会提出发展新质生产力,教育要服务于社会发展。既要根据社会关系现实和发展的需要,也要根据社会生产和科学技术发展的需要来制定教育目的。

27. 解析：选 D。"能主动地参与各项活动,有自信心"是社会领域的目标。
28. 解析：选 D。针对不同学段、类型学生特点,以日常生活劳动、生产劳动和服务性劳动为主要内容开展劳动教育。结合产业新业态、劳动新形态,注重选择新型服务性劳动的内容。
29. 解析：选 B。《纲要》将幼儿学习的范畴按学习领域,把教育内容相对划分为健康、语言、社会、科学、艺术五个领域。这种划分,比之前按学科的划分要宽广得多,更能体现幼儿园教育内容是全面的、启蒙的特点。
30. 解析：选 B。《儿童青少年肥胖防控实施方案》强调,要保证幼儿园幼儿每天的户外活动时间在正常的天气情况下不少于 2 小时,其中体育活动时间不少于 1 小时。

二、判断题

1. 解析：×。数学教育属于科学领域。
2. 解析：×。艺术活动是幼儿自我表达的重要方式。
3. 解析：×。语言领域要在运用的过程中发展幼儿的口头语言和书面语言。
4. 解析：√。《纲要》总则第二条说明了我国幼儿园教育的根本任务是为幼儿的一生发展打好基础。
5. 解析：×。《纲要》中的各领域"指导要点"点明了该领域教和学的特点。
6. 解析：×。小学体育的课时和教学课应占 16%～20%,中学应占 20%～30%。
7. 解析：×。五大领域的划分只是相对的,领域之间的内容要相互渗透。
8. 解析：√。《纲要》社会领域从人际交往和社会适应两方面培养幼儿的社会性。
9. 解析：√。根据一定社会的要求和受教育者品德形成的规律,把一定社会的道德规范内化为受教育者品德,使得受教育者的"知、情、意、行"逐步上升逐步整合。
10. 解析：×。幼儿园是基础教育的重要组成部分,是我国学校教育和终身教育的奠基阶段。
11. 解析：×。在义务教育阶段,要坚持德育为先,提升智育水平,加强体育美育,落实劳动教育。
12. 解析：√。《纲要》第一次明确把幼儿的早期阅读要求纳入语言领域教育目标体系,培养幼儿早期阅读的兴趣,能有意识地注意到生活中常见的简单标记和文字符号;通过阅读图书、绘画和其他多种方式,对语言文字符号感兴趣,有一定的初步前阅读、前书写技能。
13. 解析：×。在幼儿学习科学学习中,不应为追求知识和技能的掌握,对幼儿进行灌输和强化训练。幼儿学习的方式主要是通过直接感知、亲身体验和实际操作进行科学学习。
14. 解析：√。《指南》除了指导幼儿园的保教,还兼顾家庭教育指导,帮助家长树立正确的儿童观和教育观,共同促进幼儿身心的健康发展。
15. 解析：√。考察幼儿园教育目标的定义。

三、辨析题

1. 解析：观点错误。"爱护动植物,关心周围环境,亲近大自然,珍惜自然资源,有初步的环保意识"是科学领域的教育目标。

2. **解析:** 观点错误。《指南》指出,幼儿画画时,不宜提供范画,影响幼儿想象的发挥和创作的自我表达。

四、案例分析题

问题一解析: (1) 语言能力是在运用的过程中发展起来的,发展幼儿语言的关键是创设一个能使他们想说、敢说、喜欢说、有机会说并能得到积极应答的环境。

(2) 发展幼儿语言的重要途径是通过互相渗透的各领域的教育,在丰富多彩的活动中去扩展幼儿的经验,提供促进语言发展的条件。

(3) 幼儿的语言学习具有个别化的特点,教师与幼儿的个别交流、幼儿之间的自由交谈等,对幼儿语言发展具有特殊意义。

(4) 对有语言障碍的儿童要给予特别关注,要与家长和有关方面密切配合,积极地帮他们提高语言能力。

问题二解析: (1) 这三位幼儿的讲述能力不一样,他们的讲述能力和水平存在差异,幼儿A和幼儿C能够将生病、看病这一过程进行完整地讲述。幼儿B在前面一个幼儿讲述之后只是简短的交代,内容和过程并不完整。在教师的再次提示下也只是简短地回答了教师的提问。同时能够看出幼儿的经历也存在着不同,幼儿C语言表达能力很强,并且他的生病经历与他人不同,所以他讲的内容相对新颖,且他将生病、看病的整个过程较完整清晰地表达出来。

(2) 作为教师要给予每位幼儿讲述的机会,创设安全、接纳的心理安全环境。教师要看到幼儿语言能力发展的个别差异性,对于有困难、能力水平弱一些的幼儿可以给予一定的帮助,引导他们进行讲述,并给予肯定,树立幼儿的自信,让他们能够在今后继续讲,在一次次的讲述过程中渐渐提高讲述能力。

第二章　课程

第一节　课程的基本概念

一、单项选择题

1. **解析**：选 A。在我国，课程一词始见于唐宋年间。唐朝孔颖达和南宋朱熹都曾提到课程一次。
2. **解析**：选 D。课程是实现教育目标的关键手段，是决定教育质量的重要环节。
3. **解析**：选 D。巴西的弗雷尔是"课程及社会改造的过程"概念最有影响的代表人物。
4. **解析**：选 C。在《朱子全书·论学》提到课程的是朱熹。
5. **解析**：选 A。在西方，英国教育家斯宾塞在专著《什么知识最有价值》中首次引入了"课程"这一术语。
6. **解析**：选 A。课程是对育人目标、教学内容、教学活动方式的规划和设计，是教学计划、教学大纲（2001年后被课程标准取代）等诸多方面实施过程的总和。
7. **解析**：选 D。"课程及社会改造的过程"把课程看作是变革社会的良方。这夸大了教育对社会的作用，是过于天真的
8. **解析**：选 C。鲍尔斯和金蒂斯是"课程即文化再生产"的重要代表人物。
9. **解析**：选 A。杜威反对"课程是活动或预先决定的目的"这类观点。学生的经验通过活动来获得，但活动本身不是关键所在。在这里，课程被定义为学习经验。
10. **解析**：选 B。最普遍也最被大众熟知的课程类型是教学科目。把课程等同于所教科目，从我国古代的"六艺"到西方的"七艺"在历史上由来已久。
11. **解析**：选 D。ABC三项属于"课程是学习经验"的缺点，D是其优点。
12. **解析**：选 B。"课程是学习经验"也被称为经验课程、活动课程，是站在学习者的角度出发和设计的，强调学生经验最为重要，强调学生是课程的主体，强调学生的主观能动性。
13. **解析**：选 A。将课程等同于所教科目，这种课程属于"课程是教学科目"概念。
14. **解析**：选 C。在我国，"课程"一词最早见于唐代，孔颖达在注释《诗经·小雅》时提到"维护课程"。

二、判断题

1. **解析**：√。课程是实现教育目标的关键手段，有着狭义和广义之分。区分狭义与广义，主要是看教育内容指向的范围。狭义课程指具体学科，如语文、数学、英语等；广义课程则是为达学校教育目标而筛选教育内容并排入教学进程。

2. **解析**：×。最常见的课程定义是"课程即所教科目"。
3. **解析**：√。人们有关课程定义的分歧将长期存在。每一种课程定义都能体现出人们对课程的不同观点、不同的理论基础。
4. **解析**：×。课程是对育人目标、教学内容、教学活动方式的规划和设计,是教学计划、教学大纲(2001年后被课程标准取代)等诸多方面实施过程的总和。
5. **解析**：×。"课程即学习经验"试图把握学生实际学到了什么,让学生从活动反思中形成经验,在实践中很难落实。
6. **解析**：×。中国在唐宋年间出现课程一词,而西方在1859年由斯宾塞提出"课程"一词,中西方"课程"一词出现的时间不同,中国早于西方。
7. **解析**：√。每一种定义都有自己的理论基础,体现着定义者的价值取向,反映着定义者对教育的不同理解以及对教育结果的期望。
8. **解析**：×。杜威主张"课程即学习经验",弗雷尔主张"课程及社会改造的过程"。
9. **解析**：√。课程是对育人目标、教学内容、教学活动方式的规划和设计,是教学计划、教学大纲(2001年后被课程标准取代)等诸多方面实施过程的总和。
10. **解析**：×。"课程即教学科目"过于重视系统知识的传递,忽视学生的主管道行,忽视学生的心智发展、情感陶冶和创造性表现。

三、辨析题

1. **解析**：观点正确。狭义课程指具体学科,如语文、数学、英语等;广义课程则是为达学校教育目标而筛选教育内容并排入教学进程。
2. **解析**：观点错误。从某种社会文化里选择出来材料,通过教育把文化传给下一代的课程定义秉持"课程即文化再生产"的观点。

四、案例分析题

问题一解析：包括"课程即教学科目""课程即学习经验""课程即文化再生产""课程即社会改造的过程"。

问题二解析：静静的想法错误。课程定义繁多,我们应当正确认识分歧,择其善者而从之。理由有二：

(1) 每一种定义都有自己的理论基础,体现着定义者的价值取向,反映着定义者对教育的不同理解以及对教育结果的期望。

(2) 每一种课程定义都有其优点、不足,我们应当择其善者而从之。我们要看到每种类型背后看问题的角度和关注重点,它们都或多或少涉及课程的某些本质属性。每种类型都有某种合理性,也有某种局限性。我们要做的是：不是简单的肯定或否定,而是要根据自己的课程实践要求作出判断。

第二节 课程的分类

一、单项选择题

1. **解析**：选 C。校园文化属于隐性课程,以内隐、间接的方式呈现课程。

2. 解析：选 C。我国幼儿教育之父是陈鹤琴。
3. 解析：选 B。张雪门创立了"行为课程"理论。
4. 解析：选 A。我国古代的"六艺"属于学科课程。
5. 解析：选 D。综合课程对知识的统合能够克服学科课程分科过细的缺点，让知识之间互相联系、融会贯通。比如艺术、道德与品质、科学或科学教育 STEAM 课程。综合课程的代表人物是怀特海。
6. 解析：选 A。我国第八次基础教育课程改革在 2001 年启动，并持续到现在。
7. 解析：选 A。我国中小学的德育课程属于国家课程。
8. 解析：选 D。幼儿园课程具有启蒙性的特点。ABC 三项是国家课程的特点。
9. 解析：选 B。"幼儿园课程即教育活动"是一种广义意义上的幼儿园课程，将幼儿园内为儿童设置的一切教育活动都当做课程。
10. 解析：选 A。学科课程起初的理论基础是官能心理学。
11. 解析：选 A。古希腊的"七艺"和"武士七艺"属于学科课程。
12. 解析：选 D。ABC 三项是幼儿园课程实施的原则。游戏是幼儿园课程实施的常用途径。
13. 解析：选 A。"教育即生长""教育即生活"是杜威的观点。
14. 解析：选 C。直接感知、实际操作、亲身经验是为了让幼儿获得直接经验。
15. 解析：选 C。张宗麟是我国幼儿教育史上第一位男幼师，师从陈鹤琴，毕业后跟随陈鹤琴、陶行知探索中国化、平民化的幼稚教育。
16. 解析：选 C。张宗麟提出要使"幼稚教育运动转向劳苦大众的队伍里去"。
17. 解析：选 A。课程实施的忠实取向特指忠实严格地执行课程计划的过程。
18. 解析：选 B。辛德等人对于课程实施取向的分类研究受到普遍的认同。
19. 解析：选 A。1923 年，陈鹤琴在南京办的中国第一所实验幼稚园是鼓楼幼稚园。
20. 解析：选 D。1940 年抗战期间，陈鹤琴创办了我国第一所公立幼稚师范学校是江西省立实验幼稚师范学校。B 选项 1912 年，英国长老会建立厦门怀德幼稚师范学校，是教会在中国办第一所幼稚师范。C 选项福州协和幼稚师范学校是教会（美国公理会、美以美会与英国圣公会）于 1915 年举办的全国第二所幼稚师范。
21. 解析：选 B。1928 年，在教育部的主持下，陈鹤琴与若干专家共同起草了《幼稚园课程标准》，这是我国历史上第一个幼儿园教育课程标准，对提高我国早期幼儿教育的质量起到了重要的作用。
22. 解析：选 D。教学活动面向全体幼儿，是由教师组织、设计、展开的教学形式。
23. 解析：选 B。活动课程是以儿童从事某种活动的兴趣和动机为中心组织的课程。
24. 解析：选 C。心理学家认为，综合课程有助于学习者发挥迁移能力，有助于学习者掌握各门学科的要领，将所学知识、技能迁移到其他知识技能的学习中。
25. 解析：选 D。课程实施的创生取向认为，真正的课程是教师与学生共同建构的教育经验，课程实施的本质是在具体的课程情境中师生共同缔造新的教育经验。
26. 解析：选 A。陶行知批评当时害有"外国病、富贵病、花钱病"的幼稚园教育，探索平民化的幼稚教育。

27. 解析:选 D。《纲要》提到"生活"32 次,《指南》提到"生活"81 次,体现了幼儿园课程"融合于一日生活"中特点。
28. 解析:选 D。新中国成立后,受苏联分科教学影响,我国幼儿园的课程内容有体育、语言、计算、常识、美术、音乐,这是属于"课程是教学科目"的课程类型。
29. 解析:选 D。王老师上课时根据学生的实际情况对教学内容进行删减,增加一些趣味性知识。这一课程实施符合相互适应取向。相互适应取向认为课程实施过程是课程计划根据班级或学校实际情境相互调整、改变与适应的过程,在课程目标、内容、方法、组织模式等多个方面都可以相互适应,课程设计人员与课程实施者双方能够根据学校或者班级的实际情境进行有弹性的调整。
30. 解析:选 D。幼儿园课程是实现幼儿园教育目的的手段,是帮助幼儿获得有益的学习经验,以促进其身心全面和谐发展的各种活动的总和。

二、判断题
1. 解析:×。《纲要》指出:幼儿园教育以游戏为基本活动。
2. 解析:×。国家课程具有权威性和强制性的特点。
3. 解析:×。校本课程就是以学校为课程编制主体。
4. 解析:√。心理学家认为,综合课程有助于学习者发挥迁移能力,有助于学习者掌握各门学科的要领,将所学知识、技能迁移到其他知识技能的学习中。
5. 解析:√。核心课程的研制者既不主张以学科为中心,也不主张以儿童为中心,而是主张以人类社会的基本活动为中心。
6. 解析:√。《指南》指出:幼儿的学习以直接经验为主。幼儿的生活是整体的,幼儿主要是生活中通过直接经验来学习,在情境中、行动中学习的。
7. 解析:×。幼儿园课程以幼儿的直接经验为基础。
8. 解析:×。"幼儿园课程即教学科目"侧重于系统知识的教学。
9. 解析:×。学科课程的确有脱离现实、割裂知识的缺点,也有着严密的逻辑结构和系统,便于学生系统掌握某一领域的知识和技能,打好基础,有利于学生形成知识体系的优点。2024 年 8 月发布的《中共中央 国务院关于弘扬教育家精神加强新时代高素质专业化教师队伍建设的意见》对在校师范生以及在职老师都提出加强学科素养的要求。没有取缔这一说法。
10. 解析:×。课程实施的忠实取向特指忠实严格地执行课程计划的过程。该取向强调课程设计的优先性,要求提前规划好课程计划,教师只要根据事先的设计不折不扣地执行,实现预定的课程方案即为成功。
11. 解析:√。根据幼儿的年龄特点和身心发展的需要,幼儿园教育具有保育与教育合一的特点。
12. 解析:×。一日生活皆课程。幼儿从入园到离园以及整理、进餐、盥洗、午睡以及离园的生活环节跟课程有关。生活活动是幼儿园课程实施的途径之一。
13. 解析:×。相互适应取向认为课程实施过程是课程计划根据班级或学校实际情境相互调整、改变与适应的过程。

14. 解析:√。吴老师严格地执行课程计划,很好地实现预定的课程方案,运用了幼儿园课程实施的目标定向原则。
15. 解析:×。核心课程的组织方式较好地解决了学科课程和活动课程的弊端,可以避免学科本身距离生活过于遥远,又可以避免教育的随意性以致酿成概念模糊和体系混乱的后果。

三、辨析题

1. 解析:观点错误。幼儿园课程虽然是基础性课程,但不像义务教育那样具有强制性、免费性和普遍性,并不是每个适龄儿童都要上幼儿园。
2. 解析:观点错误。"幼儿园课程即教育活动"摒弃了幼儿园课程限于教学科目的狭义性,将生活活动、游戏活动与体育活动等囊括在课程的范畴中。

四、案例分析题

问题一解析:小王老师后来用了游戏的方法开展中班体育活动。游戏创设了一个有趣的情境,调动了幼儿参与的积极性,让他们乐于参与解救小兔子的活动,教学活动从枯燥混乱到井然有序。

问题二解析:《纲要》指出:幼儿园教育以游戏为基本活动。游戏是儿童的天性,使儿童在没有压力的、自主的情况下富有创造地学习,获得愉快的情感体验。

游戏对儿童的身体、智力、情感、想象、创造力等的发展都具有重要的作用。
(1)游戏能够促进儿童身体的发展;
(2)游戏能够促进儿童的认知和语言发展;
(3)游戏促进儿童情感的发展;
(4)游戏能够促进儿童社会性的发展。

要给学前儿童充足的游戏时间、良好的游戏环境与材料、充分的自主,让游戏成为儿童的"真游戏",让儿童真正体会到愉快。

第三节 课程的表现形式

一、单项选择题

1. 解析:选A。课程标准具有法定性质。
2. 解析:选C。课程目标是课程标准的核心,说明了通过这个课程学生所要达到的知识与技能、过程与方法、情感态度与价值观要求。
3. 解析:选A。教学科目的设置是课程计划的首要问题。
4. 解析:选A。课程目标部分说明通过这个课程所要达到的知识与技能、过程与方法、情感态度与价值观的三维目标。目标部分通常包括课程总目标、年龄段目标。
5. 解析:选C。课程标准是对单科课程的总体设计,它从整体上规定某门课程的性质及其在课程体系中的地位。

6. **解析**：选 D。课程标准是教材编写、教学、评估和考试命题的依据，是国家管理和评价课程的基础。

7. **解析**：选 B。课程计划体现国家对教育工作的统一要求，是组织各级各类学校教与学的基本纲领和要求，对学校的教学、生产劳动、课外活动等作出全面安排。

8. **解析**：选 A。教科书又称教材，是根据课程标准编制的、系统反映学科内容的教学用书。

9. **解析**：选 C。课程标准是有关学科教学的指导性文件，规定某个具体学科的教学目的和任务，知识的范围、深度和难度。

二、判断题

1. **解析**：√。教科书主要是由目录、课文、习题、实验、图表、注释和附录等部分构成。主体部分是课文。

2. **解析**：√。二者是自上而下的层级关系，课程标准指导教科书，教科书是课程标准的具体化，要依据课程标准编写。

3. **解析**：√。课程标准是对单科课程的总体设计，它从整体上规定某门课程的性质及其在课程体系中的地位。

4. **解析**：×。课程标准是课程计划的具体化，是对学生学习结果的描述。

5. **解析**：×。教科书一般是按学年或学期分册，再根据内容划分成单元或章节。

6. **解析**：×。课程计划由学科设置、学科顺序、课时分配、学年编制和学周安排等要素构成。

7. **解析**：×。前言部分总体介绍本课程的性质和价值，阐述基本理念，说明设计思路等。

8. **解析**：×。课程计划、课程标准和教科书是课程的表现形式。这三者的关系为自上而下的层级。

9. **解析**：√。教科书作为教学用书，对学生有着深刻的影响，所呈现的要素都要有利于学生的学习，且符合教育学、心理学、卫生学和美学的要求。否则，将成为"毒教材"。

10. **解析**：√。课程方案中规定的每门课程，一般都有相应的课程标准和教科书。在当前新课改中，改革的思想观念往往要求与之相适合的教科书。这正是教科书是课程标准具体化的体现。

三、辨析题

1. **解析**：观点正确。教科书作为教学用书，是教与学的重要依据，必须体现教法和学法的一致性。

2. **解析**：观点错误。课程的表现形式是课程计划、课程标准和教科书。

四、案例分析题

问题一解析：课程标准是有关学科教学的指导性文件，规定某个具体学科的教学目的和任务，知识的范围，深度和难度，并规定某一学习阶段的最低的、统一的、共同的要求。

教科书又称教材，是根据课程标准编制的、系统反映学科内容的教学用书。

二者之间的关系是：课程标准指导教科书，教科书是课程标准的具体化。

问题二解析：一年级《语文》教材的变化表明：教材建设已经成为我国课程改革研究的热点，内容更新体现了时代特征。

《语文》新教材是在语文新课程标准指导下编写调整的,是新课程标准的具体化,反映了对学生学习结果的描述,注重了学段衔接,更适合新入学学生的年龄特点,降低了学习难度。

《语文》新教材增加了汉语拼音单元、减少精读课文数量、删除口语交际,这使得一年级的学习内容更少、更精炼,让孩子更好地适应小学生活、做好幼小衔接。

教科书作为教学用书,是教与学的重要依据。教科书作为教学用书,是教与学的重要依据,必须体现教法和学法的一致性。一年级《语文》新教材的内容调整也减少了教师教学内容的压力,使得教师有更多的时间和精力帮助学生掌握内容。

总之,这些变化不仅执行了国家新语文课程标准,还优化了教师的教、减轻了学生的学业负担,使得一年级新生在轻松愉快的范围中逐渐适应学校生活,为后续学习打下了坚实的基础。

第三章 教学

第一节 教学概述

一、单项选择题

1. 解析：选D。学生在教学中通过间接的方式获得间接认识。教学的本质是一种特殊的认识活动。

2. 解析：选B。教学认识是间接性的认识。学生认识的对象往往是间接的，学习的主要是前人的认识结果。学生认识的方式是间接的，不是直接同事物打交道，而是通过观察、阅读等方式认识已有知识。

3. 解析：选D。"情感，正确的世界观、人生观和价值观"，都可以理解为思想性、教育性。

4. 解析：选B。教学是智育的主要渠道，但并非智育的唯一途径。将教学与智育画等号，容易窄化教学功能、智育途径。

5. 解析：选A。本题目考查教育家的教育思想，孔子的教育思想经常被考查。孔子，是古代中国教育思想的奠基者。他打破了"学在官府"的局面，开创性地进行私人讲学，他倡导"有教无类"、因材施教、启发教学，将道德教育置于教育的首位，主张学、思、行相结合等思想，并亲自编订"六经"作为教材，对古代中国的教育教学发展产生了极为深远的影响。

6. 解析：选C。苏格拉底在教学中运用"产婆术"，也就是启发法。

7. 解析：选B。著名教育家陶行知先生提出"教学"的本质含义就是"教学生学"，认为"教的法子必须要根据学的法子……先生的责任不在教，而在教学，教学生学"。

8. 解析：选B。斯金纳提出程序教学理论，程序教学的基本原理是采用连续接近法，通过设计好的程序不断强化，使学生形成教育者希望的行为模式。程序教学的原则是：① 小步子原则；② 积极反应原则；③ 自定步调原则；④ 及时反馈原则；⑤ 低错误率原则。

9. 解析：选B。布卢姆将教育目标分为认知、情感和动作技能三个领域，每一领域的目标又从低级到高级分成若干层次。他将认知领域的教育目标分为知识、领会、运用、分析、综合、评价六级。

10. 解析：选A。克伯屈作为杜威的学生，沿袭了杜威的主要教育思想，设计教学法要求废除传统的班级授课制，摒弃教科书，不受学科限制，由儿童根据自己的兴趣决定学习内容，在自己设计、自己负责的单元活动中获得有关知识和解决实际问题的能力。

二、判断题

1. 解析：×。广义的教学，指凡是以一定文化为对象，有教有学、教与学统一的活动。狭义的教学,是指以教师的教和学生的学为主要形式,通过传授知识经验,培养思想品德,对学生的身心进行多方面影响的活动。二者含义不同。

2. 解析:×。《纲要》中指出:"幼儿园的教育活动,是教师以多种形式有目的、有计划地引导幼儿生动、活泼、主动活动的教育过程。"这里错在把"主动"写为"被动"。

3. 解析:×。幼儿园的教学活动有着不同于中小学的教学活动的特点,它有自己独特的组织形式与实施的方式。但是,幼儿园同样存在教学活动。

4. 解析:×。世界上最早对教育教学思想进行系统论述的专著是《学记》。捷克夸美纽斯1632年的《大教学论》是近代第一部系统论述教育问题的专著。

5. 解析:√。学生中心模式又称为非指导性教学模式。在这个模式中,罗杰斯强调:(1)以学生为本;(2)让学生自发地学习;(3)排除对学习者自身的威胁;(4)给学生安全感。人本主义理论提倡自我激励、自我调节的学习、情感教育、真实性评定、合作学习以及开放课堂和开放学校。

6. 解析:√。亚里士多德的体、德、智、美和谐发展的教育思想有着丰富的内涵,对后世影响极大。

7. 解析:×。杜威的解决问题的"五步教学"为情境、问题、假设、推论、验证。最后一步为"验证",而非"预习"。

8. 解析:×。布鲁纳提出结构主义教学理论,布卢姆提出的是教学目标分类学。

9. 解析:×。赞科夫在《教学与发展》中提出发展性教学理论。

10. 解析:×。刘佛年主持编写的《教育学》(讨论稿)中的教学论部分,体现了教学理论的中国化。《新教育大纲》也具有开创性意义,它是我国现代历史上第一部比较系统而且全面的阐述了马克思主义教育理论的著作。

三、辨析题

1. 解析:本观点不正确。教学与教育既有相互关联之处,又存在一定区别,教学属于部分,教育属于整体。教育的概念包含教学,教学是学校开展全面发展的教育的基本途径。

2. 解析:本观点不正确。当代社会,教学过程更重视学生的亲身感受、认知体验与情感体验,而非仅仅关注结果。现代教学更关注教师创设情境,设计符合学生年龄特点的教学活动,激发学生的学习动机,让学生在学习中乐学、善学,通过自己的深度思维领悟知识与技能。

四、案例分析题

解析:(1)教学认识是学生的认识,因此教学活动必须以学生的认识水平和认识为基础。案例中以对双脚跳以学生的认知为基础。

(2)教学认识是有领导的认识,是在教师的领导之下学习的。案例中教师设置教学内容,创设了兔妈妈带着小兔子采蘑菇的情境,领导学生学习双脚跳。

(3)教学认识是教育性的认识,学生在学习知识的过程中产生情感、形成正确的世界观、人生观和价值观。案例中老师运用教学机制,让学生在愉悦的情感中学习,在认知上提升,并培养了健康的情感。

第二节 教学原则

一、单项选择题

1. 解析:选 B。"必须遵循的基本要求",指向的就是教学原则。教育目的是教育的归宿。
2. 解析:选 D。"教简单知识"反映的是科学性,"道德教育"与"个性形成",反映的是思想性,合在一起,就是科学性与思想性相结合的教学原则。
3. 解析:选 B。"差异心理学"研究人与人之间的认知、情感、社会交往方面的差异,可以让我们更好地理解人与人之间的差异,也就能更好地理解因材施教。
4. 解析:选 A。积极争取家长的支持和参与,这是成功因材施教的关键。作为幼儿园教师,要充分认识到家校合作的作用。
5. 解析:选 D。除了实物直观、电化教具直观、模象直观外,还有教师言语直观。教师利用生动的言辞、生动的描绘、通俗的比方,均可产生直观效果。
6. 解析:选 A。直观教学不能取代教师针对学生的启发、讲解、示范、训练与互动。
7. 解析:选 D。"系统性""关联性"等词语反映了整合性教学原则的要求。
8. 解析:选 B。"自觉性""学习的主人"等词语反映了主体活动性原则的要求。
9. 解析:选 D。"避免给学前儿童留下错误的初始印象"即避免科学性错误,也就是要遵循科学性原则。
10. 解析:选 A。"积极探索"反映了启发探索,因此这种说法反映的是启发探索性原则。

二、判断题

1. 解析:×。教学活动的规律是客观的,是不以人的意志为转移的,不是主观的。
2. 解析:×。要将直观与讲解结合起来,教学时不是让学生自由观察,而是在教师的指导下有目的地观察,或边听边看。
3. 解析:×。此处应为训练学生的感官,而非训练教师的感官。
4. 解析:×。根据直观性教学原则教学时,实验材料每人一份是最佳状态,退而求其次,每组一份也可以。
5. 解析:√。直观方式不是越多越好,要考虑直观教学的典型性、代表性、科学性、思想性,符合儿童发展特点。
6. 解析:×。铁杵磨成针的道理的教育,反映的是思想性的渗透,因此该案例遵循的是科学性与思想性相结合的原则,而不是主体活动性原则。
7. 解析:√。"一把钥匙开一把锁",体现的是不同的钥匙对应的是不同的锁,反映的是差异性解决问题,因此推导出因材施教。本题描述正确。
8. 解析:×。"道而弗牵,强而弗抑,开而弗达"的意思是:要引导学生,但决不牵着学生的鼻子走;要严格要求学生,但决不使学生感到压抑;要在问题开头启发学生思考,决不把最终结果端给学生。从句子含义看,反映的是启发性教学原则。
9. 解析:√。所以:所做的事情。所由:所经过的道路。所安:所安的心境。廋(sōu):隐藏、藏匿的意思。整句翻译就是：孔子说：如果考察一个人，只要看看他做事的方法和路径，观察他那么做的原因，看看他如何安顿身心。这么做的话，那个人还能隐藏什么呢？通过整理文句，可以发现这句话反映的是了解学生和研究学生，反映的是因材施教教学原则。

10. 解析：×。这句话的意思是根据学生的不同水平施教，用程度深的知识教育水平深的人，用程度浅的知识教育水平浅的人，该增的就增，该减的就减。根据学生的具体情况进行教育，反映的是因材施教的教学原则，而不是启发性教学原则。

三、辨析题

1. 解析：观点错误。教学活动不断发展，有各种不同的教学模式，每种模式都需要相应的教学原则，因此教学原则也在不断演变与发展。

2. 解析：观点错误。要避免滥用直观，一堂课能否运用直观教学方式，用多少直观的教具，应根据教学需求而定。即不应将直观视为终极目标，不应为了追求直观而过度强调直观。直观教育应精选，否则很容易分散幼儿的注意力。

四、案例分析题

解析：(1) 案例中的老师通过呈现摩天大楼的图片，引出学生对高矮概念的感知，运用了直观性的教学原则。同时，老师组织学生讨论教室中的高矮物体，也体现了直观性教学原则的运用。

(2) 案例中的老师通过提问的方式激发了学生的学习兴趣，体现了启发性教学原则。启发性原则是指在教学活动中，教师要调动学生的主动性和积极性，引导他们通过独立思考、积极探索，生动活泼地学习，自觉地掌握科学知识，提高分析问题和解决问题的能力。

第三节 教学方法

一、单项选择题

1. 解析：选C。"方式、手段和途径"等关键词指向教学方法。

2. 解析：选A。在教学过程中，运用游戏是为了服务教学目的，帮助儿童更有效地学习知识，不是单纯为游戏而游戏。

3. 解析：选D。游戏不仅仅是教师教学活动中的一环，还可贯穿整个教学过程。例如，可用于开场引入，激发儿童兴趣；亦可作为结束环节，巩固所学知识。

4. 解析：选D。"直观教学法"是让幼儿感知直接事物，"演示示范法"才能让幼儿直接感知事物，其他教学方法的主要功能不在于此。另外，"实际锻炼法"属于德育方法，不属于教学方法，二者非同一范畴。

5. 解析：选A。任何教学法的熟练运用都不容易，教师要提前备课，一般观察前需充分准备，明确目标、选择对象、制订计划。

6. 解析：选A。讲授法是与班级授课制相配套的方法，是最古老、应用最广泛的教学方法，也是幼儿园教育活动中最常见和通用的教学方式之一。

7. 解析:选 D。现实性讲述的相对概念是创造性讲述,其他选项本质上仍属于现实性讲述。
8. 解析:选 B。谈话法,也叫问答法,指借助提问、回答、讨论等方式进行教学。
9. 解析:选 B。幼儿表达能力有限,在运用情境教学法时,教师应当进行启示性解释和总结引导,帮助幼儿将感性经验概括提取。
10. 解析:选 D。在教学中,最终选择什么样的教学方法,幼儿教师要根据课程的目标、教学的内容、幼儿的年龄特点、教师自身的能力和特点等,是综合考虑的结果。
11. 解析:选 A。教师向学生展示的方法为演示法,若学生自己动手操作,则为实验法。
12. 解析:选 D。节目主讲人运用的教学方法自然是讲授法。
13. 解析:选 D。讲授法效率最高,能使学生在较短时间获得大量系统的科学知识。
14. 解析:选 A。让学生分小组观察小金鱼,体现了教师对演示法(实物展示)的运用。
15. 解析:选 B。学生自己动手操作感受颜色奥秘,属于实验法。

二、判断题

1. 解析:×。教学策略在层次上高于教学方法,教学方法是具体、详细、可操作的教学手段和方式。教学策略包含教学监控、教学反馈等,概念上要比教学方法广泛。
2. 解析:√。幼儿园与小学不同,幼儿主要通过游戏来进行学习活动。这是由幼儿的年龄特点决定的。
3. 解析:√。游戏不仅是孩子们的娱乐方式,亦为幼儿独特的学习方法,幼儿在游戏中学习。
4. 解析:×。设计教学时,教师不应过分关注孩子玩游戏,而忽略了游戏所具有的教育意义。游戏不是教学的目的。
5. 解析:√。运用观察教育法时,可以让幼儿自由观察,支持他们互相交流,教师相机指导促使他们探索问题、提出疑问。
6. 解析:×。一次领域活动可采取多种不同方法,如游戏法和观察法并用,可唤起学生无意注意,激发学生学习兴趣。
7. 解析:×。根据演示法的概念,演示的主角是教师,其他学生观看。实验操作法的操作者才是幼儿,幼儿动手实验。
8. 解析:×。运用演示法时,观察结束之际,帮助幼儿巩固知识,总结印象,提高条理化。否则,幼儿只是看了一场"秀",未达到演示教学的目的。当然,为激发幼儿的好奇心,可暂时"戛然而止",但并不能成为最好的处理方式。
9. 解析:×。谈话法教师要启发,但不能脱离幼儿经验,要和幼儿的经验相结合。
10. 解析:√。教学方法不断创新,不止于教材中所详细讲述的方法,也存在其他教学方法。发现法是以引导探究为主,就是让学生通过独立工作,自己主动发现问题、解决问题及掌握原理的一种教学方法。它是由美国心理学家布鲁纳所倡导的。
11. 解析:×。"注入式教学"是与启发式教学相对的概念。讲授法以语言讲授为主,讲授过程中也可以启发学生思考,展现教学的艺术性。好的讲授法一定不是填鸭式的,注入式的,二者不能画等号。
12. 解析:√。演示法是指教师通过展示实物、教具和示范性的实验来说明、印证某一事物和现象,使学生掌握新知识的一种教学方法。它是一种辅助性教学方法,要与讲授法、谈话法等教学方法结合使用。
13. **解析**:√。教师的教学讲解必须具有启发性。教师在讲解时的主导作用,绝不是代替学生去寻找答案,而是启发引导学生自己去思考与探索。启发性讲解的核心是调动学生学习的积极性、主动性,引导学生独立思考,发展学生的思维能力。
14. **解析**:×。教学方法具有双边性,不仅包括教的方法,也包括学生学的方法。
15. **解析**:×。运用讲授法时,决定学生学习质量的往往在于教授的讲授内容和技巧是否能吸引学生,是否能激发学生思维的动力。

三、辨析题

1. **解析**:观点错误。教学方法与教学策略有所不同。教学策略在层次上高于教学手法,教学方法是具体、详细、可操作的教学手段和方式。教学策略包含教学监控、教学反馈等,概念上要比教学方法广泛。教学实践过程中要采用什么样的方法,受教学策略的支配。
2. **解析**:观点错误。在教学过程中,运用游戏法是为了服务教学目的,帮助儿童更有效地学习知识,不能让儿童简单迷恋游戏本身。设计教学时,教师不应过分关注幼儿玩游戏,而忽略了游戏所具有的教育意义。教师既要关注游戏意义,又要关注教学意义。

四、案例分析题

1. **问题一解析**:案例中的老师主要采用了谈话法和观察法。

   问题二解析:(1) 运用谈话法要注意:
   ① 要在幼儿已有的知识经验基础上进行。
   ② 提出问题要经过深思熟虑,在教学目标指导下明确、具体、启发性,以适用于不同幼儿的需求。
   ③ 问题须合乎逻辑,引导幼儿深思。
   ④ 教导幼儿倾听问题、大声回答问题,培养幼儿思考问题和回答问题的良好习惯。

   (2) 运用观察法要注意:
   ① 观察前需充分准备,明确目标、选择对象、制订计划。
   ② 在开始观察时,教师需要明确观察目标,利用提问等形式激发幼儿的兴趣,首先让幼儿自由观察,支持他们互相交流,并促使他们探索问题、提出疑问。
   ③ 在观察过程中,教师需充分运用语言和手势引导,以幼儿的兴趣点为切入点,激发幼儿从各个角度感知并用言语描述所观察对象,帮助幼儿掌握观察方法。
   ④ 观察完结时,须概括观察印象,帮助幼儿巩固整理所得知识。

2. **问题一解析**:案例中,陆老师向小刚提出一个问题,倾听小刚的回答,这种问答形式运用了谈话法。通过谈话,陆老师引导小刚懂得"不管想要什么东西,都要通过自己的劳动去获得"的道理。

   问题二解析:
   (1)谈话法的优点:
   ① 灵活性强,能照顾到学生的个性特点。
   ② 能够较充分地激发学生的主动思维,促进学生的独立思考。
   ③ 有助于学生语言表达能力的锻炼和提高。

(2)谈话法的缺点：
① 与讲授法相比,完成同样的教学任务,它需要花费更多的时间。
② 适用面较小,当学生人数较多时,很难照顾到每一位学生。
③ 而且运用谈话法,学生必须具备一定的知识基础,这是谈话法的前提。

第四节 教学组织形式

一、单项选择题

1. 解析:选 D。由"社会结合方式"确定本题选教学组织形式。
2. 解析:选 D。个别教学制是最早的教学组织形式,班级授课制是随着机器大生产产生的,因此肯定不是最早的。
3. 解析:选 D。由"个别进行",确定选择个别教学制。
4. 解析:选 D。个别教学制,教师对学生单独进行教育,可以关注到每个学生,因此有利于因材施教。
5. 解析:选 B。个别教学往往是由教师面对单个学生,因此,教学对象有限,教学效率低下。
6. 解析:选 C。现代教学基本组织形式是班级授课制,这是随着工业时代大机器生产所产生的教学组织形式,大大提升了人才培养效率。
7. 解析:选 C。我国最早采用班级授课制,要追溯到1862年清政府在北京设立的京师同文馆(清末第一所官办外语专门学校,北京大学的前身)。
8. 解析:选 D。1632年捷克教育家夸美纽斯在《大教学论》中首次从理论上对班级授课制作了论述,奠定了理论基础。
9. 解析:选 A。班级授课制有优点,但也有缺点,所以 A 正确。B 项错在班级授课制面向班级学生,很难做到因材施教的原则,C 项中班级授课制的特点在于"班""课""时",而不是"人":第一,"班"——以班为单位,人数固定;第二,"课"——以课为单元教学;第三,"时"——每节课和中间的休息时间固定。D 项中"效率低"错误,班级授课制授课效率较高。
10. 解析:选 A。复式教学是将不同年级学生合班,教师利用不同难度教材,采用直接教学与自主作业轮换,实现跨年级教学的模式。复式教学是班级授课制的特殊形式。
11. 解析:选 B。由"赴工厂、乡村、社会现场等"字眼,推导出答案为"现场教学"。
12. 解析:选 B。单元教学法,又称设计教学法,是克伯屈所创的一种教学形式。该方法强调学生在教师指导下自主决定学习目标和内容,在设计、负责的单元活动中获取知识和能力。
13. 解析:选 C。美国柏克赫斯特在道尔顿中学创立了道尔顿制,提倡教师不再传授教材内容,而仅指定自学参考书目、布置作业,学生自学并独立完成,有问题时向教师请教,学生自主学习。因此,本题选 C。不存在"杜威制"和"克伯屈制"的说法。
14. 解析:选 C。"一对一或者一对二的形式"指向了个别教学活动。
15. 解析:选 D。在集体教育活动中,幼儿要学会服从集体,因此才能够更好地"促进幼儿学会规则和自律"。

二、判断题

1. **解析：×**。由于题目中的"组内同质,组间异质"字眼,指向小组,因此该教学组织教学方式为分组教学制。

2. **解析：√**。教学组织形式随着教学媒体、教学需要、社会生产力的发展而发展,也因教学理论的进步而不断演变。

3. **解析：×**。"全班幼儿需同步学习"的教学组织形式对应的集体教学活动,而非小组教学活动。

4. **解析：×**。"合作精神"指向小组教学活动。在小组教学活动中,学生们被分成小组参与活动,教师提供场地和材料,起到间接引导作用,促使学生自主探索、协作,也能培养幼儿的独立性和自主性。

5. **解析：×**。既能解决"班级人数多问题",又"更关注每位学生"的教学组织形式只有小组教学活动。集体教学活动难以解决关注每个学生的问题,个别教学活动无法解决"班级人数多问题"的问题。

6. **解析：×**。最早提出对班级教学进行改造的是"道尔顿制"。

7. **解析：×**。资本主义商业的发展和科学技术的进步,要求扩大教育对象、增设课程门类、提高教学效率,于是16世纪西欧古典中学(如德国的斯特拉斯堡文科中学)、17世纪初白俄罗斯和乌克兰的兄弟会学校都进行了班级教学的尝试,1632年夸美纽斯对班级授课制最早给予了理论概括和肯定。此处的"大学区制"应为改"班级授课制"。

8. **解析：×**。班级授课制是机器大生产后产生的,因此采用班级授课制的应在资本主义社会。

9. **解析：×**。班级授课制最早追求的是教育效率,所以班级授课制产生的根本原因在于更有效地实施教育。

10. **解析：×**。"专门教学"不属于教学组织形式,这种一对一的教学,在教学组织形式上被称为个别教学制。

11. **解析：×**。"学生自学和独立作用,当有疑难时才向教师请教,教师不向学生系统的讲授教材……",以上描述的是道尔顿制,特朗普制是将大班授课、小组研究和个别指导相结合,是有大班授课的。

12. **解析：×**。每种教学组织形式都有各自的优点和弊端,不存在哪种教学组织形式更优越。没有限制条件,很难说哪种教学组织形式更优越。如果限定追求效率的条件,班级授课制更优越;如果限定因材施教的条件,则个别教学制更优越。

13. **解析：×**。题目中已经限定"在传统的按年龄编班的前提下",就是在班级内再按"学生的学习能力或学习成绩的差别进行分组教学",因此属于内部分组,而不是外部分组。

14. **解析：√**。设计教学法又叫单元教学法,代表人物是克伯屈。该教学组织形式要求废除班级授课制,打破学科体系,把建立在学生兴趣和需要之上的"有目的的活动"作为教育过程的核心,并主张它是一切有效学习的根据。

15. **解析：×**。"人的发展存在个体差异"指向因材施教,班级授课制面向班级全体学生,难以做到因材施教。

三、辨析题

1. **解析:** 观点错误。道尔顿制强调"教师指定参考书,学生自主实施",特朗普制才强调将大班授课、小组研究和个别指导相结合。

2. **解析:** 观点错误。集体教学活动、小组教学活动、个别教学活动,各有利弊,没有哪一种是最适合幼儿的。教师需要依据教学目标,考量幼儿身心发展水平以及各种活动形式的优缺点,适当地灵活运用于整合集体、小组、个别活动三种教学组织形式中。

四、案例分析题

问题一解析: 案例中老师面向全体学生,因此采用的是集体教学活动,或者说是班级授课制。

问题二解析: 老师还可以采取小组教学活动,要注意:

(1) 为了避免干扰,应在不同区域安排两组学生,比如一组在操场,另一组在教室。

(2) 在内容方面应避免重复,比如一组幼儿在操场学青蛙跳,另一组幼儿在其他老师带领下学画青蛙。

(3) 保证小组活动正常交流,确保每位学生获得均等的学习机会。

(注意:此案例中还可以选择其他教学组织形式,不要选择个别教学。因为个别教学是在集体教学和分组教学活动之外的,根据教育目标以及儿童的年龄发展水平,有意识地针对在集体活动中表现得较弱的幼儿进行个别指导。本案例中没有提出幼儿需要指导的暗示条件,故不选择。)

第四章 教师

第一节 教师职业理解与教师职业资格

一、单项选择题

1. 解析:选 D。在西周时期,学校产生,专职的教师也就出现了。
2. 解析:选 A。苏联教育家加里宁首先提出教师是"人类心灵的工程师"。
3. 解析:选 D。夸美纽斯最早在《大教学论》中提出"教师的职业是太阳底下最光辉的职业"。
4. 解析:选 A。英国哲学家培根最先提出:教师是"科学知识的传播者,文明之树的栽培者,人类灵魂的设计者"。
5. 解析:选 A。与题目中的"科技、人才"能够并列的只能是"教育",这句话也是党的二十大报告中的原文,作为教育工作者应该背诵并理解其深意,在教育教学中贯彻。
6. 解析:选 A。题目中的"终身学习,不断更新自己的知识结构、能力结构"体现了现代教师的发展性。
7. 解析:选 B。资格证书是对专业性的确认。
8. 解析:选 C。"四有"好教师从不同角度对教师提出要求,体现了对现代教师高素质的要求。素质是多方面的,有学科知识上的,有价值情操上的,也有职业道德上的。
9. 解析:选 C。《中华人民共和国教师法》在法律上把"教师"界定为"履行教育教学职责的专业人员",是《教师法》,而不是《教育法》。
10. 解析:选 B。教师工作是一种专业,教育才是行业。教师工作本质上也是一种职业,但是一种专门的职业,本题特别强调"《关于教师地位的建议》",该文件提出教师工作的专业性。
11. 解析:选 C。创造性往往表现为灵活性、发散思维、超越常人等。因此,题目中的"灵活机智处理各种偶发事件""教育智慧"体现的是教师工作的创造性。
12. 解析:选 D。学生具有"向师性",会潜意识地模仿老师的言行,教师工作具有示范性,题目中的"良好榜样"主要体现的就是教师工作的示范性。
13. 解析:选 D。在全省举办的普通话水平测试中取得二级乙等成绩(中文专业为二级甲等)方可领取教师资格证书。
14. 解析:选 D。对使用假教师资格证书的,一经查实,按弄虚作假、骗取教师资格处理,5 年内不得申请认定教师资格,并由教育行政部门没收假教师资格证书。

15. **解析**:选 C。中小学教师资格实行 5 年一周期的定期注册,每个注册有效期内完成不少于国家规定的 360 个培训学时或省级教育行政部门规定的等量学分。

二、判断题

1. **解析**:√。我国古代基本是吏师制度,也有私学,但以官学为主。
2. **解析**:×。到了中世纪,西方当时主要是僧院学校、教会学校,有了新的人员承担教师角色——僧侣、神父、牧师等。
3. **解析**:×。教师承担的任务除"学科教学""班级管理""家庭教育指导"外,还在社区教育中承担一定的任务,这反映了教师的多功能性,而不是专门性。专门性指专业的任职资格、专门知识等。
4. **解析**:×。教师的专业人员身份是在国际劳工组织制定的《国际标准职业分类》中确认的,教师被列入了"专家、技术人员和有关工作者"的类别。题目中的"《关于教师地位的建议》",提出教师工作的专业性,是在理论上"提出",而非在实践中"确认"。
5. **解析**:×。教师工作的意义分为社会意义和个人意义,对国家对社会所作出的贡献是社会意义,教师通过职业获得内心的满足、回报属于个人意义。题目中侧重强调的是教师获得的"回报",因此题目主要反映的是教师工作的个人意义,而不是社会意义。
6. **解析**:×。中小学教师资格实行 5 年一周期的定期注册,而不是"3 年"。
7. **解析**:×。教师作为历史悠久的社会职业,其产生与发展变化的历程为非职业化阶段、职业化阶段、专门化阶段、专业化阶段。最后一个阶段是"专业化阶段",而不是"角色化阶段"。
8. **解析**:×。本题考查教师的教育智慧,面对教学情境中的突发情况和困难问题,教师应采用教育智慧,灵活化解问题,并对学生产生教育意义。
9. **解析**:×。本题中"教师个人的专业成长需求"不属于社会原因,而是属于个人原因。
10. **解析**:√。医生律师的专业性,世所公认,教师像医生律师一样需要获得专业资格,具备专业能力。
11. **解析**:×。教师工作具有示范性,是由学生具有"向师性",模仿教师的言行决定的。
12. **解析**:×。这句话的意思主要是学生可能会超过老师,青出于蓝而胜于蓝。"有教无类"的意思是学生不分职业、性别、贫富贵贱,教师都会向其传授知识。
13. **解析**:×。"教学有法,教无定法,贵在得法"这句话的意思是教学有一定的方法,但是没有固定的教学方法,教师要根据面对的现实情况随机应变,选择最适合的方法。"贵在得法",反映了随机应变的教育智慧,因此这句话反映了教师要具有教育智慧,答案指向教师工作的创造性。
14. **解析**:√。"教育是工业"是把学生当成没有生命的产品;"教育是农业"是把学生当成有生命的个体,尊重学生的成长性。
15. **解析**:×。教师劳动方式的示范性是全方位的,并不仅仅是道德方面的示范。教师要注重仪表和行为举止的规范,要做好学生学习的表率,还要在思想品德、遵纪守法等方面做好示范。

三、辨析题

1. **解析**:观点错误。一般来说,教师等同于教育者,但教育者除了指教师之外,也指广义上的教育者,如对人产生思想启迪、品德影响的人。因此,教师一般是指狭义意义上的,也就是用来专指学校里承担教学任务的专职教师。

2. 解析:观点正确。教师工作的本质任务就是教书育人,这是教师职业与其他职业相区分的特征之一。随着时代和社会的发展,要教授的学科知识和公民道德要求等在不断变化,因此教书育人的目标、内容和方式也随之发生变化,但教师的职责就在于教书育人,这是不变的,也是区别于其他职业的标志之一。

四、案例分析题

解析:(1) 专业性。陈老师抓住孩子对发型设计的兴趣开展绘画活动和建构活动,体现了教师的专业教学能力。

(2) 创造性。陈老师随机应变,根据现场混乱情况,提出"我也想当理发师,需要排队吗?我应该排在哪里?",提醒幼儿组织参与游戏的伙伴用排队来保持秩序。

(3) 示范性。陈老师自己要求排队,以自己的语言和行为为其他幼儿做示范。

(4) 复杂性。教育对象复杂多变,在游戏中会产生不同需求或问题,教师要面临复杂的教育场景。

第二节　教师基本素质

一、单项选择题

1. 解析:选 A。教学理念、学科知识、专业技能、专业道德、身体素质和心理素养等要素构成了教师的专业素质。

2. 解析:选 D。2012 年教育部设计并发布了各级教师专业标准,如《幼儿园教师专业标准(试行)》。

3. 解析:选 D。《幼儿园教师专业标准(试行)》是教师必备的基本素质要求,是对教师的底线要求。

4. 解析:选 A。题目中的关键词教育"观念"和教育"信念",可以统称为"教育理念",如学生观、教师观、教育观。教育观念铺就了教师职业生涯的底色。

5. 解析:选 B。了解教育对象、进行教学活动以及研究所需的教育学科知识和技能,如教育理论、心理学、教学理论、学习理论、班级管理、现代教育技术等称为条件性知识,可理解为做好教师的"条件"。

6. 解析:选 C。"引导、强化、提问、课堂管理、沟通、总结等知识"与教学实践有关,属于实践性知识。

7. 解析:选 C。题目中的关键词"能力和技能"指向"专业能力"。

8. 解析:选 A。题目中的关键词"生理表现",指向教师的"身体素质"。

9. 解析:选 A。题目中的关键词"爱国守法、爱岗敬业、关爱学生",属于道德方面的提法,因此,指向教师专业道德。

10. 解析:选 D。题目中的关键词"多元的兴趣爱好,灵活果断的工作风格,友善、亲和的个性特质"指向的不是道德层面,而是心理层面,因而答案是心理素质。

11. 解析:选 B。根据《幼儿园教师专业标准(试行)》,要制定阶段性的教育活动计划和具体活动方案。关注本句中"具体活动方案",对应的应该是"阶段性"计划。

12. 解析:选 D。根据《幼儿园教师专业标准(试行)》,幼儿园教师需使用符合幼儿年龄特点的语言进行保教工作。

13. 解析:选 C。这是《幼儿园教师专业标准(试行)》中的原文。另外,也可结合题目中的"探索、交往等实践活动"推测答案。因为题目中除了"实践活动",还有"交往",所以只能选择"直接经验"。

14. 解析:选 D。这是《幼儿园教师专业标准(试行)》中的原文。另外,也可结合题目中的"安全、舒适"分析,"秩序"才会让人觉得"安全、舒适",因此选"秩序与规则"。

15. 解析:选 C。这是《幼儿园教师专业标准(试行)》中的原文。另外,也可结合题目中的"班级常规保育和卫生工作"分析,B 项"在园卫生"不包含保育工作,D 项"游戏学习"与保育和卫生无关,A 项"饮食睡眠"范围窄化。

二、判断题

1. 解析:×。题目中的关键词"某一学科及相关知识"指向"学科",因此指向教师专业知识,而非条件性知识。

2. 解析:×。题目中的关键词"有健康的体魄、充沛的精力、旺盛的活力、有规律的生活方式和锻炼习惯",属于教师的身体素质,和心理素质有一定关联,但关联度不大。

3. 解析:√。教育部 2012 年出台了《幼儿园教师专业标准(试行)》。《幼儿园教师专业标准(试行)》是国家对幼儿园教师专业素质的基本要求,是幼儿园教师实施保教行为的基本规范,是引领幼儿园教师专业发展的基本准则,也是幼儿园教师培养、准入、培训、考核等工作的重要依据。

4. 解析:×。贯穿《幼儿园教师专业标准(试行)》的基本理念是:师德为先、幼儿为本、能力为重和终身学习。题目中把"终身学习"错写为"教书育人"。

5. 解析:×。生死攸关,是第一问题,因此,"幼儿生命安全"应放在首位。《幼儿园教师专业标准(试行)》也是这样规定的。

6. 解析:×。《幼儿园教师专业标准(试行)》中规定的"沟通与合作",除了与幼儿沟通,与同事合作交流,还有与家长的交流、协助幼儿园与社区建立合作互助的良好关系。

7. 解析:√。这是《幼儿园教师专业标准(试行)》原文中关于教师的"反思与发展"的规定,反映了对教师终身学习方面的要求。

8. 解析:×。题目中的"探索和研究"的意思更侧重于幼儿园教师要将自己定位为教育研究者,要终身学习,因此,本句描述反映的是"终身学习"的理念,而不是"师德为本"。

9. 解析:×。《幼儿园教师专业标准(试行)》中规定:掌握不同年龄幼儿身心发展特点、规律和促进幼儿全面发展的策略与方法。教师虽然每年只教一个年龄段的幼儿,但要考虑到不同年龄阶段教学的衔接,因此,要掌握不同年龄幼儿身心发展的规律和特点。

10. 解析:×。根据《幼儿园教师专业标准(试行)》,幼儿教师要了解中国教育基本情况。题目中增加了"世界教育基本情况",属于扩展范围。《幼儿园教师专业标准(试行)》是入门级标准,并未要求幼儿园教师要了解世界教育基本情况。

三、辨析题

1. **解析**：观点错误。《幼儿园教师专业标准（试行）》规定：了解0～6岁婴幼儿保教和幼小衔接的有关知识与基本方法。幼儿园教师要有系统的教育观念，要将幼儿发展放到前后衔接的系统里面看。除了掌握3～6岁的保教知识外，还需掌握0～3岁和幼小有效衔接的保教知识和方法。此外，幼儿园教师除了掌握保教知识，还需掌握保教方法。

2. **解析**：观点错误。《幼儿园教师专业标准（试行）》重视幼儿园教师的反思与自主专业发展能力，强调幼儿园教师要具有不断进行专业化学习、实践、反思和提高的意识与能力。《幼儿园教师专业标准（试行）》是对教师提出的要求，而非对教育行政部门。

四、案例分析题

解析：优点：(1)在教育活动的设计和实施中能够体现趣味性、综合性和生活化，灵活运用了回忆、讲述、拼摆、绘画等各种组织形式和适宜的教育方式。

(2)教师能够提供更多的操作探索、交流合作、表达表现的机会，支持和促进幼儿主动学习。

不足：在教育活动中观察幼儿，根据幼儿的表现和需要调整活动方面还有所欠缺。

第三节　教师角色

一、单项选择题

1. **解析**：选D。教师职业最显著特征在于其角色的多元化。教师承担多种职业角色。

2. **解析**：选A。题目中"认真对待教学内容，将知识转化为个人认知结构的一部分"并未强调设计，而是强调"将知识转化为个人认知结构的一部分"，因此选学习者和研究者。

3. **解析**：选D。题目中的关键词为"情绪和态度"，指向"心理"，因此选"学生心理的培育者"。

4. **解析**：选A。题目中的关键词"亲密伙伴""平等相待"，指向"朋友的角色"这个答案。

5. **解析**：选C。题目中的教师是"学生所认知的对象"，可知学生会观察、思考教师的言行，加以模仿，因此教师成了"学生学习的榜样"。

6. **解析**：选D。《纲要》指出："教师应成为幼儿学习活动的支持者、合作者、引导者。""支持者、合作者、引导者"三个角色有一定的层递性，首先支持幼儿学习活动，其次与幼儿合作开展活动，最后在活动中教师发挥主导作用，引导幼儿发展。

7. **解析**：选C。"度德而师之"的意思是：衡量（一个人的）德行能否服人，然后向其学习。这说明教师在教育教学工作中应扮演好示范者的角色，成为学生学习和模仿的榜样，因此本题选"示范者角色"。

8. **解析**：选A。"传道、授业、解惑"中，"传道"是教师的首要任务，是教师工作的目的和方向，"授业、解惑"是教师进行"传道"的过程和手段。

9. **解析**：选A。本题考查的是新课程改革下的教师观。新课改背景下的教师角色应该是教育教学的研究者、课程的建设者和开发者、社区型的开放教师、学生学习的促进者。题干中关键词"小组研讨会",指向了教学研究,共同研讨,因此选"教育教学的研究者"。

二、判断题

1. 解析：√。教师要接受学校的管理,同时也有参与学校民主管理的权利。《中华人民共和国教师法》第七条也赋予教师参与学校的民主管理的权利。

2. 解析：×。教师是幼儿活动的支持者,一是提供情感上的支持,二是提供活动时间和空间上的支持。

3. 解析：√。随着社会信息化程度不断提高,教育环境变得更加多元化,幼儿的学习资源也更加丰富,包括书籍、电视节目,甚至网络。在这种情况下,幼儿教师不再是幼儿唯一的知识来源。

4. 解析：×。教师要扮演的角色是多元的,除了教学设计者外,还有学习者和研究者、学生的示范者、学校的管理者等角色。

5. 解析：×。从题目中的关键词"电子教材",可知此题描述更关注的是教师开发教材开发课程的能力,因此题干体现的应是课程的建设者和开发者。

6. 解析：×。教学中教师是主导,学生是主体,教师要关注学生的学习状态调整教学,坚持以学生为中心。题干中的教师不管幼儿是否理解的行为是错误的,"教师在教学中的中心地位"的提法更是错误的。

7. 解析：×。题干中的"提出了一个具有挑战性的问题,引导幼儿思考并解决",反映的是教师对幼儿学习的促进,而非对幼儿身心发展规律的研究。

8. 解析：√。题干中的关键词"一起分担痛苦与忧伤、分享欢乐与幸福"反映了朋友之间的分担与分享,"在学习、生活、人生等多方面的指导"为干扰说法。因此,本题选A。

9. 解析：×。第一句"幼儿园教师主要是从事保教工作"是正确的,但教师有多重角色,除了扮演传道授业解惑者的角色外,还有研究者的角色。教师不能只当教书匠,更要研究教学,要有当教育家的抱负。

10. 解析：√。关于教师角色的提法有很多,但很少用"协调者"的说法,更多地将"协调与家长的关系,协调家长与幼儿园的关系"归结为"合作者""管理者"的角色。

三、辨析题

1. 解析：观点正确。教师的职责是教书育人,教师要对教育活动进行教学设计,并组织实施。

2. 解析：观点错误。教师是学生发展的促进者,教师和学生的关系不是像猫和老鼠那样对立的关系,而应该是教学相长、互相促进的关系。比较恰当的比喻应该是教师和学生的关系,像导游与游客的关系。

四、案例分析题

解析：(1) 教师职业角色的"不变"：

① "传道者""授业、解惑者"角色。教师的根本任务依然是教书育人。

② "示范者"角色。在教育活动中,教师的言行举止依然是学生学习和模仿的榜样。

③ "朋友、知己"的角色。在人工智能时代,教师要教好学生,依然需要做到热爱、关心学

生,理解学生。

此外,教师在教育教学过程中依然扮演着"教育教学活动的设计者、组织者和管理者"角色以及"研究者""学习者"和"学者"的角色。

(2)教师职业角色的"变化":教师需要转变单纯的知识传授者角色,成为学生学习的促进者。教师要从教知识转变为教能力,教思维。同时,教师不仅要培养学生的各种能力,还要成为学生人生的引路人。

第四节 教师的专业发展

一、单项选择题
1. 解析:选 A。题目中的关键词"教师群体的专业发展"强调"教师群体",而非个人,因此不包括教师专业的"自我"建构。
2. 解析:选 A。题目中的"影响教师的工作态度、教育行为方式,进而直接影响教学效果",应该是和态度、行为、教学效果都有关系的,"知识""能力""思想",基本只能产生单一因素影响。而"专业自我"是指教师在工作中创造并展现适合自身兴趣、能力和个性的独特教学方式,以及在职业生涯中积累的知识、理念、价值观和教学风格的总和。因此,选项中只有专业自我才能影响教师的工作态度、教育行为方式,进而直接影响教学效果。
3. 解析:选 B。福勒和布朗将教师专业发展阶段分为"关注生存、关注情境、关注学生"三个阶段。
4. 解析:选 A。福勒和布朗的教师专业发展阶段的第一个阶段是"关注生存",也就是作为新教师关注能否"生存"下来,关注"同事们如何看我""领导是否觉得我干得不错"。
5. 解析:选 B。关注"如何备好课、上好课、提高学生成绩",不再担心学生是否喜欢自己、校长和同事怎样看自己的老师,已经进入到关注"情境"阶段。
6. 解析:选 D。能否自觉关注学生是衡量一个教师是否成熟的重要标志之一,是教师是否进入"关注学生"阶段的标志之一。
7. 解析:选 A。福勒和布朗将教师专业发展阶段分为"关注生存、关注情境、关注学生"三个阶段。因此,最低阶段为关注生存阶段。
8. 解析:选 D。福勒和布朗将教师专业发展阶段分为"关注生存、关注情境、关注学生"三个阶段。因此,最高阶段为关注学生阶段。
9. 解析:选 C。叶澜"自我更新"取向的教师专业发展的阶段论,将教师专业发展分为 5 个阶段:非关注阶段、虚拟关注阶段、生存关注阶段、任务关注阶段、自我更新关注阶段。
10. 解析:选 A。叶澜"自我更新"取向的教师专业发展的阶段论,将教师专业发展分为 5 个阶段:非关注阶段、虚拟关注阶段、生存关注阶段、任务关注阶段、自我更新关注阶段。最初阶段是非关注阶段,是教师进入正式教师教育之前的阶段。
11. 解析:选 D。叶澜"自我更新"取向的教师专业发展阶段论,将教师专业发展分为 5 个阶段:非关注阶段、虚拟关注阶段、生存关注阶段、任务关注阶段、自我更新关注阶段。最高阶段是自我更新关注阶段,该阶段教师以专业发展为指向,有意识地自我规划,谋求最大限度的自我发展。

12. 解析:选C。按照叶澜"自我更新"取向的教师专业发展阶段论,虚拟关注阶段的专业发展的主体——师范生的身份是学生,因此这一阶段也被称为教学前关注阶段。

13. 解析:选A。任何教育改革,最后都要通过一线教师才能实施,因此,教师的专业发展是教育改革的原动力。

14. 解析:选D。教师专业发展可从三个方面进行:理智取向、实践反思取向和文化生态取向。文化生态取向强调教师专业成长不单单取决于个人努力,更在于依托"教学文化"或"教师文化"为其工作赋予意义、支持和认同身份。

15. 解析:选B。师范教育是教师个人职业发展的起点与基础,教师通过师范教育形成教师的基本素质。

二、判断题

1. 解析:×。教师专业发展并非与教龄成正比,还与培养培训、教师自身的努力有关,因此题目中的说法错误。

2. 解析:√。专业自我指教师在工作中创造并展现适合自身兴趣、能力和个性的独特教学方式,以及在职业生涯中积累的知识、理念、价值观和教学风格的总和。教师专业自我构建具体包含以下几个方面:① 对自身形象的正确认知;② 积极的个人体验;③ 正确的事业动机;④ 对工作状况的满意程度;⑤ 对理想职业生涯的明晰构想;⑥ 对未来工作前景的高期许;⑦ 持有独特的教育哲学和教学方法。题干中列举了前三项,自然属于教师专业自我的构建部分。

3. 解析:×。福勒和布朗将教师专业发展阶段分为"关注生存、关注情境、关注学生"三个阶段。最后一个阶段是"关注学生",而不是"关注自身"。

4. 解析:√。教师专业发展影响教师的教学效能感、胜任感,教师的专业发展水平越好,他自身的幸福感也就越强。因此,题干表述正确。

5. 解析:×。教师作为学生成长道路上的引路人,其专业素养和能力的不断提升,直接影响着学生的学习效果和未来发展。另外,从"保障"一词来看,一般从外部保障,学生发展的根本保障不会在于学生内部,而学生的主观能动性属于内部要素。综上,本观点不正确。

6. 解析:×。教师专业发展是指教师在整个专业生涯中,依托专业组织、专门的培养制度和管理制度,通过持续的专业教育,习得教育教学专业技能,形成专业理想、专业道德和专业能力,从而实现专业自主的过程。教师的专业发展是一个长期的过程。取得教师资格证只能说明教师拥有了从事教师职业的资格,而不能说明教师已经达到了专业化水平,完成了专业发展。

7. 解析:×。题干中的关键词"能够关注学生整体发展",指向了教师专业发展阶段中的自我更新关注阶段。该阶段的教师不再受外部评价或职业升迁的牵制,自觉依照教师发展的一般路线和自己目前的发展条件,有意识地进行自我规划,以谋求最大限度的自我发展,关注学生的整体发展,积累了比较科学的个人实践知识。

8. 解析:×。根据叶澜教授的关于教师发展的五阶段理论,"我怎么样才能行",关注的是"我怎样才能将教学任务完成",而不是有意识地自我规划,以谋求最大限度的自我发展。二者之间有重要区别。因此,"我怎么样才能行"的关键词指向该阶段的教师处于任务关注阶段,而不是自我更新阶段。

9. 解析:×。新任教师关注"我能行吗",也就是在职业生涯中能否生存下来,站稳脚跟,因此处于生存关注阶段。

10. 解析:√。题干中的"不受外部评价或职业升迁的牵制,依据教师发展的路线和个人实践进行规划的教师"表明教师不再受"生存"和外在任务的限制,处于自我更新关注阶段。因此,此观点正确。

11. 解析:√。取得教师资格证,是取得进入教师行业的准入证,是进入教师行业的最低标准,而教师专业发展是一个过程,存在不同层次。教师专业发展水平不是随教龄的增加而提高的,二者并不存在正比关系。有的新教师专业发展水平就已经很高,而得过且过、不思进取的教师可能直到退休仍处于教师专业发展的低端水平。

12. 解析:×。师范教育即通常说的教师职前教育,是教师个体专业发展的起点和基础。自我教育即专业化的自我建构,是教师个体专业化发展的最直接、最普遍的途径,是专业理想、专业情感、专业技能、专业风格形成的关键。

13. 解析:×。费斯勒的教师生涯循环论将教师的发展分为八个阶段,这些阶段反映了教师在职业生涯中的不同发展时期和挑战。包括:① 职前教育阶段:教师职业生涯的起点,涉及教师的预备教育和专业培训。② 引导阶段:教师刚开始教学时的适应期,学习如何将理论知识应用于实际教学。③ 能力形成阶段:教师通过实践不断提升教学能力,形成自己的教学风格。④ 热心成长阶段:教师充满热情,积极探索新的教学方法和策略,以提高教学效果。⑤ 职业挫折阶段:教师可能会遇到职业上的挑战和困难,需要调整心态和策略。⑥ 稳定和停滞阶段:教师在职业上水平达到稳定状态,但可能缺乏进一步发展的动力。⑦ 生涯低落阶段:教师可能会经历职业倦怠,需要寻找新的动力和目标。⑧ 生涯退出阶段:这是教师职业生涯的终点,涉及教师决定结束教学职业生涯的过程。因此,费斯勒的教师生涯循环论最后一个阶段是生涯退出阶段。

14. 解析:×。"忧愁学生成绩"的教师,处于教师专业发展的"关注情境"阶段;"思考教材是否适合学生的基础"的教师,已经能自觉关注学生基础,处于"关注学生"阶段。因此,两位教师处于不同的教师专业发展阶段。类似的还有可能出现王老师总担心学生不喜欢自己,该教师处于"关注生存"阶段。

三、辨析题

1. 解析:观点错误。专业自我指教师在工作中创造并展现适合自身兴趣、能力和个性的独特教学方式,以及在职业生涯中积累的知识、理念、价值观和教学风格的总和。事物发展受内因和外因的双重影响。教师专业自我的形成是教师在与外界环境互动的过程中逐渐塑造的。题目中的说法不全面。

2. 解析：观点正确。学校的凝聚力、向心力和向上力量都离不开教师的关键作用。教师的力量源于其自身的发展。当教师的工作变得枯燥乏味，教师日复一日地重复上课、批改作业时，教师会逐渐失去教学热情，学校也将失去活力和凝聚力。

四、案例分析题

问题一解析：张老师处于任务关注阶段。案例中张老师纠结"自己如何安排教学时间，如何更好地呈现上课知识"，关注教学，处于任务关注阶段。

问题二解析：张老师经过师范教育、新教师入职辅导，这些都是教师专业发展的重要途径。拜师和园本教研属于同伴互助、在职培训的途径。"阅读各种前沿教育理论"，属于教师的自我教育。

第五节 教师职业道德

一、单项选择题

1. 解析：选D。题干中的"行为准则和道德品质要求"，指向教师职业道德。

2. 解析：选A。先有教师职业信念，才有教师职业情感、教师职业行为、教师职业作风。因此，教师职业道德修养的核心问题是确立坚定的职业信念。

3. 解析：选B。教师职业道德规范的核心是爱与责任。这是教师"职业道德规范的核心"，所有的规范都是"爱与责任"衍生出来的。

4. 解析：选A。教师的天职是教书育人，在教授知识的过程中培养人的道德品质。因此本题选A。

5. 解析：选D。教师职业道德对教师工作有促进功能，对教育对象有教育功能，对社会文明有示范功能，对教师修养有引导功能。从题干来分析，教师职业道德是一种外在规范，对于教师个人的修养也会有"评价功能""教育功能"，但更多的是引领教师不断修养自身的职业道德。因此，此处应选"引导功能"。

6. 解析：选B。题干中为"爱国守法"，ACD均为爱国守法的内容，B项在"爱国守法"的语境下，"依教育理念执教"有误，并且与其后表述"符合《宪法》中规定的义务"也没有联系。因此，此处的"依教育理念执教"应为依法执教。

7. 解析：选B。教师职业的本质要求是爱岗敬业。此表述要与教师的天职区分开。

8. 解析：选B。"忠诚于人民教育事业，志存高远"对应"爱岗"，"勤恳敬业，甘为人梯，乐于奉献"对应"敬业"。因此，答案为爱岗敬业。

9. 解析：选A。题干中"履行教师职责"，看似"爱岗敬业"，但这句话的完整表述为"依法履行教师职责"，强调"依法"，因此该句表述反映了"爱国守法"的要求。

10. 解析：选C。有了爱就有了一切。"关爱学生"是维系师生关系的基本原则。教师职业道德的灵魂是关爱学生。
11. 解析:选 C。教师职业具有示范性,因此教师职业的内在要求是为人师表,也就是教师要注意自己的一言一行,给学生以正面的示范。
12. 解析:选 D。教师专业发展,由内因和外因产生影响。而内在的自发主动的终身学习,形成了教师专业发展的动力。
13. 解析:选 D。题干中的"拓宽知识视野,潜心钻研业务""勇于探索创新,不断提高专业素养和教育教学水平",指向不断学习与创新,因此,整个题干反映了教师职业道德规范要求中的终身学习。
14. 解析:选 D。天职,就是职业本身要担负的职责。正如医生的天职是救死扶伤,军人的天职是保家卫国,教师的天职就是教书育人。

二、判断题

1. 解析:√。基于教育工作在社会发展中的重要作用和教师职业的示范作用,社会大众对教师的整体素质要求往往高于其他行业从业者。
2. 解析:×。教师职业道德对教师工作的促进功能是教师职业道德最基本的社会作用。
3. 解析:×。进行道德修养肯定是朝最高层次努力。所以教师进行人格修养最好的策略是取法乎上。因此原题干表述错误。
4. 解析:×。题干中几乎每个短句都提到学生,因此题目描述体现的教师职业道德规范是关爱学生,而不是爱岗敬业。
5. 解析:√。"无一事而不学,无一时而不学,无一处而不学"的意思就是时时处处事事都要学习,因此题目描述体现的教师职业道德规范是终身学习。
6. 解析:×。"动人以言者,其感不深;动人以行者,其应必速",这句话反映的是身教重于言教,因此,这句话体现了教师职业道德规范中的为人师表。
7. 解析:×。"捧着一颗心来,不带半根草去"反映了教师对教育事业的无私奉献、志存高远,因此,这句话反映了教师职业道德规范中的爱岗敬业。
8. 解析:×。家长不是教师的"助教",二者是合作关系,共同把孩子教育好。因此这样的提法错误。
9. 解析:×。教师需要为人师表,最重要的原因是给学生示范,因此,是由学生——教师工作对象决定的。
10. 解析:×。教师工作的对象是学生,因此教师公正的核心是对学生公正。
11. 解析:×。"其身正,不令而行;其身不正,虽令不从",反映的是教师的言行正派与否会影响学生执行与否,因此这句话提醒教师要为人师表,而不是要有明确的指令。
12. 解析:√。教师职业规范中的为人师表明确要求:"自觉抵制有偿家教,不利用职务之便谋取私利。"教师要为人师表,与家长建立良好的关系,不能"有偿家教",应该廉洁从教。"有偿家教"违反了教师职业道德规范。
13. 解析:×。道德行为是检验一个人道德水平的标准。反思确实很重要,但更重要的是

"实践"。因此,教师的师德修养,只有在"实践"中才能得到不断的充实、提高和完善。

14. 解析:×。教师要依法执教。《义务教育法》规定,教师不能体罚或者变相体罚学生,不能侮辱学生的人格尊严。但题干中的"严厉批评犯错误的学生",不属于上述行为,属于正常的教育行为。但教师在批评教育学生的过程中,要控制好自己的情绪,以免冲动导致体罚或者变相体罚学生。

15. 解析:×。教书育人要求遵循教育规律,实施素质教育;循循善诱,诲人不倦,因材施教,并没有"严格依照教材教学"的要求。此外,新课改理念要求教师"用教材教",而不是"教教材"。教师要将教材作为教学资源,但不能照抄照搬教材。

三、辨析题

1. 解析:观点正确。教师职业道德是指在教育工作中,教师应遵循的行为准则和道德品质要求,是调和师生、社会等关系时必须遵循的基本道德规范和行为标准。教师职业道德是道德中的一种,教师既要符合一般性的道德要求,也要符合作为教师应具备的道德要求。因此,道德和教师职业道德是共性和个性的关系。

2. 解析:观点错误。教师职业道德规范中的"为人师表"要求:坚守高尚情操,知荣明耻,严于律己,以身作则;衣着得体,语言规范,举止文明;关心集体,团结协作,尊重同事,尊重家长;作风正派,廉洁奉公;自觉抵制有偿家教,不利用职务之便谋取私利。"穿着打扮"等外在之美只是师表美中的"衣着得体",此外,"为人师表"还有言语规范、严于律己等要求。

四、案例分析题

问题一解析:(1) 教书育人:陈老师认真解答幼儿的问题,循循善诱,诲人不倦。

(2) 关爱学生:面对课堂上反应稍微迟钝的幼儿,陈老师不讽刺、挖苦,而是告诉其他幼儿要懂得尊重别人。

问题二解析:(1) 陈老师完全按照教学设计进行教授,没有根据教学实际及时对教授内容和形式进行调整。他应根据幼儿的表现及时调整自己的教学设计,不能忽略学生的反应,学生是教学的主体。

(2) 陈老师的耐心讲解是正确的,但他评价幼儿"听讲要专心"是错误的。学生的智力倾向不同,知识基础不同,接受水平不同,因此对教师的讲授有听不懂的地方完全是正常的。教师认为学生有疑问就是上课没有专心听讲,显然是武断的结论。陈老师应充分肯定该学生的求知积极性,鼓励其他学生向其学习敢于提问的精神。

第五章 班级管理

第一节 班级管理的内容(略)

第二节 班级管理的原则(略)

第三节 班级管理的方法

一、单项选择题

1. 解析:选D。学前教育机构班级管理中最重要的和最直接的管理对象是学前儿童。在班级中,学前儿童是主体,教师起着主导作用。
2. 解析:选A。生活管理是保育工作的主要内容,是学前教育工作的前提。它构成了班级管理的基础,也是顺利进行班级管理和教育教学的必要条件。
3. 解析:选D。社会功能是指班级对社会发展所起的作用。具体包括:服务家长,指导家长科学育儿;服务基础教育,为终身教育奠基。
4. 解析:选B。教育管理是班级保教人员最经常和基本的管理工作,又是幼儿园各项管理工作的中心部分。教育管理是托幼园所管理水平的反映,是衡量托幼园所保教工作成果的显性标准。
5. 解析:选D。高效性原则是指教师进行班级管理时,要求以最少的人力、物力和时间,尽可能地使幼儿获得更多、更全面、更好的发展,使班级呈现更健康的面貌。
6. 解析:选B。运用整体性原则应注意合理安排时间、空间等要素的管理。
7. 解析:选C。班级管理的参与性原则是指教师在管理学前儿童的过程中要以多种形式参与到儿童活动中,同时要引导儿童这一主体参与到管理中来。在活动中民主、平等地对待儿童,与儿童共同活动。
8. 解析:A。规则引导法是班级管理中最直接最常用的方法,是指用规则引导学前儿童的言行,使其与班集体活动方向和要求保持一致,朝着班级管理既定的目标健康发展。
9. 解析:选B。情感沟通法的实施要求之一是,教师对学前儿童进行移情训练。鼓励学前儿童尝试从别人的角度看问题,学会与人沟通交往,并能从他人的困境中产生助人等亲社会行为。

10. 解析:选 D。榜样激励法是指通过树立榜样并引导幼儿学习榜样以规范幼儿行为,从而达成管理目的的方法。题目中,小王老师请从来不迟到的小朋友分享经验,对于其他爱迟到的幼儿来说起到了榜样作用。

二、判断题

1. 解析:×。人、财、物、时间、空间、信息是班级管理的重要因素。
2. 解析:√。生活功能是幼儿园班级的最基本功能,也是与其他教育阶段班级功能的区别。具体包括一日生活引导功能、身体锻炼功能、习惯养成功能、卫生保健功能。
3. 解析:×。班级管理有利于形成共同的舆论和价值观,其潜移默化地影响着学前儿童的行为和态度,这体现了班级的社会性发展功能。
4. 解析:×。学前儿童在教师的指导下,逐渐掌握人际交往的技巧,有利于学前儿童社会性的发展,这体现了班级的社会性发展功能。
5. 解析:×。整体性原则是指班级管理应该是面向全体学前儿童,并涉及班内所有管理要素的管理。
6. 解析:×。在班级管理过程中,教师要让学前儿童参与进来,调动他们参与班级管理的积极性,引导儿童进行自主管理,在参与的过程中提高他们的自我管理能力与交际能力。
7. 解析:√。高效性原则是指教师进行班级管理时,要求以最少的人力、物力和时间,尽可能地使幼儿获得更多、更全面、更好的发展,使班级呈现更健康的面貌。
8. 解析:×。保教人员对学前儿童要尽量使用多种适宜的身体语言动作。例如,微笑、点头、轻拍肩膀等。
9. 解析:√。榜样激励法是指通过树立榜样并引导幼儿学习榜样以规范幼儿行为,从而达成管理目的的方法。
10. 解析:×。目标应难易适中,具有可操作性,目标过高或过低都无法吸引学前儿童的注意力。

三、辨析题

1. 解析:此观点不正确。生活功能是幼儿园班级的最基本功能,也是与其他教育阶段班级功能的区别。具体包括一日生活引导功能、身体锻炼功能、习惯养成功能、卫生保健功能。
2. 解析:此观点不正确。班级管理工作应注意长远目标与短期目标相结合。长远目标保证班级管理活动方向正确,但长远目标较为抽象,所以还需制定可操作性强的短期目标,才能起到良好的效果。

四、案例分析

问题一解析:教师的做法合理。

问题二解析:具体分析如下:

(1)教师遵循了班级管理的整体性原则。教师应注重集体管理与个体管理相结合。材料中,教师处理了小女孩眼睛里的液体,体现了个体管理,同时利用这个契机给全班孩子们讲解安全知识,体现了集体管理。

(2)教师遵循了班级管理的主体性原则。材料中,教师引导幼儿讨论下次遇到这类事情的时候应该怎么做，提升儿童进行自主管理的意识和能力，体现了教师充分发挥幼儿在班级管理中的主体性。

（3）教师遵循了班级管理的参与性原则。参与性原则是指教师在管理学前儿童的过程中要以多种形式参与到儿童活动中，同时要引导儿童这一主体参与到管理中来。体现在：教师为提高学前儿童的安全意识，参与到儿童的活动中，和他们一起讨论，开设各种区域活动角。

第四节　幼儿园环境的创设

一、单项选择题

1. 解析：选 A。物质环境是指包括幼儿园建筑活动场地、各项设施设备、教学器材、玩具学具、环境布置、空间布置及绿化等有形的东西。
2. 解析：选 D。遵循师幼共创原则，一是教师可以根据幼儿的年龄特点、能力水平，让学前儿童不同程度地参与协商、确定主题、材料和分工。二是在学前儿童参与过程中，教师应扮演观察者、支持者和引导者的角色，当孩子遇到困难时，及时给予指导和帮助。
3. 解析：选 B。环境创设应符合安全性原则，月季花多刺，不宜在幼儿园种植。
4. 解析：选 D。遵循师幼共创原则，一是教师可以根据幼儿的年龄特点、能力水平，让学前儿童不同程度地参与协商、确定主题、材料和分工。二是在学前儿童参与过程中，教师应扮演观察者、支持者和引导者的角色，当孩子遇到困难时，及时给予指导和帮助。
5. 解析：选 C。足够的空间是在室内开展各种活动的必要条件。过于拥挤的环境可能会增加学前儿童的攻击性行为，减少其社会性交往。
6. 解析：选 B。幼儿园环境创设要遵循安全性原则，如幼儿园建筑及其附属设备（电线、开关、插座、餐具等）、活动场地、活动材料等应符合卫生标准和安全标准。物质环境的安全是保障学前儿童人身安全的基础。
7. 解析：选 B。活动环境主要是通过材料的投放来布置完成。

二、判断题

1. 解析：×。师幼关系是促进儿童发展的最重要的因素。
2. 解析：×。在考虑安全、卫生的前提下，室外场地要充分体现绿化、美化和自然化。
3. 解析：√。教师对学前儿童要尽量使用多种适宜的身体语言动作，例如，微笑、点头、肯定性手势、抚摸等。
4. 解析：×。广义的幼儿园环境是指幼儿园教育赖以进行的一切条件的总和，它包括幼儿园内部小环境，又包括园外的家庭、社会、自然、文化等大环境。
5. 解析：×。幼儿园的环境首先是幼儿的环境，只有幼儿自己参与创设的环境，才是幼儿最认同、最关心、也是最喜欢的环境。
6. 解析：√。参与性原则也就是师幼共创的原则，在环境创设时鼓励学前儿童参与其中。
7. 解析：√。落实可变性原则，环境随着季节、节日、幼儿园学习的主题的变化而变化。

三、辨析题

解析：家长的观点不正确。虽然幼儿园物质环境对学前儿童发展起着非常重要的作用，但是幼儿园园长、教师的观念和专业知识技能等精神环境对学前儿童的影响更为深远。

四、案例分析

解析：教师的做法，违背了经济性原则、师幼共创性原则、有利于操作原则。

（1）违背了经济性原则。经济性原则是指创设幼儿园环境应考虑不同的地区、不同园所的实际情况，做到因地制宜，贯彻经济性原则要做到少花钱，多办事。材料中，"幼儿园在创设物质环境时，购买大量高价的成品玩具，追求高档，教师花费大量心血布置五彩缤纷的墙饰"明显违背了这一原则。

（2）违背了师幼共创性原则。师幼共创性原则指在环境创设过程中儿童和教师共同合作、共同参与。环境创设的过程应该是一个积极的教育过程。材料中，"面对这些高档材料，教师时刻提醒儿童注意爱护，甚至很多时候不让儿童操作这些材料，只是有人来参观时，才拿出来让儿童操作"违背了师幼共创性原则。

（3）违背了有利于操作原则。教师所布置的环境，应根据儿童的不同年龄特征为其提供可操作性的环境。材料中，"这种高档的环境一旦布置之后，整个学期，甚至整个学年基本不会改变。此外，有的幼儿园小、中、大班环境布置非常雷同"就违背这一原则。

第六章　学前儿童卫生保健

第一节　学前儿童心理特点及卫生保健

一、单项选择题

1. **解析**：选 A。肝脏是人体最大的消化腺。学前儿童肝脏相对较大。学前儿童糖原贮存较少，受饿容易发生低血糖。学前儿童肝细胞和肝功能不成熟，肝脏的解毒能力较差。
2. **解析**：选 A。泌尿系统包括肾脏、输尿管、膀胱和尿道。肾脏是主要的泌尿器官。
3. **解析**：选 D。血细胞分为红细胞、白细胞和血小板三种。红细胞能运输氧气和二氧化碳，白细胞能吞噬病菌，血小板具有止血和凝血的功能。
4. **解析**：选 D。胃呈水平位置是婴儿容易溢奶的主要原因。
5. **解析**：选 A。学前儿童肺的特点是肺组织发育尚未完善，肺泡数量少，肺弹力组织发育较差，气体交换面积不足。A 错在"数量多"。
6. **解析**：选 A。学前儿童皮肤调节体温的能力较差，易患感冒。
7. **解析**：选 A。保护学前儿童皮肤最重要的方法就是保持皮肤的清洁，应教育学前儿童养成爱清洁的习惯。
8. **解析**：选 B。B 选项错在"多于"，应是"清醒时脑垂体分泌的生长激素少于睡眠时的分泌量"。
9. **解析**：选 C。弹弓存在安全隐患，不宜提供给幼儿玩耍。
10. **解析**：选 B。幼儿咽鼓管既短又粗，倾斜度小，当咽、喉、鼻腔感染时，易引起中耳炎。
11. **解析**：选 C。C 选项"穿紧身衣"，会阻碍血液循环。所以是错误的。
12. **解析**：选 D。幼儿身体各系统发育不平衡，发育最早的是神经系统，最晚的是生殖系统。
13. **解析**：选 B。胸腺既是一个淋巴器官，也是一个内分泌器官。胸腺与机体的免疫功能有密切关系。幼年时期如果胸腺发育不全，会影响机体的免疫功能。
14. **解析**：选 B。A 选项"冬天注意头部保暖"属于"保护耳朵"，避免损伤"的措施；B 选项"教幼儿擤鼻涕"是"预防中耳炎"的措施；C 选项，不宜躺着喝水；D 选项"减少环境噪声"目的是发展学前儿童听力。
15. **解析**：选 D。学前儿童生殖器官发育缓慢，处于幼稚状态，进入青春期，在内分泌激素的影响下，内、外生殖器官迅速发育。
16. **解析**：选 C。长时间地看近距离物体，会使睫状肌过度紧张而疲劳，晶状体凸度加大，可发生调节性近视，又称假性近视。调节性近视若不及时矫治，则会发展为轴性近视，又称真性近视。

17. 解析：选 B。学前儿童血管比成人短，血液在体内循环一周所需时间短，对幼儿生长发育和消除疲劳都有良好的作用。
18. 解析：选 D。学前儿童鼻腔窄小，鼻毛较少，不能阻挡灰尘和细菌，所以容易堵塞患上呼吸道感染。
19. 解析：选 A。幼儿骨骼较软，脊柱尚未定型，不正确的坐、立、行姿势容易导致脊柱变形。
20. 解析：选 D。甲状腺功能不足时，人体代谢缓慢，体温偏低，畏寒，或出现神经兴奋性降低，反应迟钝，智力低下，嗜睡等症状。如果同时骨骼生长发育缓慢，身体矮小，耳聋，性功能不成熟，这样的病称"呆小症"。

二、判断题

1. 解析：×。中枢神经系统包括脑和脊髓。
2. 解析：×。呼吸道与消化道共同的通道是咽。
3. 解析：×。饭后宜轻微活动，不宜立即午睡，最好组织学前儿童散步 15～20 分钟再入睡。
4. 解析：×。学前儿童血液中血浆含水较多，含凝血物质较少，因此幼儿出血时血液凝固较慢。
5. 解析：√。循环系统包括血液循环系统和淋巴系统。人体各个器官、组织和细胞需要不断地得到氧气和营养物质，并将其产生的代谢产物（如二氧化碳和代谢废物）不断地排出体外，这就离不开循环系统。
6. 解析：√。不要让学前儿童长时间憋尿。长时间憋尿不仅难以及时清除身体的废物，还容易发生尿道感染。
7. 解析：×。错在"温水"，应是"冷水"。
8. 解析：×。错在"不能"，孩子手腕负重能力较差，避免让他们拎较重的物品或长时间做手的精细动作。
9. 解析：√。学前儿童乳牙因牙釉质薄，牙本质松脆，易生龋齿。同时，乳牙钙化程度低，耐酸性能差，所吃食物软、黏稠、糖分高，易产酸，加之学前儿童睡眠时间长，口腔较多处于静止状态，唾液分泌少，自洁能力差，易患龋齿。
10. 解析：√。组织学前儿童一日活动时，要注意动静交替，劳逸结合，避免学前儿童长时间过度紧张，保持心脏的正常功能。同时，引导学前儿童养成按时睡眠的好习惯，减轻心脏的负担。
11. 解析：×。学前儿童呼吸表浅，每次呼吸量比成人少，呼吸频率快。
12. 解析：×。学前儿童肠壁肌肉组织和弹性组织发育较差，肠蠕动能力比成人弱。
13. 解析：√。学前儿童的唾液腺在出生时已形成，但唾液腺分泌唾液少，口腔较干燥。3～6 个月唾液腺发育完善，出现"生理性流涎"。
14. 解析：×。错在"用钢制的耳匙给幼儿掏耵聍"，禁止用锐利的工具为幼儿挖耳。
15. 解析：×。学前儿童淋巴系统发育较快，淋巴结防御和保护功能比较显著，表现在幼年时期常有淋巴结肿大的现象。
16. 解析：×。学前儿童胰腺还很不发达，极易受炎热天气及各种疾病影响而被抑制，最终导致消化不良。

17. 解析：√。窄小的衣服会影响血液的流动和养料、氧气的供给。因此,学前儿童的衣服应宽大舒适,以保证血液循环的畅通。
18. 解析：×。学前儿童自主神经发育不完善,交感神经兴奋性强,副交感神经兴奋性较弱。
19. 解析：×。左脑半球主要通过语言和逻辑来表达内心世界,负责理解文学语言、数学计算、逻辑分析、阅读书写等。右脑半球主要通过情感和形象来表达内心世界,负责鉴赏绘画,欣赏音乐,欣赏自然风光,凭直觉观察事物,把握整体等。
20. 解析：√。学前儿童循环系统的卫生保健之一是避免神经受刺激。因为过度或突然的神经刺激,会影响学前儿童的心脏和血管的正常功能。因此,应为学前儿童提供轻松、和谐的生活环境,避免神经受刺激。

三、辨析题

1. 解析：此观点不正确。乳牙存在时间虽短,却是儿童的主要咀嚼器官,它对消化和营养的吸收有重要作用。对刺激颌骨的正常发育和诱导恒牙的正常萌出及发育等作用重大。
2. 解析：此观点不正确。学前期是形成性别角色、发展健康的性心理的关键期,保教人员可以对学前儿童开展科学的、系统化的性教育,引导他们合理认识性别,提高自我保护意识,防范性侵害。

四、案例分析题

问题一解析：张老师的做法不对。

（1）给孩子们选择难度大的曲目是错误的,会影响幼儿声带。

（2）每天要求学前儿童练唱 1 小时是错的,时间太长。

（3）提出谁唱得大声就奖励小礼物是错误的,大声唱歌会导致学前儿童声带受损。

（4）有的孩子唱得声音嘶哑,张老师也鼓励他们继续练习是错误的,会加重对孩子声带的伤害。

问题二解析：（1）选择适合的歌曲和朗读材料,每句不要太长,音调不要过高或过低。

（2）组织学前儿童唱歌和朗诵的过程中要适当安排休息,以防声带疲劳。

（3）要避免学前儿童大声唱歌或喊叫,鼓励他们用自然优美的声音唱歌说话。

（4）教学前儿童听到过大的声音时捂耳或张口。

（5）当学前儿童咽部有炎症时应减少其发音。

第二节　学前儿童的营养与膳食卫生

一、单项选择题

1. 解析：选 B。人体失水 10% 会产生酸中毒,失水 20% 以上即可危及生命。
2. 解析：选 A。幼儿严重缺钙,不仅会造成发育迟缓,牙齿不整齐,易患龋齿,严重的还会引起手足搐搦症或佝偻病,及成年后易患骨质疏松。
3. 解析：选 A。保护内脏、神经、血管。脂肪可以保护内脏免受撞击伤害。脂肪还能增加食物美味,让人具有较强的饱食感。

4. 解析:选 B。脂溶性维生素有维生素 A、维生素 D、维生素 E、维生素 K 等,水溶性维生素有 B 族维生素、维生素 C 等。

5. 解析:选 A。谷类粮食皮中含维生素 B_1 最丰富,所以淘米过程中容易损失。

6. 解析:选 B。脂肪的生理功能:① 供给热能;② 构成身体组织;③ 良好溶剂;④ 保持体温;⑤ 保护内脏及神经、血管。

7. 解析:选 C。当学前儿童拒绝吃某种食物时,不能硬塞硬喂,可在膳食配置上进行加工,使他们乐于接受。

8. 解析:选 A。蛋白质的生理功能包括:① 构成组织;② 调节生理功能;③ 增强抵抗力;④ 供给热能;⑤ 人体内多种物质的运输、体液酸碱度的调节、遗传信息的传递等都与蛋白质有密切关系。

9. 解析:选 C。患有脚气病是因为体内缺乏维生素 B_1,谷类粮食皮中含维生素 B_1 最丰富,粗杂粮中的 B_1 比精细粮含量多,也比精米含量多。

10. 解析:选 A。绿叶蔬菜、豆类中含有少量的铁,奶类含铁量低。

11. 解析:选 A。铁是人体极为重要的微量元素之一,是合成血红蛋白的主要成分。

12. 解析:选 A。糖类是人体最主要、最经济的供能物质,在体内能迅速分解成葡萄糖,葡萄糖氧化提供能量,供机体利用。

13. 解析:选 C。"生长发育所需"是学前儿童所特有的需要,生长发育越快,能量需要越多。

14. 解析:选 B。必需氨基酸是指体内不能自行合成,必须由食物供给的氨基酸,成人有 8 种,学前儿童有 9 种。

15. 解析:选 D。碘是人体必需的微量元素之一,是合成甲状腺激素的主要原料,能促进物质和能量代谢、促进学前儿童的生长发育。

16. 解析:选 A。维生素 A 缺乏,可患夜盲症。还可引起干眼病,严重者会造成失眠。皮肤干燥、粗糙,毛发干脆易脱落,也容易患呼吸道感染。

17. 解析:选 B。在学前儿童的膳食配置中,要满足学前儿童营养需要,达到营养均衡,每日食物中所含的蛋白质、脂肪、糖类三大营养素之间的比例应恰当,分别占总热量的 12%～15%,25%～30% 和 55%～60%。动物性蛋白质及豆类蛋白质不少于每日所需蛋白质总量的 50%。

18. 解析:选 A。锌的生理功能包括:① 促进生长发育,促进创伤的愈合;② 促进性器官发育;③ 增强消化系统功能,锌能使人保持正常味觉,促进食欲;④ 增强免疫功能;⑤ 促进皮肤健康;⑥ 锌对保持头发健康也有重要作用。

二、判断题

1. 解析:√。1 岁以内的婴儿膳食次数从 10～12 次/天逐渐向 7～8 次/天过渡,1～3 岁学前儿童 5～6 次/天,3～6 岁学前儿童 4～5 次/天。

2. 解析:√。孕妇缺碘,造成胎儿缺碘,可致死胎、早产及先天畸形,或造成出生后的"克汀病",也称"呆小症",引起的严重后果是智残。婴幼儿食物中如长期缺碘会引起甲状腺肿大。

3. 解析：√。钙的生理功能包括：① 构成牙齿和骨骼的主要成分；② 维持神经、肌肉的兴奋性；③ 参与血凝过程，是血液凝固的要素；④ 参与机体能量代谢和激活酶。

4. 解析：√。婴幼儿缺锌会表现为厌食、味觉降低，经常发生口腔炎及口腔溃疡，还会导致生长发育迟缓，皮肤发黄，脱发等，严重的会患异食癖，及缺锌性侏儒综合征。

5. 解析：×。平衡膳食是指膳食中所含的营养素种类齐全、数量充足、比例恰当。且膳食中供给的营养素与机体的需要保持平衡。

6. 解析：×。营养是指机体摄取、消化、吸收和利用食物的整个过程，不是营养素。

7. 解析：√。无机盐与学前儿童生长发育密切相关，年龄越小，越易缺乏，学前儿童较易缺乏的四种无机盐包括钙、铁、锌和碘。

8. 解析：×。毛细血管脆弱，牙龈出血，皮下出血，就可能是缺少维生素C。

9. 解析：√。脂肪过多，会引起学前儿童消化不良、食欲不振，还可导致肥胖，动脉硬化、心脏和循环系统疾病。所以保护动脉健康，要从幼儿期开始，少吃含胆固醇过多的脂肪类食物。

10. 解析：√。饮食中摄入的铁不足或生长发育较快的婴幼儿，可发生缺铁性贫血，面色苍白，乏力，影响婴幼儿体格及智力的发育。

11. 解析：×。合理营养包括：①含有机体所需的一切营养素和热量，且比例适当；②食物易消化并能促进食欲；③不含对机体有害的物质；④按时、有规律地定量摄入食物。

12. 解析：√。维生素C主要来源于新鲜水果与蔬菜。柑橘、山楂、鲜枣、柚子、番茄、白菜及深色蔬菜中（如韭菜、菠菜、青椒）的含量较丰富。

13. 解析：√。冬季适当增加脂肪量，春末夏初要补充维生素D和钙等，夏季多选用清淡爽口的食品，秋季要及时补足热量和各种维生素等。

14. 解析：×。胡萝卜中的胡萝卜素是脂溶性的，需要溶解于油脂中才能被人体吸收利用，所以胡萝卜有油脂。

15. 解析：×。幼儿所需的营养素相对成人较多。

16. 解析：√。糖类的生理功能之一是维持内脏和神经等的正常功能。心脏的活动主要靠葡萄糖和糖原供给能量。血糖是神经系统能量的唯一来源，血糖过低会引起昏迷、休克，甚至死亡。

17. 解析：×。动物脂肪中的鱼类脂肪和多数的植物油脂，所含不饱和脂肪酸较多，所以，不容易造成人体动脉硬化，属比较健康的食品。

18. 解析：×。铁是属于在人体内含量极少的无机盐。

19. 解析：√。脂肪是良好溶剂，提供脂溶性维生素，并促进脂溶性维生素的吸收。脂溶性维生素包括胡萝卜素和维生素A、维生素D、维生素E、维生素K。

20. 解析：×。蛋白质的特殊动力作用为最大。

三、辨析题

1. 解析：此观点不正确。营养是指机体摄取、消化、吸收和利用食物的整个过程，也可用来表示食物中营养素含量的多少和质量的好坏。

2. 解析：此观点不正确。维生素是维持人体正常生命活动必不可少的一类营养素，需要量甚微。它们不能在体内合成，必须由食物供给。

四、案例分析题

问题一解析：艳艳这份早餐配置不科学。

在案例中，艳艳妈妈准备的早餐是鸡蛋和牛奶，不能满足孩子的营养需要。主要表现在：

(1) 主副食搭配不合理，品种不够多样。早餐只有鸡蛋和牛奶，缺乏主食，种类单调。

(2) 食物中所含的营养素比例不恰当。尽管牛奶和鸡蛋中蛋白质、脂肪含量丰富，但缺乏碳水化合物和维生素，营养素比例不恰当。

(3) 动植物食品不平衡。对于幼儿来说，既不能偏食动物性食品，又不能偏食植物性食品，要达到两者进食平衡。早餐是鸡蛋和牛奶，缺乏植物性食品。

(4) 缺乏豆类蛋白质。

问题二解析：建议如下：

(1) 满足幼儿营养的需要，主副食搭配合理，提供多种多样的食物。

(2) 食物中所含的营养素比例应恰当，安排以蛋、奶为主的早餐时，还要注意补充富含碳水化合物、维生素等食物。

(3) 动植物食品平衡，适当增加蔬菜水果等。

(4) 膳食要能促进幼儿食欲，帮助幼儿消化。准备的食物，应多样化，色香味良好，促进幼儿的食欲，同时，烹调时做到细、碎、软，易于消化。

（其他答案，言之有理酌情给分。）

第三节　学前儿童常见疾病及预防

一、单项选择题

1. **解析**：选D。根据龋洞的深浅和龋洞距牙髓的远近可将其分为五度：Ⅰ度龋无自我感觉；Ⅱ度龋对冷、热、酸、甜刺激有过敏反应，出现疼痛感；Ⅲ度龋反应较为明显；Ⅳ度龋即牙本质深层龋，并伴有牙髓发炎，可出现剧烈疼痛和肿胀等症状；Ⅴ度龋为残根。

2. **解析**：选A。肥胖儿最关键的是要改变饮食习惯。控制高糖、高脂食物，多吃含纤维素多、较清淡的食物．

3. **解析**：选D。传染病的基本特征包括有病原体、传染性与流行性、病程发展具有一定的规律性、免疫性。

4. **解析**：选C。腹泻的原因(1)生理原因。学前儿童消化器官发育不够完善和消化功能较弱。(2)多由喂养不当引起。(3)感染因素。分肠道感染和肠道外感染两大类。

5. **解析**：选A。小儿肺炎典型症状表现在发烧、咳嗽、气喘，肺部细湿啰音，随着病情的加重，患者出现口唇青紫、面色发灰、呼吸困难、精神状态差等症状，甚至抽风、昏迷、心功能不全等，更严重的还会导致死亡。

6. **解析**：选C。小儿肺炎是学前儿童最常见的一种呼吸道疾病，对学前儿童影响较大，是这一时期导致儿童死亡的主要原因之一。

7. 解析：选 B。"少食多动"是肥胖的病因。
8. 解析：选 B。病原体是指能使人感染疾病的微生物,多数传染病的病原体是病毒。这个特征是传染病和非传染病的根本区别所在。
9. 解析：选 C。A 选项错误,因为流行性腮腺炎传播途径主要为空气飞沫、接触、母婴传播。B 选项,避免给患儿吃酸的食物。D 选项,流行性腮腺炎无红色丘疹。
10. 解析：选 D。传染源、传播途径和易感人群构成了传染病发生和流行的三个基本环节,它们相互依赖、相互联系,缺少其中任何一个环节,传染病都不会流行。
11. 解析：选 B。手足口病是一种由肠道病毒感染引起的传染病,此病 5 岁以下儿童多发,其中以 4 岁及以下年龄组发病率最高。
12. 解析：选 D。急性出血性结膜炎潜伏期为 1~3 日,可单眼发病,也可两眼同时发病。眼结膜充血,有异物感或烧灼感及轻度怕光、流泪。
13. 解析：选 A。空气飞沫传播是呼吸道传染病的主要传播途径。病原体随着病人或携带者说话、咳嗽、打喷嚏、吐痰等产生的飞沫散布到空气中,他人一旦吸入即可受到感染。
14. 解析：选 C。水痘病初 1~2 天有低烧,后出现皮疹,皮疹特点为向心性,先见于躯干、头皮,渐延及脸面、四肢。数小时或一日后转为"露珠"状水疱。
15. 解析：选 B。夏季环境高温闷热,学前儿童出汗多,大量的汗液不易蒸发,使皮肤表皮浸软,若皮肤上堆积污垢,将阻塞汗腺口,发生痱子。

二、判断题

1. 解析：×。不要让腹泻学前儿童挨饿,少食多餐,烹调宜软、碎、烂。
2. 解析：×。有些传染病痊愈后可获得终身免疫,如麻疹;而有的如流感,则免疫时间很短。
3. 解析：√。易感人群是指容易受这种传染病传染的人群。人群中某种传染病的易感患者越多,则发生传染病流行的可能性就越大。
4. 解析：√。牙齿排列不齐。牙齿排列不整齐,牙缝过大,易使食物残渣和细菌存留,且不易刷净。
5. 解析：√。对水痘患儿要注意皮肤、指甲清洁。勤剪指甲,避免抓破皮肤引起感染。
6. 解析：×。预防龋齿的措施之一是"多吃粗糙、硬质和含纤维质的食物"。
7. 解析：×。前驱期的患者已具有传染性。
8. 解析：×。流行性感冒简称"流感",此病传染性强,四季均可流行,以冬春季居多。其流行特点是突然发病,迅速蔓延,患者众多,但流行过程较短。病后免疫力不持久。
9. 解析：×。病毒性结膜炎,眼分泌物多为水样,角膜可因细小白点混浊影响视力,或引起同侧耳前淋巴结肿大,有压痛。
10. 解析：√。手足口病患儿是主要传染源。其传播途径主要为饮食传播、空气飞沫传播和接触传播。患者的水疱液、咽分泌物及粪便中均可带病毒。
11. 解析：×。学前儿童吸入二手烟,会引起中耳炎,情况严重时会使中耳炎患者造成永久性耳聋。
12. 解析：√。维生素 C 丰富的食物,可以促进对铁的吸收。

13. 解析:√。维生素 D 缺乏性佝偻病的病因包括:日光照射不足;喂养不当;生长过快;疾病和药物影响,维生素 D 和钙、磷吸收障碍;母亲妊娠期维生素 D 不足等。
14. 解析:×。传染病是由病原体(细菌、病毒、寄生虫等)侵入机体引起的,并能够在人群,人与动物之间传播的疾病。
15. 解析:×。腹泻可造成学前儿童营养不良,影响生长发育,甚至危及生命,成人应慎重对待。

三、辨析题

1. 解析:此观点不正确。水痘是一种常见的病情较轻的呼吸道传染病。水痘的传染性极强,多发生于冬春两季,病后终身免疫。
2. 解析:此观点正确。小儿肺炎的护理措施包括:(1)保持室内空气新鲜,温湿度适宜。(2)卧床休息,减少活动,穿衣盖被适宜。(3)注意体温,保持呼吸通畅,多饮水。(4)饮食有营养,清淡、易消化,避开致痰食物,保证充足的维生素。(5)密切观察患儿的病情,防止病情加重引发并发症。

四、案例分析题

问题一解析:依据豆豆的症状,他可能得的是流行性感冒。材料中,豆豆额头有点发烫,喉咙痛,全身乏力,冷战,眼里有血丝等,均是流行性感冒的症状。

问题二解析:(1)在家长来接豆豆之前,老师的护理措施:

① 高热时让豆豆卧床休息;
② 居室要有阳光,空气新鲜;
③ 睡眠充足;
④ 多喝开水;
⑤ 饮食有营养,易消化;
⑥ 对高热患儿应适当降温,采用物理降温或药物降温。材料中,豆豆体温 39℃,为高热,需要及时降温,对幼儿来说,最好的降温方法是物理降温。

(2)流行性感冒的预防措施:

① 增强机体的抵抗力,加强体育锻炼;
② 让学前儿童多晒太阳,多进行户外活动;
③ 衣着要适宜,及时给学前儿童添减衣服;
④ 冬春季不去或少去拥挤的公共场所,避免感染;
⑤ 居室要定期消毒,保持空气新鲜;
⑥ 对患儿进行隔离。

第四节　学前儿童意外事故的预防和急救

一、单项选择题

1. 解析:选 A。割伤的处理方法是先用干净纱布按压止血,再用碘酒消毒伤口,敷上消毒纱布,用绷带包扎。
2. 解析:选 B。滴眼药前,一定要先核对药名,防止用错药。
3. 解析:选 B。活体昆虫进入外耳道,可用灯光诱其爬出,如不成功可滴入油类,将其淹死,再行取出。用力晃动脑部不能将昆虫取出。
4. 解析:选 D。宠物咬伤的第一步处理方法是立即、就地、彻底清洗伤口。一是要快,分秒必争;二是要彻底;三是伤口不可包扎。
5. 解析:选 D。幼儿烫伤以后,急救的第一步是用流动的水不断冲洗伤处,进行冷却处理。
6. 解析:选 C。虫、沙子入眼后,可将其眼睑翻出,用干净手绢或棉签轻轻擦去异物。
7. 解析:选 C。A 选项,学前儿童的体温比成人略高。B 选项,3 岁以下不可采用红外线耳温计。D 选项学前儿童测体温应在学前儿童进食半小时以后,安静状态下进行。
8. 解析:选 A。晕厥的处理方法是让学前儿童平卧,头部略低,脚略高于头,松开衣领、腰带,经短时间休息后,即可恢复正常。
9. 解析:选 C。刺伤后要将淤血挤出。
10. 解析:选 B。由于黄蜂毒液呈碱性,可用食醋涂抹。
11. 解析:选 A。骨折处理的原则是使断骨不再刺伤周围组织,不使骨折再加重,这种处理叫"固定"。
12. 解析:选 A。呼吸骤停采用人工呼吸,心跳骤停采用胸外心脏按压,交替进行心肺复苏急救。
13. 解析:选 A。捏鼻止血,即用拇指和食指捏住鼻翼 5 分钟,压迫止血,这种做法对鼻腔前部出血作用最好。
14. 解析:选 B。学前儿童因关节附近韧带较松,在过度牵拉、负重的情况下,极易引起脱臼。学前儿童常见的脱臼包括肩关节脱臼和桡骨小头半脱位。
15. 解析:选 C。滴鼻药后保持原姿势 3~5 分钟。

二、判断题

1. 解析:×。支气管异物以右侧多见。继发感染后,可出现发热、全身不适等症状。
2. 解析:√。催吐是简便而有效的方法。让幼儿喝大量清水,刺激幼儿咽部,引起呕吐,反复 2~3 次。
3. 解析:√。骨折可分为闭合性骨折和开放性骨折两种。闭合性骨折,骨折处皮肤不破裂,与外界不相通;开放性骨折,骨折处皮肤破裂,与外界相通。
4. 解析:×。对于不易取出的异物,应去医院处理,以免损伤外耳道及鼓膜。
5. 解析:×。乌青以后,马上揉,会增加出血量和疼痛。
6. 解析:√。对 2~3 岁以后的幼儿,应鼓励他们自己吃药,不要把药掺在饭菜里,以免影响药效。
7. 解析:√。挤伤如果无破损,先用水冲洗,进行冷敷,减轻痛苦。疼痛难忍时,将受伤手指高举过心脏,缓解痛苦。
8. 解析:√。当学前儿童触电,应以最快速度,用适当的方法,脱离电源。如关闭电门,用干燥的木棍、竹片拨开电线。在患儿脱离电源前,避免直接拖拉。

9. 解析：×。通过心肺复苏术，幼儿能自主呼吸了，应立即送往医院抢救。
10. 解析：√。防止幼儿异物入体，晨检做到四查，不能让幼儿将危险物品带入幼儿园。
11. 解析：×。为幼儿滴眼药水时，应将药液滴在幼儿下眼皮上。
12. 解析：√。针对眼外伤，教师在做急救处理后，要争分夺秒就近送医。
13. 解析：×。可用镊子小心取出，不可采用硬吞食物的方法，强使异物下咽，这样会把异物推向深处，一旦扎破大血管就很危险。
14. 解析：×。幼儿发生严重摔伤时，不能用绳索、帆布等担架抬救患儿，以免加重骨折，可用木板抬。
15. 解析：×。冷敷时，如果发现幼儿打寒战或面色苍白，应停止冷敷。

三、辨析题

1. 解析：此观点不正确。学前儿童气管、支气管异物，自然咳出率仅1%～4%，用拍背的方式拍出异物成功率也不高。一旦发现学前儿童气管、支气管内有异物，应立即送医院急救。

2. 解析：此观点不正确。止血时，让学前儿童头稍向倾。如果仰头，血液流入咽部，可引起恶心呕吐。另外，若仰头不能观察鼻子的出血量，虽然从鼻孔流出的血减少，但很可能是较大量出血。

四、案例分析题

问题一解析：该教师的处理方法不恰当。

理由：涂抹牙膏不仅不能使幼儿皮肤表面降温，反而会使创面受感染。

问题二解析：正确的处理办法：

（1）打开自来水开关，让流动的水不断冲洗伤处，进行冷却处理，防止烫伤范围继续扩大。

（2）若是隔着衣服，先要用冷水使烫伤处冷却20～30分钟，然后剪开衣服，再脱下来，在烫伤处涂抹"红花油""獾油"等油剂，并保持创面的清洁。

（3）对烫伤面积较大的幼儿，应立即将湿衣服脱掉。用干净被单将伤者包裹起来，送医院治疗。

第五节　托幼园所的卫生保健制度

一、单项选择题

1. 解析：选A。学前儿童以右侧睡和平睡为宜，不蒙头睡，用鼻呼吸。教师要仔细观察，发现学前儿童的不良睡姿和异常行为，应及时纠正。

2. 解析：选C。成人歌曲不适合幼儿的音域特点，不适合幼儿演唱，容易让幼儿声带疲劳。

3. 解析：选C。幼儿进餐时桌面、地面和衣服要保持清洁，不掉饭、漏饭、撒饭，不用衣袖擦嘴。

4. 解析：选C。掌握正确的刷牙方法：上下刷，里外刷，每个牙齿都刷到，尽量刷3分钟；漱口时用力鼓水,反复几次,将水吐掉。

5. 解析:选 C。小班幼儿年龄较小,自己料理大小便和穿脱裤子有一定难度。中大班的幼儿应学会自己料理大小便和穿、脱裤子。

6. 解析:选 D。良好的睡眠环境要求保持安静,教师在幼儿午睡时说话会影响幼儿。

7. 解析:选 C。儿童读物要定期在阳光下翻晒消毒,时间为 3~6 小时。或用紫外灯消毒。

8. 解析:选 A。幼儿一日的主要生活环节有晨检、进餐、睡眠、如厕、喝水、集中教学活动、户外活动、来园和离园等内容,各环节都有一定的卫生要求。

9. 解析:选 A。小班孩子年龄小,注意力集中时间较短,一节课时长 10~15 分钟为宜。

10. 解析:选 A。接送幼儿,除了凭接送卡外,还应是幼儿的监护人,如果代接,需监护人同意,幼儿确认。

11. 解析:选 D。如厕的卫生要求包括:指导中大班学前儿童,学会自己料理大小便和穿、脱裤子。

12. 解析:选 A。引导学前儿童掌握正确的洗手方法:先用流动水淋湿手,再用肥皂或洗手液将手心、手背、手指甲、手指缝反复搓至少 1 分钟,再用流动水冲洗。

13. 解析:选 A。看电视时幼儿被动接受电视给予的信息,不利于创造力的发展。长时间看电视、玩游戏、刷短视频有害幼儿健康。家长和幼儿园要相互配合,规定幼儿所看电视的时间和内容,保护幼儿的视力。

14. 解析:选 C。户外游戏时,幼儿能接受空气中的温度、湿度、气流的刺激和阳光照射,促进新陈代谢,增进健康。

15. 解析:选 A。佝偻病即维生素 D 缺乏性佝偻病,是由于婴幼儿、儿童、青少年体内维生素 D 不足,引起钙、磷代谢紊乱,产生的一种以骨骼病变为特征的全身、慢性、营养性疾病。晒太阳能促进幼儿体内维生素 D 与钙、磷的结合,预防和治疗佝偻病。

二、判断题

1. 解析:×。三岁以上幼儿提倡用蹲式厕所。

2. 解析:×。不一样,教学活动时间长短由幼儿的年龄决定。幼儿年龄越小,教学活动时间越短。

3. 解析:×。三浴锻炼是指空气浴、水浴和日光浴。

4. 解析:√。日光浴时,学前儿童身体尽量裸露,要注意保护眼睛。

5. 解析:√。体格锻炼要循序渐进,运动量和运动项目要适合学前儿童的年龄特点,对个别体弱学前儿童要给予特殊照顾。

6. 解析:×。幼儿入园前的健康检查只在一个月内有效。

7. 解析:×。全日观察的重点是幼儿的食欲状况、精神状况、大小便情况、睡眠情况、体温情况等。

8. 解析:√。学前儿童入园前的健康检查通常是在所在地的妇幼卫生保健院所进行,健康检查结果只在 1 个月内有效。离园时间较长的学前儿童(1 个月以上),再入园时必须重新体检。

9. 解析:×。不提倡幼儿手背在后面听课。

10. **解析**：×。为了预防万一,教师还需到厕所、卧室巡视一遍,确定没有幼儿留下时再锁门。
11. **解析**：×。婴幼儿喝水是幼儿园一日生活环节中非常重要的事情,保教人员上下午都要组织一次集体饮水,提醒并允许幼儿随时喝水。
12. **解析**：×。在正常天气下,幼儿每天坚持2小时以上户外活动,并加强冬季锻炼。
13. **解析**：√。幼儿园一般1~2周开展一次娱乐活动,每学期至少开展一次大型节日活动。
14. **解析**：×。"二摸"是指摸幼儿的额部,了解体温是否正常,摸幼儿颈部淋巴结及腮腺有无肿大。
15. **解析**：√。注意保持学前儿童的愉快情绪。安排学前儿童游戏角色时要考虑学前儿童不同的性格。

三、辨析题

1. **解析**：此观点不正确。晨检中的四查是指检查学前儿童是否携带不安全物品到幼儿园来,一旦发现问题及时处理。
2. **解析**：此观点不正确。进餐中不进行说教,保教人员此时不处理班级或学前儿童发生的问题,以免影响学前儿童食欲和情绪。

四、案例分析题

解析：(1)陈老师的做法不对,表现在：
① 活动前没有组织幼儿喝水,导致幼儿在活动中口渴。
② 明明喝水时,没有及时提醒明明遵守规则,不洒水。
③ 当明明把水洒得满地都是时,没有正面引导幼儿。
④ 幼儿口渴时,不允许幼儿喝水,这一做法也是错误的。
(2)喝水的卫生要求：
① 上下午各组织一次集体饮水,提醒并允许婴幼儿随时喝水。如,在开展活动前,可组织幼儿喝水。
② 婴幼儿应坐在自己的座位上喝水,避免泼洒。如,教师及时提醒明明在自己座位上喝水,且不能洒水。
③ 婴幼儿个人专用水杯每天清洗并消毒。
④ 帮助婴幼儿学会渴了主动饮水,养成喝白开水的习惯。如,当幼儿渴了允许他们喝水,还要注意幼儿的饮水量,鼓励他们主动饮水。

第七章　心理学概论

第一节　研究对象

一、单项选择题

1. 解析：选C。心理现象是心理活动的表现形式，涵盖心理过程、心理状态和心理特征，心理现象又称心理活动，故答案选C项。
2. 解析：选B。无意识心理活动是指个体觉察不到，也不能自觉调节和控制的心理现象。梦就是无意识心理活动的典型表现，人在梦中不能调节和控制梦境的内容和进程，故答案选B项。
3. 解析：选A。个性倾向性是指个人对客观事物的认识倾向性，包括需要、动机、兴趣、爱好、信念、理想、世界观等，故答案选A项。
4. 解析：选C。能力是个体在心理过程中形成稳定的心理特性，故答案选C项。
5. 解析：选D。人的意识使得人得以能动地认识世界、改造世界，尤其是人的自我意识使人能够对自己进行自我分析、自我评价、自我调节和控制，故答案选D项。
6. 解析：选D。思维是在感知觉与记忆的基础上产生的，它具有间接性和概括性，故答案选D项。
7. 解析：选A。认知过程是对信息进行加工的过程，包含感知觉、记忆、想象等，"看到"属于感知过程，"浮现"属于记忆过程，故答案选A项。
8. 解析：选D。情绪情感过程是指人们对事物的态度体验过程，故答案选D项。
9. 解析：选D。无意识是人们觉察不到，也不能自觉调节和控制的心理现象，梦就是无意识心理活动的典型表现，人在梦中不能调节和控制梦境的内容和进程，故答案选D项。
10. 解析：选A。记忆是过去经验在人脑中的反映，记忆可以累积并保存个体经验，故答案选A项。
11. 解析：选A。性格包含了人们对现实的态度特征、情绪特征、意志特征和理智特征，积极主动和消极被动属于态度特征，机智果断和优柔寡断属于意志特征，故答案选A项。
12. 解析：选C。想象是人脑对已储存在大脑中的表象进行加工和改造，形成新形象或新概念的过程，故答案选C项。
13. 解析：选D。心理过程包括认知过程、情感过程和意志过程三个方面，故答案选D项。
14. 解析：选A。认知过程是人脑对客观事物的现象和本质进行反映的过程，包括感知觉、记忆、思维、想象等心理现象，故答案选A项。

15. 解析：选B。意志行为是需要克服困难和挫折的行为，故答案选B项。
16. 解析：选C。意志是指人会有意识地觉察、调节和控制自己心理状态或者行为，意志过程是指人有意识地确立目标，并以此支配和调节自己行为，以此达到实现预定目标的心理过程，故答案选C项。
17. 解析：选C。情感过程是指人们对事物的态度体验过程，带有明显的情绪情感色彩，故答案选C项。
18. 解析：选B。人是社会化的自然实体，个体心理的发生发展离不开社会环境，人的心理、意识不是与生俱来的，而是人们在社会实践中获得的，故答案选B项。

二、判断题

1. 解析：×。心理是人脑对客观现实能动的反映，人脑对客观现实反映具有主观能动性。
2. 解析：×。心理是人脑对客观现实能动的反映，人脑对外在客观现实的反映。
3. 解析：√。行为包括生理的反应和心理的反应，生理的反应包含单个的行为反应，如强光刺激眼睛，出现眯眼现象，也包含多个复杂的行为反应，驾驶汽车过程就需要多个动作协同发挥作用。心理的反应不易被观察到，具有内隐性。
4. 解析：√。心理学既研究动物的心理，也研究人的心理，而以人的心理现象为主要的研究对象。
5. 解析：×。人在清醒的时候，有些心理现象也是无意识的。如写字时起初受到意识的调节和控制我们会觉察写字动作，笔画是否规范，但在多次反复练习后，便转化为自动化的、无意识行为，这时人只觉知到自己写的内容，而觉知不到每个字笔画书写动作本身。
6. 解析：×。人的行为与心理活动是密切联系的，引起行为的刺激常常通过心理这个中介发挥作用，人的心理活动是在头脑内部进行的，不能加以直接观察或度量，但往往有一定的外部表现即行为。
7. 解析：√。人的行为与心理活动是密切联系，引起行为的刺激常常通过心理这个中介发挥作用，有些行为属于生理的反应，人们可以通过观察他人生理变化判断他的心理状态，如经常出现肠胃不适的人可能由于长期焦虑紧张导致。
8. 解析：√。通过对人的行为的观察和描述使我们可能探讨其内部心理活动，如攻击行为的出现，可能由于心理需求未得到满足。
9. 解析：√。人的心理具有主观性，由于人的知识经验、需要、愿望以及个性特征的不同，因而对客观现实的反映也不同，故本题正确。
10. 解析：×。气质是指在情绪这方面心理活动动力的特点。
11. 解析：√。社会团体与个体一样具有某些心理特征，如团体需求、团体价值观、团体目的等，如一方水土养育一方人，南方人和北方人在性格上就有典型的差异。
12. 解析：√。在人的正常生活中，大多数心理活动是在意识的支配下进行的，也存在无意识现象，无意识是人们觉察不到，也不能自觉调节和控制的心理现象。
13. 解析：√。人是社会化的自然实体，个体心理的发生发展离不开社会环境，人的心理、意识不是与生俱来的，而是人们在社会实践中获得的。

三、辨析题

1. 解析：本观点正确，因为，社会心理是整个社会的共识和价值取向的体现，是社会群体内个体心理的典型表现。个体心理的发生发展离不开社会环境,人的心理、意识是人们在社会实践中获得的,人的感知觉、情绪情感、语言和思维能力的发展离不开人在特定环境中与他人进行的交往和互动。所以社会心理也是心理学的研究对象。

2. **解析:** 本观点正确,因为心理学是研究人的行为与心理活动规律的科学,是通过对人的外显行为进行系统的观察、描述、测量以及分析,来揭示人的心理活动的规律。心理学以心理现象为主要研究对象,它研究行为的目的是为了研究支配行为的心理现象,而不是为了研究行为本身。

四、案例分析题

问题一解析: (1) 你看到大家都在奋笔疾书,而你的大脑却一片空白,不由地感到紧张,这是感知觉。

(2) 这种紧张的体验并没有因离开考场而消失,而是以画面形式保留在你的脑海中,这叫记忆。

(3) 你会根据自己在考场上的状态推断出考试成绩的好坏,像这种推断的心理过程是思维。

(4) 你不希望自己考不好于是对这次考试的场景信息加以改造,想着蒙的题能都做对,这就是想象。

问题二解析: (1) 感知觉、记忆、思维、想象属于认知过程。

(2) 你对这次考试引起你满意或不满意的主观体验,这是情感过程。

(3) 对于这次考试,你会根据自己的认识和体验,产生新的动机和行为,如重新制定学习目标,改善学习方法,以达到预期目标,这是意志过程。

第二节 研究任务

一、单项选择题

1. **解析:** 选 B。心理学研究需要对心理现象进行准确的描述,对各种心理现象和行为形成心理的科学概念,帮助人们更好地对心理现象和行为加以理解,故答案选 B 项。

2. **解析:** 选 C。心理学研究还需要对心理现象进行量化测量,一般通过问卷调查、实验研究等方法收集和分析数据,揭示心理现象的内在规律和特点,更好地理解和解释人类行为,故答案选 C 项。

3. **解析:** 选 B。效度指一个测量工具测量到所需要测量的东西。通俗地说就是该测量工具能不能测出你想要的数据,故答案选 B 项。

4. **解析:** 选 A。解释和说明探究心理现象背后的原因和机制,研究心理现象和行为为什么会发生,它又受到哪些因素的影响,心理现象和行为发生的内在机制是什么等。帮助人们更好地对认识心理现象对行为加以控制,故答案选 A 项。

5. **解析:** 选 B。描述与测量心理现象和行为的研究,就是要解决"是什么"的问题,即探索人有哪些心理现象和行为,这些心理现象和行为有什么特点,他们之间有什么共性和差别,并根据这些对心理现象和行为进行分类,故答案选 B 项。

6. 解析:选 C。心理学研究能够预测行为从而控制行为,也就是要解决"怎么做"的问题,即在发现心理发生发展的规律后如何更好运用规律改变和控制行为,故答案选 C 项。

7. 解析:选 D。心理学研究的第三个任务是能够预测行为的出现从而控制行为,也就是要解决"怎么做"的问题,即在发现心理发生发展的规律后如何更好运用规律改变和控制行为,故答案选 D 项。

8. 解析:选 A。信度指一个测量工具的可靠程度。通俗地说就是测量工具测得准不准,我们可使用该测量工具对同一对象进行重复测试,如所测得的数没有很大的变化,就说明它可靠,故答案选 A 项。

9. 解析:选 B。描述是指对各种心理现象和行为有什么特点,他们之间有什么共性和差别,并根据这些对心理现象和行为进行分类;测量是指通过问卷调查、实验研究等方法对心理现象进行量化测量,收集和分析数据,揭示心理现象的内在规律和特点,故答案选 B 项。

10. 解析:选 A。解释和说明探究心理现象背后的原因和机制,研究心理现象和行为为什么会发生,它又受到哪些因素的影响,心理现象和行为发生的内在机制是什么等。帮助人们更好地对认识心理现象对行为加以控制,故答案选 A 项。

二、判断题

1. 解析:√。心理学家往往通过测量一个人现在或过去的行为特点和规律,作为预测他将来发展的主要依据。

2. 解析:×。信度指一个测量工具的可靠程度,通俗地说就是测量工具测得准不准,效度指一个测量工具测量到所需要测量的东西,通俗地说就是该测量工具能不能测出你想要的数据。

3. 解析:√。效度指一个测量工具测量到所需要测量的东西。通俗地说就是该测量工具能不能测出你想要的数据。

4. 解析:×。描述是对各种心理现象和行为形成心理的科学概念。

5. 解析:√。描述和测量还可以帮助人们更好地理解和解释心理现象的内在规律和特点,在此基础上更好地对心理现象和行为加以控制。

6. 解析:√。心理研究首先要给心理现象和行为下操作定义,这属于描述,还需要对心理现象进行量化测量,揭示心理现象的内在规律和特点。

7. 解析:√。心理学的基本任务是描述和测量、解释和说明、预测和控制三个方面。

8. 解析:√。由于心理现象的复杂性,它的发生发展受到多种因素的影响,对一种现象我们常常有不同的解释,可以从生理、心理、行为和社会文化等四个层次来对心理现象和行为的发生发展过程进行解释说明。

9. 解析:√。心理学研究还需要对心理现象进行量化测量,一般通过问卷调查、实验研究等方法收集和分析数据,揭示心理现象的内在规律和特点,更好地理解和解释人类行为。

10. 解析:×。效度指是该测量工具能不能测出你想要的数据,信度指一个测量工具的可靠程度,通俗地说就是测量工具测的准不准,我们可使用该测量工具对同一对象进行重复测试,如所测得的数没有很大的变化,就说明它可靠。

三、辨析题
1. **解析**:本观点正确,描述和测量可以揭示心理现象的内在规律和特点,更好地理解和解释人类行为,以帮助人们更好地对心理现象和行为加以控制。例如,要研究如何减少攻击性行为发生,首先要告诉人们攻击性行为是一个什么行为、它有什么特点和表现,如何加以测量。基于这些我们才能判断一种行为是否属于攻击性行为,这种行为是否随着我们的干预而减少。
2. **解析**:本观点正确,由于心理现象的复杂性,它的发生发展受到多种因素的影响,对一种现象我们常常有不同的解释,可以从生理、心理、行为和社会文化四个层次来对心理现象和行为的发生发展过程进行解释说明。

四、案例分析题
  问题一解析:对儿童进行心理测验属于心理学研究任务中的测量。测量一般通过问卷调查、实验研究等方法收集和分析数据。
  问题二解析:
  (1)选择心理测验量表时要考虑信度和效度。
  (2)信度指一个测量工具的可靠程度。通俗地说就是测量工具测得准不准。我们可使用该测量工具对同一对象进行重复测试,如所测得的数没有很大的变化,就说明它可靠。
  (3)效度指一个测量工具测量到所需要测量的东西,通俗地说就是该测量工具能不能测出你想要的数据。

第三节　研究方法

一、单项选择题
1. **解析**:选A。自然实验法在日常生活或工作环境中,通过适当地控制某些条件来观察心理现象的变化,这种方法更加接近实际情况,故答案选A项。
2. **解析**:选A。通过直接观察可以及时捕捉到人的细微变化,收集一些因为表达能力局限而无法获得的资料,如幼小儿童因为无法用语言表达内心想法,这时候通过观察其外部的行为,了解他们的心理活动。所以观察法是研究学前儿童心理的主要方法,故答案选A项。
3. **解析**:选D。实验室实验法的最大优点是对实验条件进行了严格控制,运用这种方法有助于发现事件间的因果联系,并允许人们对实验结果进行反复验证,故答案选D项。
4. **解析**:选D。调查法就是以被调查者所了解或关心的问题为范围,预先拟就问题,被调查者自由表达其态度或意见的一种方法,故答案选D项。
5. **解析**:选C。根据是否在自然情境中对人的行为进行观察,可分为自然观察法和控制观察法,故答案选C项。
6. **解析**:B。参与观察法是指观察者参与活动中将所见所闻随时加以观察记录,如教师参与学前儿童游戏活动,作为游戏成员观察学前儿童的行为,故答案选 B 项。

7. 解析:选 D。观察者以旁观者的身份随时观察记录所见所闻这种方法属于非参与观察法,如通过安装监控来暗中观察儿童的行为,故答案选 D 项。

8. 解析:B。个案研究通过长时间、多角度的追踪和调查,能够收集到丰富的资料,为研究提供全面的信息支持,故答案选 B 项。

9. 解析:选 D。调查法是一种广泛应用于心理学研究中的重要方法,它主要通过向受调查者提出问题或要求,以收集他们对某个心理现象、态度、行为或观点的数据和信息,故答案选 D 项。

10. 解析:选 C。书面调查是指通过发放问卷、量表等书面形式,让受调查者填写并返回,这种方式具有标准化、易于量化和分析的特点,但可能受到受调查者阅读能力和理解能力的限制,故答案选 C 项。

11. 解析:选 D。口头调查是指通过面对面的访谈、电话访谈或网络访谈等方式,直接询问受调查者的意见和看法,故答案选 D 项。

12. 解析:选 D。调查法的优点是易于在短时间内收集大量数据,操作起来相对简单易行,不需要复杂的实验设备和条件,具有广泛的适用性,故答案选 D 项。

13. 解析:选 C。通过长时间、多角度的追踪和调查,个案研究能够收集到丰富的资料,为研究提供全面的信息支持,故答案选 C 项。

14. 解析:选 C。个案法确定典型性或特殊性的个体作为研究对象,明确研究目的和问题,通过观察记录、访谈记录、测验结果等多种途径收集研究对象各方面的信息,故答案选 C 项。

15. 解析:选 C。个案法通过详尽地收集、记录和分析个案材料,最终撰写出个案报告,其缺点是由于个案研究通常选择具有典型性或特殊性的个体或群体作为研究对象,因此其研究结果可能难以推广到一般人群,故答案选 C 项。

16. 解析:选 C。个案法实施步骤首先确定典型性或特殊性的个体作为研究对象,明确研究目的和问题,故答案选 C 项。

17. 解析:选 B。人格测验的测验较多,包含艾森克人格问卷(EPQ)、卡特尔十六种人格因素测验(16PF)、罗夏墨迹图、主题统觉测验、房树人测验等,故答案选 B 项。

18. 解析:选 A。由研究者通过感官和辅助仪器,有目的、有计划地观察和记录人的行为活动,从而分析心理发展的规律与特征的方法称为观察法,故答案选 A 项。

19. 解析:选 C。控制观察法是在预先设置的情境中对被观察者进行观察,故答案选 C 项。

20. 解析:选 C。个案法有时和其他方法(如测验法、调查法等)配合使用,这样可以收集更多的个人资料,故答案选 C 项。

二、判断题

1. 解析:√。瑞文测验(SPM)属于非文字智力测验,主要通过图形的辨别、组合、系列关系等测量人的智力水平。

2. 解析:√。测验法按测验规模可分为个别测验和团体测验。

3. 解析:√。测验法需要考虑被测者的个体差异,如文化背景和个体差异,以确保解释的准确性和适用性。
4. 解析:√。个案法不仅可以以个体为对象,同样也可以以群体为对象,如一个班级,一个家庭。
5. 解析:√。实施心理测验时严格按照测验工具的说明和操作步骤进行操作,确保测试结果的准确性。
6. 解析:√。根据观察者是否参与人的活动中进行观察,可分为参与观察和非参与观察。参与观察法是指观察者参与活动中将所见所闻随时加以观察记录,观察者以旁观者的身份随时观察记录所见所闻这种方法属于非参与观察法。
7. 解析:×。调查法的优点是易于在短时间内收集大量数据,操作起来相对简单易行,不需要复杂的实验设备和条件,具有广泛的适用性。
8. 解析:√。测验法是指用一套预先经过标准化的问题(量表)来测量某种心理现象或心理品质的方法。标准化即心理测验必须具备信度和效度。
9. 解析:×。观察法的缺点是难以重复验证,不能精确分析;有时会产生研究现象没有出现的情况,个案法的缺点是研究结果适合个别情况,难以推广运用。
10. 解析:√。口头调查是指通过面对面的访谈、电话访谈或网络访谈等方式,直接询问受调查者的意见和看法。
11. 解析:√。根据实验环境的不同,实验法可以分为自然实验法和实验室实验法两种。自然实验法在日常生活或工作环境中,通过适当地控制某些条件来观察心理现象的变化。实验室实验法是在特别设置的实验室里,利用专门的仪器设备,对实验条件进行严格的控制,研究人的心理现象。
12. 解析:×。调查法的优点是能够在短时间内收集大量资料,个案法的优点是收集的资料深入详尽。
13. 解析:×。实验法指人为地、有目的地控制和改变某种条件来引起某种心理变化,从而进行分析研究的方法。
14. 解析:×。实验室实验法特点精确度高,研究情境的人为性,自然实验法特点自然且具实践意义,易受无关因素的影响。
15. 解析:√。信度是指测验结果的一致性、稳定性及可靠性,信度系数越高即表示该测验的结果越一致、稳定、可靠。

三、辨析题

1. 解析:本观点不正确,书面调查有标准化、易于量化和分析的特点,它是指通过发放问卷、量表等书面形式,让受调查者填写并返回。口头调查是指通过面对面的访谈、电话访谈或网络访谈等方式,直接询问受调查者的意见和看法。这种方式能够更深入地了解受调查者的真实想法和感受,但可能受到访谈者主观性和访谈技巧的影响。
2. 解析:本观点不正确,观察法是研究学前儿童心理活动的最基本、最常用的方法。通过观察可以收集一些因为表达能力局限而无法获得的资料。如幼小儿童因为无法用语言表达内心想法,这时候通过观察其外部的行为,了解他们的心理活动。所以观察法是研究学前儿童心理的主要方法。

四、案例分析题

问题一解析：该案例中运用观察法，观察法是指由研究者通过感官和辅助仪器，有目的、有计划地观察和记录人的行为活动，从而分析心理发展的规律与特征的方法。

问题二解析：(1) 首先，观察前要做好充分的准备，根据幼儿同伴交往的理论知识和研究目的(为幼儿提供同伴交往方面个性化的指导和支持)来确定观察目的和记录要求。

(2) 其次，观察时尽量使幼儿保持自然状态，不要让幼儿意识到自己是观察对象。

(3) 再次，观察记录要详细、准确、客观、不仅记录幼儿的行为表现，还要记录引起行为的诱因，记录可事先设计好表格，适当运用辅助工具，如摄像机、录音器等。

(4) 最后，人的行为具有偶然性，观察应在较长时间内系统反复多次进行。

第八章 认知发展

第一节 感知觉发展

一、单项选择题

1. 解析:选B。人的嗅觉相当敏锐,但嗅觉的适应现象很显著,长时间闻一种气味会使嗅觉产生适应现象,故答案选B项。
2. 解析:选D。空间知觉主要包括:形状知觉、大小知觉、方位知觉和深度知觉,故答案选D项。
3. 解析:选D。差别感觉阈限指刚刚能感觉出的两个同类刺激的最小差别量,也称最小可觉差,它是测量差别感受性的指标,表示的是能够觉察到刺激间差异的最小量,故答案选D项。
4. 解析:选C。A,对自己有了好的评价,才感觉很好,这算是一种态度引发的情感体验。B,领导看到了小王现在的表现,由此推理他以后会很好,由已知推断未知,属于心理学里面推理的心理现象。C,中的感觉与心理学中的感觉一致,属于感觉中的视觉。D,初恋的感觉美好,是对初恋的情绪体验,故答案选C项。
5. 解析:选B。看见一朵玫瑰花,并认出来这是玫瑰花,这是知觉的过程。知觉是对客观事物整体属性的反映,玫瑰花就是一个整体,如果说看到玫瑰花的花瓣是红色的,那就是感觉里面的视觉,故答案选B项。
6. 解析:选B。耳朵是收集声音和身体平衡位置信号的感觉器官,它由外耳、中耳和内耳三部分组成,其中最重要的部分是内耳的耳蜗,故答案选B项。
7. 解析:选A。感觉阈限是指能够引起人的感觉的刺激范围或刺激量。它是测量感觉系统感受性大小的指标,反映了人对刺激的反应敏感程度,故答案选A项。
8. 解析:选C。差别感觉阈限指刚刚能感觉出的两个同类刺激的最小差别量,也称最小可觉差,它是测量差别感受性的指标,表示的是能够觉察到刺激间差异的最小量,故答案选C项。
9. 解析:选B。深度知觉属于三维空间的知觉,即知觉物体的距离、深度、凹凸等。心理学家通过视崖实验研究婴儿深度知觉的发展,故答案选B项。
10. 解析:选B。感受性与感觉阈限之间存在着反比关系,即感觉阈限越大,感受性越低;感觉阈限越小,感受性越高,故答案选B项。
11. 解析:选B。响度用音压级(SPL)来表示,它的单位为分贝(db),故答案选B项。

12. 解析:选 A。听觉的适宜刺激是频率为 16~20000 次/秒(赫兹)的声波。16 赫兹以下和 20000 赫兹以上的声音是听不见的,故答案选 A 项。

13. 解析:选 B。明暗对比是由光强在空间上的不同分布造成的,物体的明度受物体所在的周围环境的明度的影响,故答案选 B 项。

14. 解析:选 C。注意的集中性强调注意有一定的强度和紧张度,C 选项体现注意的分配,也是多感官复习的体现,故答案选 C 项。

15. 解析:选 D。感觉适应是同一感受器在刺激物的持续作用下感受性发生变化的现象,比如入芝兰之室之久,不闻其香,故答案选 D 项。

16. 解析:选 A。本题考查感觉相互作用的规律。联觉指的是一种感觉兼有另一种感觉的心理现象,如红色给人以热烈、紫色给人以高贵、蓝色给人以安静、黑色给人以沉重的感觉等,故答案选 A 项。

17. 解析:选 D。本题考查知觉的特性,知觉的选择性是指当面对众多的客体时,知觉系统会自动地将刺激分为对象和背景,并把知觉对象优先地从背景中区分出来。题干所述是利用了知觉的选择性,故答案选 D 项。

18. 解析:选 C。声波通过空气传递给人耳,并在人耳中产生听觉,故答案选 C 项。

19. 解析:选 C。考查知觉的特性。用经验去解释外界事物,体现的是知觉具有理解性,故答案选 C 项。

20. 解析:选 C。颜色对比是指一个物体的颜色会受到它周围物体颜色的影响而发生色调的变化,故答案选 C 项。

二、判断题

1. 解析:√。听觉的适宜刺激是声波。声波是由物体振动产生的,如人的语音是由声带振动产生的。

2. 解析:×。感受性与感觉阈限之间存在着反比关系,即感觉阈限越大,感受性越低;感觉阈限越小,感受性越高。

3. 解析:√。响度用音压级(SPL)来表示,它的单位为分贝(db)。

4. 解析:√。感受性与感觉阈限之间存在着反比关系,即感觉阈限越大,感受性越低;感觉阈限越小,感受性越高。

5. 解析:×。孩子出生时触觉已经很发达,年龄越小,触觉对他认识世界的作用就越大,新生儿主要通过触觉辨别事物。

6. 解析:×。4 岁儿童能正确辨别前后方位,对于辨别左右方位还感到困难。

7. 解析:√。暗适应的过程相对较慢,会持续 30~40 分钟。明适应的过程非常快,5 分钟左右就完成了。

8. 解析:×。辨别物体的大小比辨别物体的形状难些,因为大小是相对的,需要对两个物体进行比较。

9. 解析:√。物体的颜色只有在光线照射时才显现出来,受到光源条件的影响,物体的颜色主要是由不同光照条件下物体反射的光线决定。

10. 解析:√。任何感觉的产生,都需要两个基本的条件:一是刺激物,也就是直接作用于人体,能够引起人们感官活动的客观事物。二是感觉器官,也就是我们的五官、手、皮肤等。
11. 解析:×。孩子出生后就能依靠听觉确定物体的位置。
12. 解析:√。方位知觉是对物体所处空间位置和方向的知觉,包括对上下、前后、左右的分辨。
13. 解析:√。暗适应是指从明到暗,视觉感受光刺激的能力上升,暗适应的过程相对较慢,会持续30~40分钟。
14. 解析:×。知觉的恒常性是指知觉不因条件的变化而改变,而表现出相对的稳定性。知觉的理解性是指人们对知觉对象作出某种解释,即用词来概括感知对象,使它具有一定意义。
15. 解析:√。当我们感知一个熟悉的事物时,会根据以往的经验把这个事物的个别属性、个别部分,作为一个整体进行反映。
16. 解析:×。人会有选择地把少数事物当成知觉的对象,而把其他事物当成知觉的背景,以便更清晰地感知事物,这是知觉的选择性。

三、辨析题

1. 解析:本观点不正确,不同孩子的听力个别差异很大,但听力上有缺陷的儿童并不是完全不能理解别人说的话,他们能够根据别人的面部表情和动作,或根据眼前的情景,理解别人说话的内容,因而听力问题往往被忽略。
2. 解析:本观点正确,知觉的选择性过程是将知觉对象从背景中分离出来。在一定的条件下对象和背景可以相互转换。例如,一开始幼儿知觉对象在会动的教具上,老师提醒幼儿注意黑板上还有哪些东西,幼儿知觉对象从动的教具上转移到黑板上。

四、案例分析题

问题一解析:学前儿童观察力发展具有目的性不强、持续时间较短、系统性较差,概括性弱的特点,学前儿童的观察力需要在成人帮助下逐渐发展起来。

问题二解析:在发展和培养学前儿童的观察力时要注意以下几点:

(1)明确观察的目的和任务

让儿童观察绿豆如何在水中长成豆苗,在观察前先具体地提出观察的目的(观察种子的发芽过程)和观察的任务(观察种子在发芽过程中发生什么变化,如种子的大小、颜色变化等?),这样儿童的观察效果就会显著提高。

(2)培养观察的兴趣

培养儿童的观察兴趣,需注意以下两个方面:

① 要有意识地引导儿童观察周围事物的变化,并尽可能提供实物给他观察。

② 启发儿童观察时多思考,多提问。

(3)教给儿童观察的方法

学会按一定的顺序进行观察,如:从上到下、从左到右、从远至近、由整体到局部有顺序地观察。

(4)调动多种感官参与观察活动

充分运用视觉、听觉、味觉、触觉、嗅觉等器官去感知事物各方面的特征,让他们在观察时,多看多想、多听多讲,可以摸一摸、闻一闻、尝一尝,以加深其对事物的印象。

第二节　注意的发展

一、单项选择题

1. 解析:选 C。注意不是一种独立的心理过程,但总是和心理过程紧密联系,作为心理活动的调节机制存在,故答案选 C 项。

2. 解析:选 A。简单任务下,注意广度大约是 7±2,即 5～9 个项目,故答案选 A 项。

3. 解析:选 C。注意分配是同时从事几种活动,比如一边唱歌一边弹琴,要想完成注意分配,需要具备以下几个条件:其中一些自动化,甚至已经达到自动化的程度;所从事的活动之间应该有内在相互联系;几个活动属于不同的心理操作,故答案选 C 项。

4. 解析:选 B。人在注意力高度集中时,除了对目标物之外,对自己周围的其他事物就会"视而不见",故答案选 B 项。

5. 解析:选 B。注意是心理活动对一定对象的指向和集中,指向性和集中性是注意的两个基本特征,故答案选 B 项。

6. 解析:选 D。注意的转移是指注意的中心根据新的任务,主动地从一个对象或一种活动转移到另一个对象或另一种活动上去,故答案选 D 项。

7. 解析:选 A。注意的分散是受到无关刺激的干扰而使注意离开活动任务,故答案选 A 项。

8. 解析:选 D。有意注意也叫随意注意,它指有预定目的,需要做一定意志努力的注意,故答案选 D 项。

9. 解析:选 C。注意的分配是指在同一时间内把注意指向于不同的对象,故答案选 C 项。

10. 解析:选 B。狭义的注意稳定性是指注意保持在同一对象上的时间,人很难长时间保持固定不变的感知某一事物,故答案选 B 项。

11. 解析:选 B。婴儿的注意基本都是无意注意。注意往往是由刺激物本身的特性决定的。如那些发光的、运动的、鲜艳的物体更容易吸引他们的注意,故答案选 B 项。

12. 解析:选 D。注意的稳定性是注意在时间上的特征,是指在同一对象或同一活动上注意所能持续的时间,故答案选 D 项。

13. 解析:选 B。注意的转移是指根据任务主动、及时地把注意,从一个对象转换到另外一个对象上,故答案选 B 项。

14. 解析:选 A。无意注意也叫不随意注意,它是指没有预定目的,也无需作意志努力的注意。刺激物的活动和变化容易引发无意注意,故答案选 A 项。

15. 解析:选 D。听一只表的滴答声时,会感觉表的声音一时强,一时弱。注意的这种周期性变化,被称为注意的起伏,故答案选 D 项。

16. 解析:选 A。引起无意注意的原因主要有:刺激物的特点,如刺激物的强度、刺激物之间的对比、刺激物的活动和变化、新异的刺激物等,新发型属于刺激物的新异性,故答案选 A 项。

17. 解析:选 A。无意注意也叫不随意注意,它是指没有预定目的,也无需作意志努力的注意,故答案选 A 项。
18. 解析:选 D。本题考查注意的功能。注意具备调节和监督功能,即控制心理活动向着一定的方向或目标进行,故答案选 D 项。
19. 解析:选 A。注意的广度指在同一时间内能清楚地把握对象的数量,故答案选 A 项。
20. 解析:选 A。看动画片、听故事的注意是没有预定目的的,也无需作意志努力,整个幼儿期仍是无意注意占优势,有意注意逐渐发展,故答案选 A 项。

二、判断题

1. 解析:×。无意注意也叫不随意注意,它是指实现没有预定目的,也无需作意志努力的注意。
2. 解析:√。婴儿的注意是无意识的、被动的,其注意都是无意注意。
3. 解析:×。无意注意对注意的事物没有任何准备,是一种被动的注意。
4. 解析:√。情绪会影响注意力的品质。
5. 解析:√。注意的分配产生是有条件的。需要对其中一种活动掌握得非常熟练,甚至接近于自动化的程度。
6. 解析:√。幼儿注意的广度比较狭窄。
7. 解析:√。幼儿注意的广度比较狭窄,年龄越小越是如此。
8. 解析:√。注意本身并不反映事物及其属性,它没有独立的对象,注意都不能离开心理过程而单独发挥作用。
9. 解析:×。不随意注意也叫无意注意,随意注意也叫有意注意,随意注意是注意的一种积极、主动的形式,随意注意出现得较晚。
10. 解析:×。一边听课,一边记笔记属于注意分配。
11. 解析:√。个体的兴趣、需求、情绪和引起注意转移的新对象、新活动的性质都会影响注意转移的快慢和难易。
12. 解析:√。注意的灵活性与人的神经系统(气质类型)是否灵活有关。神经系统比较灵活的人,注意容易转移;神经系统不太灵活的人,注意转移就比较困难。
13. 解析:√。两种注意灵活地交互使用,使其大脑活动有张有弛,既能完成活动任务,又不至于过度疲劳出现注意力分散。
14. 解析:√。注意的分散是被动的,常常是因为无关刺激的干扰造成的。
15. 解析:√。有意注意也叫随意注意,它指有预定目的,需要做一定意志努力的注意。
16. 解析:√。注意转移的快慢和难易取决于原来注意的紧张程度和引起注意转移的新对象、新活动的性质,如果对新事物感兴趣,注意转移就较容易。

三、辨析题

1. 解析:本观点不正确,注意的转移是主动的、有意识地将注意从一个对象转移到另一个对象或由一种活动转移到另一种活动的现象,注意的分散,也叫分心,是指注意离开了当前应当完成的任务而被无关的事物吸引,它是被动的、无意识的。二者不可混淆使用。因此注意的转移不等于注意的分散。
2. 解析:本观点正确,无意注意的引起与维持不是依靠意志的努力,而是取决于刺激物本身的性质。在这个意义上,不随意注意是一种被动的注意。在这种注意活动中,人的积极性的水平较低。

四、案例分析题

问题一解析:(1) 3岁幼儿无意注意明显占优势,符合幼儿的需要和兴趣的事物容易引起他们的无意注意。

(2) 案例中的亮亮一会儿说外面有小猫在叫,一会儿说要玩皮球,是因为小猫和皮球都是亮亮喜欢的东西,容易引起他的注意。

(3) 妈妈给他讲故事需要调动有意注意。3岁幼儿有意注意的水平仍然很低,一般只能集中注意3~5分钟,容易分心。

问题二解析:(1) 让亮亮专注地听下去就是促进有意注意的发展,我们可以在教育教学中,灵活地交互运用无意注意和有意注意,充分利用幼儿的无意注意,培养和激发他们的有意注意。

(2) 案例中的妈妈可以根据亮亮的兴趣来挑选故事的内容,如与小猫和皮球有关的故事。向亮亮解释听故事的意义和重要性,并提出具体明确的要求,如故事中有哪些主要人物,你最喜欢哪个?为什么?使他们能主动地集中注意。

第三节 记忆的发展

一、单项选择题

1. **解析:**选B。短时记忆的容量一般是7±2,即5~9个组块,故答案选B项。

2. **解析:**选C。有了记忆,前后的经验才能联系起来,使心理活动成为一个发展的、统一的过程,故答案选C项。

3. **解析:**选A。复述是短时记忆的重要保持机制。信息得到复述后可以保持较长的时间,否则将很快消失。复述还可以使信息从短时记忆进入长时记忆,故答案选A项。

4. **解析:**选A。遗忘进程受时间、记忆材料的重要性和性质、系列位置的影响,故答案选A项。

5. **解析:**选D。从信息加工观点来看,记忆就是对输入信息的编码、储存和提取的过程,故答案选D项。

6. **解析:**选B。感觉记忆即瞬时记忆,具有时间极短、形象鲜明、容量较大、信息原始的特点,编码方式主要有图像记忆和声像记忆两种,故答案选B项。

7. **解析:**选B。感觉记忆又叫瞬时记忆,外界信息首先经过感觉器官进入感觉记忆,信息按照感觉输入的原样在这里登记下来,所以感觉记忆又叫感觉登记,故答案选B项。

8. **解析:**选C。运动记忆是指以过去经历过的运动状态或动作形象为内容的记忆(如:记得喝水、写字),故答案选C项。

9. **解析:**选A。心理学家艾宾浩斯发现,遗忘是有一定规律的。它是一个先快后慢的变化过程,故答案选 A 项。
10. 解析:选 A。长时记忆是指存储时间在一分钟以上的记忆,故答案选 A 项。
11. 解析:选 D。本题考查记忆的分类。形象记忆是我们感知过的事物形象为内容的记忆。本题描述小明可以记得老师外貌的形象,故答案选 D 项。
12. 解析:选 B。本题考查记忆的种类。以语词、概念、公式和规律等逻辑思维过程为内容的记忆,叫做逻辑记忆,也叫语义记忆,故答案选 B 项。
13. 解析:选 D。记忆材料的系列位置也会影响记忆效果。最先记忆和最后记忆的内容记忆效果较好,中间位置的内容则容易遗忘,故答案选 D 项。
14. 解析:选 C。无意记忆是指个体在没有明确目的的情况下,自然而然地产生和保持的记忆。这种记忆往往是自动发生的,不需要个体的刻意努力和意识参与,故答案选 C 项。
15. 解析:选 D。形象记忆是以感知过的事物的形象为内容的记忆,故答案选 D 项。
16. 解析:选 B。感觉记忆又叫瞬时记忆,外界信息首先经过感觉器官进入感觉记忆,信息按照感觉输入的原样在这里登记下来,它具有时间极短、形象鲜明的特点,故答案选 B 项。
17. 解析:选 C。短时记忆是指记忆信息保持的时间在一分钟以内,一般认为约为 15～30 秒,甚至更短时间的记忆,故答案选 C 项。
18. 解析:选 C。机械记忆往往是在不了解材料意义的情况下,只根据材料的表现形式,采用简单重复方法的一种记忆,故答案选 C 项。

二、判断题

1. 解析:√。短时记忆的容量有限,大体上是 7±2 个组块。
2. 解析:√。语词记忆是随着儿童言语的发生发展而逐渐形成的,所以语词记忆出现比较晚。
3. 解析:×。再认发生早于再现,因为再认是与所记忆的事物的感知觉相联系的,有具体的事物作支柱,因此恢复起来比较容易。而再现却没有这种具体事物的支持,只能依靠头脑中所保持的关于该事物的形象,即表象进行,所以比较困难。
4. 解析:√。因为幼儿的知识经验比较贫乏,理解能力较差缺少可以利用的旧经验去吸收新材料,也不善于发现材料本身的内在联系。
5. 解析:×。机械记忆往往是对事物没有理解的情况下,依据事物的外部联系进行的识记。意义记忆则是根据材料的意义和逻辑关系,运用有关经验进行的一种记忆。意义记忆的效果优于机械记忆。
6. 解析:√。遗忘是记忆痕迹的消退造成,复习可以减少记忆痕迹的消退。
7. 解析:×。幼儿无意记忆效果优于有意记忆。对于整个幼儿期来说,仍是以无意记忆为主,有意记忆开始发展的。
8. 解析:√。我们强调意义记忆,反对死记硬背,并不是不让幼儿进行机械记忆,适当的机械记忆也是必要的,牢固的记忆必须经过反复练习。
9. 解析:√。组块是指将若干较小单位联合而成熟悉的、较大的单位的信息加工。组块的大小与人的知识经验有关,象棋大师和新手对棋局进行复盘的差异就较好地说明了这个问题。

10. 解析:×。短时记忆编码方式主要有图像记忆和声像记忆。
11. 解析:√。记忆、保持(保存)、再认或回忆(再现)是记忆的三个基本环节。
12. 解析:√。由于缺乏精细的分析能力和容易受暗示,幼儿记忆的精确性较差,把想象的东西当作现实,把记忆与想象混为一谈。
13. 解析:√。最先记忆和最后记忆的内容记忆效果较好,中间位置的内容则容易遗忘。系列材料的记忆过程中,开始部分的内容只受倒摄抑制的影响,末尾部分的内容只受前摄抑制的影响,中间部分则受两种抑制的影响。
14. 解析:×。视觉感觉记忆的作用时间约在0.5秒以内,声像记忆的时间可能保持较长时间,达到4秒左右。
15. 解析:×。根据记忆时对材料是否理解,可以分为机械记忆和意义记忆。根据人在识记时是否有意识参与而进行分类,分为有意记忆和无意记忆。
16. 解析:×。无意记忆的记忆信息也比较零散、不系统,容易受外界因素影响。
17. 解析:√。记忆的精确性,是指对所记忆的材料能准确地再认和再现。幼儿记忆的精确性较差,容易把一些相似的材料混淆起来。
18. 解析:√。以做过的运动或动作为内容的记忆,叫做运动记忆。
19. 解析:√。无意记忆是指个体在没有明确目的的情况下,自然而然地产生和保持的记忆。
20. 解析:√。以体验过的某种情绪或情感为内容的记忆,叫做情绪记忆。

三、辨析题

1. 解析:本观点正确,再认发生早于再现,因为再认是与所记忆的事物的感知觉相联系的,有具体的事物作支柱,因此恢复起来比较容易。而再现却没有这种具体事物的支持,只能依靠头脑中所保持的关于该事物的形象,即表象进行,所以比较困难。
2. 解析:本观点不正确,我们强调意义记忆,反对死记硬背,并不是不让使用机械记忆,适当的机械记忆也是必要的。最好是在理解的基础上进行机械记忆,以达到牢固、准确记忆的目的。

四、案例分析题

问题一解析:(1)幼儿教师花费很大的力气去教幼儿背诵一首歌谣属于有意记忆。
(2)在电视上看到关于儿童食品的广告,只需一两次就对广告词熟记于心,属于无意记忆。

问题二解析:(1)幼儿对广告词是无意记忆,电视画面具体形象生动,广告主体都符合幼儿的兴趣和需要,因此幼儿的记忆效果好。
(2)教师要求背诵的是有意记忆,其依赖于对记忆任务的理解程度和是否有较强的积极性,因此效果往往不太好。

第四节　思维的发展

一、单项选择题

1. 解析:选 C。创造性思维则是一种能够产生新的、独特的、有价值成果的思维方式,故答案选 C 项。
2. 解析:选 D。直觉行动思维停止直接行动,思维活动也就停止了,故答案选 D 项。
3. 解析:选 C。根据思维过程中思维结果的新颖性,思维可分为常规思维和创造性思维,故答案选 C 项。
4. 解析:选 C。聚合思维又称集中思维,是指思考中信息朝一个方向聚敛前进,从而形成单一的确定的答案的认识过程,故答案选 C 项。
5. 解析:选 D。不局限于既定的理解,尽可能做出合乎条件的多种解答是发散思维,故答案选 D 项。
6. 解析:选 C。3 岁前儿童思维的主要工具是动作,动作停止思维也停止,3 岁前儿童思维主要直觉行动思维,它是人类最低级的思维方式,故答案选 C 项。
7. 解析:选 C。聚合思维又称集中思维,是指思考中信息朝一个方向聚敛前进,从而形成单一的确定的答案的认识过程。即利用已有的信息,达到某一正确结论,聚合思维的主要功能是求同,故答案选 C 项。
8. 解析:选 C。思维的概括性就是把同一类事物的共同特征和本质特征抽取出来加以概括。一切概念、定义、定理、规律、法则都是通过思维概括的结果,故答案选 C 项。
9. 解析:选 C。智力是指一个人的认识能力,包括观察力、记忆力、注意力、想象力、思维能力以及语言表达能力,其中思维能力是核心,故答案选 C 项。
10. 解析:选 C。直觉行动思维是指只有在直接感觉具体事物和通过尝试动作的过程中,人才能进行思维。停止直接行动,思维活动也就停止了。直觉行动思维是人类最低级的思维方式,故答案选 C 项。
11. 解析:选 B。常规思维,也称为再造性思维或传统思维,主要依赖于人们已经获得的知识经验和固定的思维模式来解决问题,故答案选 B 项。
12. 解析:选 B。发散思维是指思考问题时信息朝各种可能的方向扩散,并引出更多新信息,使思考者能从各种设想出发,不拘泥于一个途径,不局限于既定的理解,尽可能做出合乎条件的多种解答,故答案选 B 项。
13. 解析:选 B。发散思维是指思考问题时信息朝各种可能的方向扩散,并引出更多新信息,使思考者能从各种设想出发,不拘泥于一个途径,不局限于既定的理解,尽可能做出合乎条件的多种解答,故答案选 B 项。
14. 解析:选 C。思维的间接性就是以其他事物为媒介来认识客观事物,借助已有的知识经验理解或把握那些没有直接感知过的,或根本不可能感知到的事物,预见和推知事物发展的进程,故答案选 C 项。

15. 解析:选 A。思维的间接性就是以其他事物为媒介来认识客观事物,借助已有的知识经验理解或把握那些没有直接感知过的,或根本不可能感知到的事物,预见和推知事物发展的进程,故答案选 A 项。

16. 解析:选 A。思维的间接性就是以其他事物为媒介来认识客观事物,借助已有的知识经验理解或把握那些没有直接感知过的,或根本不可能感知到的事物,预见和推知事物发展的进程,故答案选 A 项。

17. 解析:选 B。思维的概括性就是把同一类事物的共同特征和本质特征抽取出来加以概括。一切概念、定义、定理、规律、法则都是通过思维概括的结果,故答案选 B 项。

18. 解析:选 C。创造性思维则是一种能够产生新的、独特的、有价值的思维成果的思维方式。它不受传统思维模式的束缚,敢于挑战常规,寻求新的视角和解决方案,故答案选 C 项。

19. 解析:选 B。具体形象思维是指依靠有关事物的具体形象或表象进行的思维,故答案选 B 项。

二、判断题

1. 解析:×。智力是指一个人的认识能力,包括观察力、记忆力、注意力、想象力、思维能力以及语言表达能力,其中思维能力是核心。

2. 解析:×。月晕而风是指月亮的周围出现了光环,就会刮风,这反映的是思维的间接性。

3. 解析:√。3 岁前儿童思维的主要工具是动作,思维的基本特点是直觉行动性。

4. 解析:√。3 岁前儿童思维是直觉行动思维,直觉行动思维在直接感觉具体事物和通过尝试动作的过程中进行思维。

5. 解析:√。聚合思维又称集中思维,是指思考中信息朝一个方向聚敛前进,从而形成单一的、确定的答案的认识过程。

6. 解析:√。发散思维是指思考问题时信息朝各种可能的方向扩散,并引出更多新信息,使思考者能从各种设想出发,不拘泥于一个途径,不局限于既定的理解,尽可能做出合乎条件的多种解答。

7. 解析:√。思维的概括性不仅表现在它反映某一类客观事物共同的、本质的特征上,也表现在它反映了事物与事物之间的内在联系和规律上。

8. 解析:×。根据体积守恒实验,发现学前晚期,儿童开始出现的只是抽象逻辑思维的萌芽。

9. 解析:×。抽象思维则是以概念、判断、推理的形式来反映客观事物的运动规律,是对事物的本质特征和内部联系的认识过程。

10. 解析:×。只有在直接感觉具体事物和通过尝试动作的过程中,人才能进行思维。停止直接行动,思维活动也就停止了。这种思维是直觉行动思维,小孩子边搭积木边思考,这属于直觉行动思维。

11. 解析:×。概括性和间接性,是思维活动的两个基本特点。

12. 解析:√。3 岁前的儿童的思维常常是伴随着动作进行的。

13. 解析:√。常规思维遵循常规的方法和程序,倾向于使用已有的解决方案或模式来应对问题。

14. **解析**：×。思维概括性是反映一类事物所共有的本质特征以及普遍的或必然的联系。
15. **解析**：×。借助头脑中地图属于利用头脑中的具体形象（表象），它属于具体形象思维。
16. **解析**：√。抽象思维则是以概念、判断、推理的形式来反映客观事物的运动规律，是对事物的本质特征和内部联系的认识过程。
17. **解析**：√。抽象思维则是以概念、判断、推理的形式来反映客观事物的运动规律，是对事物的本质特征和内部联系的认识过程。
18. **解析**：√。朗读、默读的训练是语言，语言是思维的工具。借助于语词的抽象性和概括性，人脑才能对事物进行概括、间接的反映，所以训练语言能促进思维发展。
19. **解析**：×。常规思维，主要依赖于人们已经获得的知识经验和固定的思维模式来解决问题。它遵循常规的方法和程序，倾向于使用已有的解决方案或模式来应对问题。
20. **解析**：×。思维间接性是借助于已有的知识经验认知无法直接感官的事物。思维概括性是反映一类事物所共有的本质特征以及普遍的或必然的联系。这里老师通过言行间接推断出学生内心世界。

三、辨析题

1. **解析**：本观点不正确，形象思维是用表象来进行分析、综合、抽象、概括的过程。形象思维中的基本单位是表象。抽象思维通过语言中的词和语法规则，摆脱实际行动，摆脱表象的束缚，抽象、概括出事物之间的规律性联系。
2. **解析**：本观点正确，用语言来描述比直接用公式计算效果好，原因是学前儿童的主要思维方式是具体形象思维，它的加工材料是表象，语言描述调动幼儿头脑中的实物表象来进行口算。而公式相对比较抽象，需要调动抽象逻辑思维，到了学前晚期抽象逻辑思维的才处于萌芽。

四、案例分析题

问题一解析：丫丫父母的态度和行为不对。

问题二解析：(1) 3岁的丫丫主要是直觉行动思维，这种思维只有在直接感觉具体事物和通过尝试动作的过程中才能进行思维。停止直接行动，思维活动也就停止了。

(2) 3岁前的儿童常常不会先想好再行动，而是边做边想，做就是想。幼儿初期（小班），儿童还常常用这种方式思维。

(3) 建议丫丫父母为丫丫提供良好的活动场所及各种活动工具、材料，使他们不受限制地按自己的思维活动进行游戏，例如，教儿童计算，最初可以利用小棍、珠子、小玩具等，让他们边摆边算。在丰富多彩的、富有启发性的、在开放、宽松的环境里，促进幼儿思维的发展。

第五节　想象力的发展

一、单项选择题

1. **解析**：选 A。人总是根据自己的知觉经验，即记忆表象进行想象的，故答案选 A 项。

2. 解析:选 D。想象是对已有的表象(记忆表象)进行加工改造而建立新形象的过程,故答案选 D 项。

3. 解析:选 C。想象是对已有的表象进行加工改造而建立新形象的过程。

4. 解析:选 A。幼儿以无意想象为主,有意想象刚开始发展,故答案选 A 项。

5. 解析:选 B。再造想象是根据一定的图形、图表、符号,尤其是语言文字的描述说明,形成关于某种事物的形象的过程,故答案选 B 项。

6. 解析:选 A。表象是事物不在面前时,人们在头脑中出现的关于事物的形象,故答案选 A 项。

7. 解析:选 B。创造想象是一个人根据自己的创见,独立地去构造新形象的过程,故答案选 B 项。

8. 解析:选 C。再造想象是根据一定的图形、图表、符号,尤其是语言文字的描述说明,形成关于某种事物的形象的过程,故答案选 C 项。

9. 解析:选 B。再造想象的形象一般是以前已经存在的,而创造想象的形象则是新的。"孙悟空"的形象是《西游记》的作者吴承恩创造想象的结果,故答案选 B 项。

10. 解析:选 C。最初的想象,基本是记忆表象的重现与新的情境相结合。表象是事物不在面前时,人们在头脑中出现的关于事物的形象,故答案选 C 项。

11. 解析:选 B。幼儿可以做到先想清楚画什么然后按照预想的去画,这说明他们的想象已经开始具有一定的目的,属于有意想象,故答案选 B 项。

12. 解析:选 B。有意想象不仅要有预定目的、有比较稳定的主题,而且要能主动地监督整个想象过程进展的情况。

13. 解析:选 B。创造想象是一个人根据自己的创见,独立地去构造新形象的过程,故答案选 B 项。

14. 解析:选 B。幼儿想象脱离现实的情况,主要表现为想象具有夸张性,故答案选 B 项。

15. 解析:选 C。想象是对已有的表象(记忆表象)进行加工改造而建立新形象的过程,故答案选 C 项。

16. 解析:选 C。无意想象没有预定的目的,而是在某种刺激物的影响下,不由自主地想象出某种事物形象的过程,故答案选 C 项。

17. 解析:选 A。再造想象是根据一定的图形、图表、符号,尤其是语言文字的描述说明,形成关于某种事物的形象的过程。

18. 解析:选 A。无意想象没有预定的目的,而是在某种刺激物的影响下,不由自主地想象出某种事物形象的过程。

二、判断题

1. 解析:√。幼儿期仍以再造想象为主。在再造想象发展的过程中,幼儿想象的创造性逐渐增长,慢慢地出现创造想象。

2. 解析:√。幼儿的想象没有明确的目的,是在外界事物的直接作用下产生的,所以幼儿的想象性活动常常没有主题。

3. 解析:√。想象常常脱离现实或者与现实相混淆,这是幼儿想象的一个突出特点。

4. 解析:×。幼儿想象的再造成分比创造性成分多,具体表现为:想象过程常常依赖于成人的言语描述,或根据外界情景而变化。
5. 解析:×。想象出来的形象不是凭空而来的,构成形象的材料来自对客观现实的感知。
6. 解析:√。幼儿以无意想象为主,没有事先预定好的想象目的,受外界想象的影响较大。
7. 解析:√。再造想象出来的形象是现实生活中已有的事物,是描述者知道想象者不知的事物。创造想象出来的形象是所有人都不知的、甚至现实生活中不可能存在的事物。因此,创造想象比再造想象更复杂、更困难。
8. 解析:×。想象萌芽出现在1岁半至2岁,表现为孩子把日常生活的经验迁移到游戏中去时,就表现出想象的萌芽。
9. 解析:√。这是由于幼儿认识水平不高,有时把想象表象和记忆表象混淆了起来。有些则是幼儿渴望的事情,经反复想象在头脑中留下了深刻的印象,以至于变成似乎真实发生过的事。
10. 解析:√。想象出来的形象多是来自对客观现实的感知,丰富幼儿的感性经验,使他们多获得丰富的想象加工"原材料"。
11. 解析:√。幼儿以无意想象为主,想象没有明确的目的,是在外界事物的直接作用下产生的,所以幼儿的想象性活动常常没有主题,即使有主题也不稳定,极易变化。
12. 解析:√。幼儿想象脱离现实的情况,主要表现为想象具有夸张性。幼儿非常喜欢听童话故事,因为童话中有许多夸张的成分。
13. 解析:√。人们对于某类事物从来没感知过,那么在他的头脑中就不可能出现这类事物作材料的想象。
14. 解析:×。"孙悟空"的形象是《西游记》的作者吴承恩创造想象的结果。
15. 解析:√。由于幼儿的想象没有明确的目的,是在外界事物的直接作用下产生的,容易受外界因素的影响。
16. 解析:√。有意想象不仅要有预定目的、有比较稳定的主题,而且要能主动地监督整个想象过程进展的情况。
17. 解析:√。再造想象出来的形象是现实生活中已有的事物,是描述者知道想象者不知的事物。
18. 解析:√。幼儿想象具有很大的无意性,以无意想象和再造想象为主,缺乏独立性。
19. 解析:×。说明她的想象有计划的、但想象内容零碎、缺乏组织,属于有意想象。
20. 解析:√。幼儿画画时,画出的东西之间毫无关联,但幼儿自己却感到津津有味,为画而画,除对绘画过程本身感兴趣之外,没有其他目的。画画的过程幼儿感到极大的满足。

三、辨析题

1. 解析:本观点不正确,想象是对保存在大脑中的记忆表象进行加工改造而建立新形象的过程。人总是根据自己的知觉经验,即记忆表象进行想象的。表象是事物不在面前时,人们在头脑中出现的关于事物的形象。所以,想象归根结底还是对客观现实的反映。
2. 解析:本观点不正确,儿童讲的事情不是真的,并不是他们有意撒谎,而是出现想象与现实相混淆的情况。这是由于幼儿认识水平不高,有时把想象表象和记忆表象混淆了起

■ 教育基础学习指导

来。有些则是幼儿渴望的事情,经反复想象在头脑中留下了深刻的印象,以至于变成似乎真实发生过的事。

四、案例分析题

  问题一解析:这个孩子画画的过程,反映了无意想象无主题的特点。

  问题二解析:(1)幼儿以无意想象为主,由于无意想象没有明确的目的,是在外界事物的直接作用下产生的,所以幼儿的想象性活动常常没有主题。

  (2)无意想象具体表现在活动之前,他们不能设想出自己将要创造什么样的形象,只是在行动中无意识地摆弄着物体,自发地改变着物体的形状。当物体发生实际变化时,儿童感知到这种变化了的实际形状,才引起头脑中有关表象的活跃。

第六节　言语的发展

一、单项选择题

1. **解析**:选 B。语言是由词汇包括形、音、义按照一定的语法所构成的符号系统,是人类所特有的一种重要的交流工具,故答案选 B 项。

2. **解析**:选 A。内部言语是不出声,也不用文字形式呈现,在内心中进行的一种言语活动,故答案选 A 项。

3. **解析**:选 C。4~5 岁是儿童学习书面言语的关键期,故答案选 C 项。

4. **解析**:选 B。书面言语具有的展开性、计划性、随意性的特点,展开性表现在作者对可疑系统阐述观点,对某一问题进行深入剖析;计划性表现在作者预先构思好提纲,通过较长时间的酝酿不断修改和完善;随意性表现在作者可以通过反复修改准确生动表达自己的意图,供读者自由阅读,故答案选 B 项。

5. **解析**:选 C。反应性是对话言语的特点,故答案选 C 项。

6. **解析**:选 C。4 岁左右是培养儿童正确发音的关键期,故答案选 C 项。

7. **解析**:选 B。2 岁以后,儿童开始使用简单句,如"积木掉了"、"宝宝要睡觉",2~3 岁儿童的句子往往不超过 5 个字,故答案选 B 项。

8. **解析**:选 A。3 岁以前,儿童的言语基本上都是采取对话的形式,他们的言语往往只是回答成人提出的问题,或向成人提出一些问题和要求,故答案选 A 项。

9. **解析**:选 D。独白言语是一个人在比较长的时间内独自进行的言语活动,3 岁以前儿童的言语基本上都是对话言语,故答案选 D 项。

10. **解析**:选 D,造成口吃的主要原因是紧张,故答案选 D 项。

11. **解析**:选 B。在对话言语中对话者之间除了通过语言传递信息,还辅之以表情、动作等非言语,也许一个眼神,一种表情就能使大家"意会"到对方要表达的意思,故答案选 B 项。

12. **解析**:选 C。2 岁以后,儿童开始使用简单句,如"积木掉了"、"宝宝要睡觉"。2、3 岁儿童的句子往往不超过 5 个字,故答案选 C 项。

13. 解析:选 D。大约 2 岁半,儿童的句子中开始出现一些没有连接词的复合句,像"糖掉地上了,脏脏!",故答案选 D 项。
14. 解析:选 B。3 岁前儿童的言语主要是对话言语,故答案选 B 项。
15. 解析:选 A。1~3 岁是儿童言语真正形成的时期,0~1 岁是儿童言语的准备阶段,故答案选 A 项。
16. 解析:选 B。对话言语使彼此之间交流是双向或多向,有较强的互动性,故答案选 B 项。
17. 解析:选 C。情境性言语是指口语表达不连贯、不完整,并伴有各种手势和表情,听者需要结合当时的情境,审察手势表情,边听边猜才能懂得意义的言语。复述和独立讲故事属于连贯性言语,故答案选 C 项。
18. 解析:选 B。幼儿的自言自语有两种形式:一种是游戏言语,一种是问题言语,故答案选 B 项。
19. 解析:选 C。幼儿能说出一些词,但并不理解,或者虽然理解了,却不能正确使用,这样的词叫做消极词汇,故答案选 C 项。

二、判断题
1. 解析:√。言语活动依靠语言作为工具进行,儿童掌握语言的水平影响言语活动水平。
2. 解析:×。说或写属于言语活动。言语活动包括、对语言的接受,即感知、理解过程和发出语言,即说或写。
3. 解析:√。内部言语是指向自己,当我们在思考、默读、听课、看视频等过程中出现的一种内在的言语活动,隐蔽性是它的特征之一。
4. 解析:√。没有外部言语的积累和训练,人们就难以形成内部言语的能力。
5. 解析:×。单词句是指一个词就代表一个句子。儿童在 1 岁半以后开始说双词句,即由两个词组成的句子,如"妈妈抱""帽帽掉"。
6. 解析:√。幼儿的自言自语是思维的有声表现,具有计划和引导行动的性质,即自我调节的机能。
7. 解析:√。先学前期(1~3 岁)的儿童是没有内部言语的,他们思考问题时是边想边说边做。只有到了学前期(3~6 岁)即幼儿期,在外部言语发展比较充分的基础上,内部言语才有可能产生。
8. 解析:×。3~4 岁儿童能基本掌握本民族语言的全部语音,先学前期是 3 岁前。
9. 解析:×。4 岁左右是培养儿童正确发音的关键期。
10. 解析:×。3 岁左右,幼儿已经能够掌握 1000 个左右的词。
11. 解析:×。儿童学习语言过程中最早出现的句型是单词句。
12. 解析:×。在幼儿使用的词汇中,词频率出现最高的是名词。
13. 解析:×。儿童说出的句子发展的趋势是从陈述句到非陈述句。
14. 解析:×。儿童说出的句子发展的趋势是从不完整句到完整句。
15. 解析:√。词汇较贫乏,心理紧张都会导致幼儿出现口吃现象。
16. 解析:√。幼儿掌握的主要是一些具体的词汇,后来逐渐掌握一些抽象性和概括性比较高的词。首先理解的是意义比较具体的词,以后才开始理解比较抽象概括的词。

17. 解析:×。整个学龄前阶段的儿童仍难理解词的隐喻和转义。例如,妈妈说:"要学会吃点苦。"孩子就说:"我能吃苦,那天买的冰棍有点苦,我也吃了。"

18. 解析:√。儿童最初的句子不完整,常常漏掉或缺少一些句子成分。

三、辨析题

1. 解析:本观点正确,推广普通话也要从小做原因在于4岁左右是培养儿童正确发音的关键期。儿童3～4岁以后,发音开始稳定,趋于方言化,即开始局限于本族或本地语音,年龄越大学习其他方言或外语的某些发音就可能越发感到困难。

2. 解析:本观点不正确,比较连贯地进行叙述一件事属于连贯言语,一般地说,随着幼儿年龄的增长,连贯性言语的比例逐渐上升。整个幼儿期都处在从情境性言语向连贯性言语过渡的时期。6、7岁的儿童才能比较连贯地进行叙述,但其发展水平也不很高。

四、案例分析题

问题一解析:(1)家长和老师的做法不正确。

(2)自言自语是幼儿言语发展过程中的一种自然而普遍的现象,自言自语的形式有游戏言语和问题言语。

(3)游戏言语是幼儿在游戏过程中出现的自言自语,问题言语是幼儿在碰到困难时,常常在自言自语中寻找解决办法的一种语言。

问题二解析:正确的引导方法如下:

(1)对于幼儿的自言自语现象教师不用担心,更不要因幼儿的自言自语影响课堂纪律而轻率地指责幼儿。

(2)仔细倾听幼儿自言自语的内容,看看他们遇到什么难题,及时给予适当的指导,促使幼儿顺利地由自言自语过渡到内部言语。

(3)当孩子自言自语时,家长不要急于打断或者要求宝宝"自己想就行",而要注意对孩子的不解、疑惑给予一定的启发;当孩子能独立战胜困难时,还要给予鼓励,这样才能使他们更好地向内部语言发展,为学会独立思维创设更有利的条件。

第七节 智力与创造力的发展

一、单项选择题

1. 解析:选B。SPM指的是瑞文推理测验,是一种非文字智力测验,故答案选B项。

2. 解析:选C。一般而言,低常儿童是指智力低于70,故答案选C项。

3. 解析:选D。通常以100分为智力正常的标准,智商在90～110之间均属正常,130～140分以上称为超常,70分以下属于智力低下,故答案选D项。

4. 解析:选A。智力是包含学习能力、问题解决能力和社会适应能力的一种综合能力,认知是智力的基础,注意力属于认知因素。非智力因素包含动机、情感、兴趣、意志等,故答案选A项。

5. 解析:选 D。本题考查智商公式的计算。比率智商的公式为 IQ=[智龄(MA)/实龄(CA)]×100。根据题干可知智龄为 12 岁,实龄为 10 岁,列出公式为 IQ=[12/10]×100,即比率智商为 120,故答案选 D 项。

6. 解析:选 B。比纳—西蒙量表,标志着科学智力定量评估方法的诞生,故答案选 B 项。

7. 解析:选 C。70 分以下属于智力低下或者智力障碍,故答案选 C 项。

8. 解析:选 C。智商分布的标准差为 15,以离差大小表明智力高低,离差大、且为正数者智商高,故答案选 C 项。

9. 解析:选 C。流畅性指在限定的时间内产生观念数量的多少,所以也称思维的丰富性。在一定时间内产生的观念越多,意味着思想的流畅性越大,故答案选 C 项。

10. 解析:选 B。晶体智力是以学得的经验为基础的认知能力。晶体智力不因年龄增长而降低,有些人甚至因知识经验的累积,晶体智力随着年龄的增长而升高,故答案选 B 项。

11. 解析:选 D。独特性是指不落俗套和不寻常规的那种思维能力,故答案选 D 项。

12. 解析:选 C。斯坦福—比纳智力量表采用了智商,即智力商数,来表示智力水平的高低,故答案选 C 项。

13. 解析:选 B。美国斯坦福大学教授推孟将比纳—西蒙智力量表介绍到了美国,并修订为斯坦福—比纳智力量表,故答案选 B 项。

14. 解析:选 C。比纳—西蒙智力量表是最早的智力测验,使用智龄来表示智力水平;斯坦福—比纳智力量表是最著名的智力测验,使用比率智商来代表智力水平,故答案选 C 项。

15. 解析:选 D。本题考查的是心理测验。在韦克斯勒智力量表中,用离差智商来衡量人们的智力水平,故答案选 D 项。

二、判断题

1. 解析:×。创造力的发挥不仅取决于智力水平的高低,还受到其他多种因素的影响,如个性、动机、环境等。

2. 解析:×。智力的高度发展被称为智力超常或天才,智力是包含学习能力、问题解决能力和社会适应能力的一种综合能力,记忆力只是智力的一部分。

3. 解析:√。传统的智力是包含学习能力、问题解决能力和社会适应能力的一种综合能力,它是人的能力的一种表现形式,也称智能。传统的智力含义只强调人在认知方面的能力。

4. 解析:√。晶体智力包括一个人所获得的知识以及获得知识的能力,通过个体掌握文化知识经验而形成,它在人的一生中是逐渐增长的。

5. 解析:√。从智力发展的角度看,这又是儿童思维开始发展的年龄,而思维是对事物的间接反映,是以知识经验为中介的。有了一定的知识经验,才可能对有关事物进行思维和想象。

6. 解析:×。韦氏智力量表,用离差智商来衡量智力水平。

7. 解析:√。所谓非智力因素是指除了智力与能力之外的、同智力活动效益发生交互作用的一切训练因素的总和。对学前儿童智力的开发可以从两方面进行:一是从智力训练入手,二是从非智力因素入手。

8. 解析：√。比纳——西蒙量表，首次采用智力年龄（心理年龄）作为智力的评价标准，使测验的解释变得通俗易懂。

9. 解析：×。智力落后并不是某种心理过程受损和生理疾病或脑损伤，而是多种心理能力的低下。

10. 解析：×。流体智力在40岁以前就开始下降。

11. 解析：×。晶体智力则是指人后天习得的能力，与文化知识、经验的积累有关，它在人的一生中都在发展。

12. 解析：√。独特性是指不落俗套和不寻常规的那种思维能力，思维结果具备新颖、独特。

13. 解析：√。流畅性指在限定的时间内产生观念数量的多少，所以也称思维的丰富性。

14. 解析：√。独特性是指不落俗套和不寻常规的那种思维能力。

15. 解析：×。流畅性指在限定的时间内产生观念数量的多少。老师让小明在一分钟内（限定的时间）尽可能多的列举粉笔的用途，这是考查学生发散思维的流畅性特征。

16. 解析：×。该学生发散思维流畅性好，变通性差。单位时间内列出了很多答案体现发散性思维流畅性好，但是都在餐饮的范围内体现思维变通性差。

三、辨析题

1. 解析：本观点不正确，低智力的人也并非完全缺乏创造力，创造力的发挥不仅取决于智力水平的高低，还受到其他多种因素的影响，如个性、动机、环境等。

2. 解析：本观点不正确，智商与学业成绩只有中等程度的相关，对个体而言影响更大的是主观能动性。因此说，智力水平是影响学生学习成绩好坏的重要因素，但不是决定因素。因此题干描述不正确。

四、案例分析题

问题一解析：创造力，学前儿童的创造活动大多是自发进行的，没有特定的目的和目标。他们常常根据自己的兴趣和好奇心，自由地进行各种尝试和探索。

问题二解析：（1）首先，营造积极的创造环境。要给孩子创造一个安全、宽容的环境。这个环境不仅仅是物理环境，更重要的是心理环境。让孩子知道，任何尝试都是值得赞扬的，无论这个想法看起来多么荒谬，都请你耐心听他们说完。失败不是坏事，只是一种结果。要让他们勇于探索，大胆创新。

（2）其次，通过阅读启发性故事开始（启发兴趣）。选择有关宇航员或者太空的故事，与孩子一起沉浸在宇宙探索的奇妙旅程中。可以讨论宇宙的广阔和神秘之处，引导孩子思考关于太空的问题。

（3）最后，提供简单的手工材料，让孩子创造属于他们的太空船或外星生物。进行简单的太空科学实验，如制作模型火箭，让他们亲身体验科学的魅力。或者前往天文馆或科学博物馆，观看有关宇宙和太空的展览。这既给学生提供了亲身体验的机会，同时可能有专家讲解，回答孩子提出的问题。这样的实地经验将深化他们对太空的认识。

第九章 个性和社会性发展

第一节 情绪情感的发展

一、单项选择题

1. 解析：选 A。心境是一种微弱、平静而持久的情绪状态，它影响人的整个精神活动。
2. 解析：选 D。应激是人在面临突发或重大事件时，为了应对这些事件而产生的情绪反应。
3. 解析：选 B。激情是一种爆发强烈而持续时间短暂的情绪状态，多带有特定的指向性和较明显的外部行为。
4. 解析：选 D。道德感是对自己或他人行为是否符合社会道德标准而产生的情感体验。
5. 解析：选 C。理智感是在智力活动中，认识、探求或维护真理的需要是否得到满足而产生的情感体验。理智感与认知活动紧密相关，它体现了人们对知识和真理的追求。
6. 解析：选 A。美感是对美的体验。它涉及对艺术、自然和生活中的美好事物的欣赏和感受。
7. 解析：选 A。怕生是婴儿对陌生事物的恐惧反应，一般出现在婴儿 6 个月左右，此阶段伴随着依恋的形成。
8. 解析：选 A。学前儿童归属感的发展呈现出层级性的特点，首先是由近到远，从家庭开始，逐渐扩展到社区、幼儿园，再到世界各地。
9. 解析：选 D。情绪具有情境性、激动性和暂时性的特点。
10. 解析：选 D。情感具有稳定性、深刻性、持久性的特点。
11. 解析：选 C。自发性的笑也称为早期笑或内源性的笑，主要出现在婴儿困倦和睡梦中。
12. 解析：选 D。4 个月前，婴儿的微笑是不出声的，4 个月后，婴儿开始出现"咯咯"的笑声。
13. 解析：选 D。与知觉和经验相联系的恐惧开始出现在婴儿 4 个月左右，如因深度知觉产生的"高处恐惧"。
14. 解析：选 B。情感指向事物的不断增加是幼儿情感丰富化的表现，不是社会化的趋势。
15. 解析：选 D。美国心理学家华生通过对 500 多名初生婴儿的观察得出婴儿最初的情绪有怕、怒、爱三种。
16. 解析：选 D。情绪心理学家伊扎得认为，儿童一出生就已具有吃惊、痛苦、厌恶、兴趣和初步的微笑五种情绪反应。
17. 解析：选 D。随着年龄的增长，幼儿对情绪的自我调节能力越来越强，主要表现在：情绪的冲动性逐渐减少、情绪的稳定性逐渐提高、情绪情感从外露到内隐三个方面。
18. 解析：选 B。丰富化指情绪过程越来越分化，情感指向的事物不断增加。儿童刚开始爱妈妈,后来爱的人逐渐扩展到兄弟姐妹、老师同学,越来越多,指向的对象增加,是丰富化的表现。

19. 解析:选 C。新生儿出生第 3 周左右,开始出现清醒状态下的反射性微笑。第 5 周开始,婴儿对人脸微笑,说明婴儿开始与社会性群体发生交流,产生"社会性诱发笑"。

20. 解析:选 C。应激是出乎意料的紧急情况所引起的急速而高度紧张的情绪状态,具有突发性和紧张性的特点。在应激状态下,人们的情绪高度紧张,可能伴随着心跳加速、呼吸急促等生理反应。

二、判断题

1. 解析:√。情绪受情感的制约和调节,人在很多场合会因为情感的因素而克制表达表现自己的情绪,如成年人不喜形于色,不动声色等。

2. 解析:√。根据情绪的演化过程或刺激类型,可以把情绪分为六类,感觉刺激引发的情绪是其中一类,如疼痛、厌恶等均由感觉刺激引发。

3. 解析:×。心境具有微弱性和弥漫性的特点。激情才具有短暂性和强烈性的特点。

4. 解析:×。婴儿四个月前的微笑是不出声的,4 个月后开始出现"咯咯"的笑声。

5. 解析:×。情绪产生较早,新生儿一生下来就有的是情绪,如哭。

6. 解析:×。情感具有较大的稳定性、深刻性和持久性,情绪具有情境性、激动性和短暂性。

7. 解析:√。情感是在情绪的基础上形成并表现出来的。可以说,情绪是情感的外在表现,情感是情绪的内在本质。

8. 解析:×。情绪一般与个体较低级的生理性需求相联系,情感一般与个体较高级的社会性需要相联系。

9. 解析:√。道德感是用一定的道德标准去评价自己或他人的思想和言行时产生的情感体验,具有社会性和规范性的特点,受社会道德观念和文化背景的影响。

10. 解析:√。儿童最初的情绪反应是与生理需要直接相关的,如饿了就哭,吃饱了就不哭。

11. 解析:√。情感是情绪过程的主观体验,是情绪的感受部分。

12. 解析:×。"最美教师"称号的授予,是基于道德标准对个体行为的评价,体现的是道德感而非美感。

13. 解析:×。心境是一种微弱、平静、持久的情绪状态,也称为心情。

14. 解析:√。情绪由刺激引发,引起情绪的刺激消失时,相应的情绪反应也会停止。

15. 解析:√。根据不同的标准,情绪有不同的分类。根据情绪的构成可以把情绪分为基本情绪和复合情绪。

16. 解析:×。随着年龄的增长,幼儿对情绪的自我调节能力越来越强,情绪情感变得内隐。

17. 解析:√。这是归属感的概念。归属感指个体认同所在的群体并感觉自己也被群体认可和接纳的感觉。

18. 解析:×。与知觉和经验相联系的恐惧开始出现在婴儿 4 个月左右,如因深度知觉产生的"高处恐惧"等,视觉开始对恐惧起主要作用。

19. 解析:√。随着幼儿年龄的增长,幼儿的情绪情感逐渐从生理性需要相联系向社会性需要相联系靠近。

20. 解析：√。新生儿出生后一个星期左右，在他吃饱或听到柔和声音的清醒状态下，有时候也会嫣然一笑。这种笑是一种低强度的只是卷口角的肌肉活动，与婴幼儿中枢神经系统大脑皮层下的自发发放以及脑干或边缘系统的兴奋状态有关，一般在3个月后逐渐减少。

三、辨析题

1. 解析：本观点不准确。情绪和情感既有区别又有联系。情绪和情感的联系表现为：一方面，情绪受情感的制约和调节，在很多场合会因为情感的因素而不会毫无顾忌地表达表现自己的情绪，如成年人不喜形于色，不动声色等；另一方面，情感是在情绪的基础上形成并表现出来的。可以说，情绪是情感的外在表现，情感是情绪的内在本质。

2. 解析：本观点不准确。"婴幼儿逐渐适应外在环境和成人，成人在长时间的照顾中也更懂婴幼儿"只是婴幼儿哭的次数减少的一个原因，婴幼儿哭的次数减少的其他原因有：婴幼儿本身的言语和动作逐渐发展，他们能用言语和动作表达需要和情绪，就无需再用哭来表达。

四、案例分析题

问题一解析：本案例小杰搭积木的表现体现了他的情绪情感发展自我调节化方面的特点。随着年龄的增长，幼儿对情绪的自我调节能力越来越强，主要表现在：情绪的冲动性逐渐减少、情绪的稳定性逐渐提高、情绪情感从外露到内隐三个方面。伴随着幼儿脑的发育和语言的发展，幼儿从最初的在成人的要求下被动服从控制到儿童晚期能够有意识地控制自己的情绪，情绪的冲动性逐渐减少。在教育的影响下，幼儿情绪的不稳定性、情境性减少，稳定性提高。到儿童晚期，调节情绪情感表现的能力有一定的发展，情绪情感开始表现出内隐性。

问题二解析：幼儿情绪情感的发展特点还表现在社会化、丰富和深刻化上。

（1）随着幼儿年龄的增长，幼儿的情绪情感逐渐从生理性需要相联系向社会性需要相联系靠近，情感中社会性交往的成分不断增加，引起情绪反应的社会性动因不断增加；表情的日益社会化。

（2）丰富化一指情绪过程越来越分化，出现较多高级情感，包括道德感、美感、理智感等；二指情感指向的事物不断增加，从爱父母兄弟到增加爱老师同学。深刻化指情感从指向事物表面到指向事物的内在，与儿童的认知发展水平有关。

第二节　意志的发展

一、单项选择题

1. 解析：选C。情感既可以成为意志行动的动力，也可以成为意志行动的阻力。
2. 解析：选A。认识过程是意志产生的前提，离开了认识过程，意志便不可能产生。
3. 解析：选A。意志是指个体有意识地支配、调节行为，通过克服困难以实现预定目的的心理过程。这一过程伴随明确的目的性，有意识的调节性，与克服困难相联系。
4. 解析：选C。今日事今日毕说明已经着手做了，在这个过程中要排除干扰，抵制诱惑，把事情干完。故本题选 C。
5. **解析**：选 C。在婴儿 4 至 5 个月左右，他们开始出现随意行动，这是意志行为的初步萌芽。
6. **解析**：选 D。学前儿童意志行为发展的初步发展阶段（1 岁至 3 岁）。
7. **解析**：选 C。学前儿童意志行为发展的深入发展阶段（3 岁至 6 岁）。
8. **解析**：选 D。三天打鱼两天晒网表明这个人意志容易动摇，不能持之以恒地完成一件事情。故本题选 D。
9. **解析**：选 B。从无意性向有意性发展。
10. **解析**：选 B。果断性是指个体善于明辨是非，迅速而合理地采取决定并执行决定的意志品质。
11. **解析**：选 A。自觉性是指个体对行动目的有明确的认识，并能充分认识行动效果的社会意义，从而主动以目的调节和支配自己的行动。
12. **解析**：选 C。意志是指个体有意识地支配、调节行为，通过克服困难以实现预定目的的心理过程。考核意志的概念。

二、判断题

1. **解析**：√。行为是对意志的反映和强化，通过观察一个人的行为可以判断此人意志的强弱。
2. **解析**：√。行为是对意志的反映和强化，成功的行为结果能够增强个体的自信心和意志力，使其更加坚定地追求目标，失败的行为结果会削弱个体的意志，甚至导致其放弃努力。
3. **解析**：√。意志控制情感，使情感服从于理智。
4. **解析**：×。遗传素质对个人意志行为的发展有一定的影响，但不是起决定性的作用，意志行为主要受后天环境教育的影响。
5. **解析**：√。果断性指个体善于明辨是非，迅速而合理地采取决定并执行决定，遇事当机立断说的就是果断性。
6. **解析**：×。在婴儿 4 至 5 个月左右，他们开始出现随意行动，这是意志行为的初步萌芽。他们能够有意识地控制自己的某些动作，如伸手抓取眼前的物体，这表明他们的动作开始具有一定的目的性和意向性。
7. **解析**：×。学前儿童意志行为的发展是从无意性向有意性、从受外界影响大向自主性增强、从简单到复杂的过程。
8. **解析**：×。行为是对意志的反映和强化，成功的行为结果会增强个体的自信心和意志力，使其更加坚定地追求目标。
9. **解析**：√。自觉性指个体对行动目的和行动效果的社会意义有明确充分的认识，从而主动以目的调节和支配自己的行动。自觉性贯穿意志行动的始终，是意志的首要品质。
10. **解析**：×。学前儿童意志行为从受外界影响大向自主性增强发展。
11. **解析**：√。学前儿童意志行为发展的萌芽阶段，意志行为主要表现为不随意行动，即动作缺乏明确的目的性和计划性。
12. **解析**：×。情感影响意志，既可以成为意志行动的动力，也可以成为意志行动的阻力。当某种情感对个体的活动起支持作用时，它就会成为意志行动的动力，当某种情感对个体的活动起阻碍作用时,它就会成为意志行动的阻力。

13. **解析**:√。在意志发展的萌芽阶段,学前儿童能够有意识地控制自己的某些动作,如伸手抓取眼前的物体,这表明他们的动作开始具有一定的目的性和意向性。

14. **解析**:√。意志是指个体有意识地支配、调节行为,通过克服困难以实现预定目的的心理过程,是人类特有的高级心理机能,是推动个体克服困难、实现预定目标的重要动力。

15. **解析**:×。在意志行为深入发展阶段,儿童的意志行为水平不断提高,他们开始能够更好地控制自己的行为,并展现出更加复杂的意志品质。提出简单的行动目的,并尝试按照一定的计划去行动是在意志行为初步发展阶段。

三、辨析题

1. **解析**:本观点不准确。学前儿童的意志并非简单的冲动或欲望,而是一个更为复杂的心理过程。意志是指自觉确定目的,并根据目的来支配调节自己的行为,克服各种困难,从而实现目的的心理过程。简单的冲动是指个体在没有充分考虑后果的情况下,仅凭一时的想法或感觉而做出的行为。这种行为往往缺乏计划性、目的性和自我控制,容易受到外界刺激的影响。学前儿童的意志虽然还处于发展的初级阶段,但已经表现出一定的自觉性、坚持性和自制力。例如,他们能够在一定程度上控制自己的行为,为了达成某个目标而坚持努力,甚至克服一些小的困难。

2. **解析**:本观点不准确。意志是行为的内在动力和指导力量,起着支配和调节行为的作用,使其朝着预定的目标前进,保持行动的持续性和稳定性,但这并不意味着行为对意志没有任何作用。实际上,行为是意志的外在表现,是意志作用的结果,是对意志的反映和强化。成功的行为结果能够增强个体的自信心和意志力,使其更加坚定地追求目标,而失败的行为结果会削弱个体的意志,甚至导致其放弃努力。行为和意志之间存在着密切的相互作用关系。行为是意志的延伸和体现,同时也是意志的检验和反馈机制。

四、案例分析题

问题一解析:明明在拼图挑战中一开始注意力容易分散,且对于较长时间和较高难度的任务缺乏足够的耐性,在老师的精心设计和引导下,明明逐渐克服了这些困难,表现出:

(1) 兴趣和动力的保持。老师通过选择既具挑战性又适合明明兴趣的拼图,以及分阶段设置目标并给予及时的鼓励和奖励,成功地保持了明明的兴趣和动力。

(2) 坚持性和自制力的提升。在老师的引导下,明明逐渐学会了在面对难题时不轻易放弃,而是尝试不同的方法去解决问题。

(3) 解决问题的能力。在拼图过程中,明明不仅锻炼了手眼协调能力,还学会了独立思考和解决问题的能力。

问题二解析:这次活动对幼儿园老师有以下几点启示:

(1) 个性化教学的重要性。老师根据明明的年龄、兴趣和特点选择了适合的拼图任务,这体现了个性化教学的重要性。

(2) 目标设置与反馈机制。将大目标分解为小阶段,并在每个阶段给予及时的反馈和鼓励,可以有效地保持孩子的兴趣和动力。

(3) 引导与支持并重。在明明遇到难题时,老师没有直接给出答案,而是引导他尝试不同的方法,给予必要的指导和帮助。

(4)关注过程与结果并重。虽然最终完成拼图是一个重要的成果,但老师在过程中更加注重明明的学习态度、努力程度和解决问题的能力。

(5)培养意志品质的重要性。良好的意志品质不仅有助于孩子在当前的学习活动中取得更好的成绩,更对他们未来的成长和发展具有深远的影响。

第三节 个性的发展

一、单项选择题

1. 解析:选 A。自我认识指个体对自己的各种身心状况的认识,包括生理自我、心理自我和社会自我的认知。它涉及自我感觉、自我观察、自我观念、自我分析和自我评价等层次,是自我意识的基础。

2. 解析:选 A。相对其他个性心理特征,气质较为稳定。

3. 解析:选 B。胆汁质的人性情直率、感情充沛、精力旺盛,但脾气暴躁,情绪容易冲动,反应速度快但不灵活,情绪兴奋性高,抑制能力差。

4. 解析:选 D。多血质的人热情活泼、机智灵敏、动作迅捷,其心理活动和外部动作都具有很高的灵活性。他们情绪情感容易产生也容易变化和消失,容易外露,体验不深刻。

5. 解析:选 C。黏液质的人安静稳重、做事踏实、考虑问题全面、自制力强、喜欢埋头苦干、严肃认真。情绪不易外露,注意力稳定而不容易转移,外部动作少而缓慢。他们交际适度,比较务实,能严格遵守既定的生活秩序和工作制度,但往往不够灵活,因循守旧,缺乏热情。

6. 解析:选 D。抑郁质的人多愁善感,容易神经过敏。他们观察问题比较深刻细腻,善于觉察到别人不易察觉的细小事物。为人小心谨慎,思考透彻,在困难面前容易优柔寡断。

7. 解析:选 A。态度特征指一个人对现实世界的稳定态度,包括对社会、集体、工作、劳动、他人以及对自己的态度。这些态度特征如诚实、虚伪、谦逊、骄傲等。

8. 解析:选 D。一般将婴幼儿气质分为困难型、容易型和迟缓型三种。

9. 解析:选 C。困难型的婴幼儿人数不多,仅占群体中的 10%～15%。

10. 解析:选 B。性格则更多地体现了人格的社会属性,是后天在社会实践活动中逐渐形成的。

11. 解析:选 C。气质是个体在心理活动的强度、速度、灵活性与指向性等方面所表现出来的稳定的动力特征。

12. 解析:选 D。自我意识是个体对自己身心状态及与客观世界关系的全面认识和体验,在个体成长和社会发展中发挥着重要作用,是人格形成、发展及个体行为调控的关键因素。

13. 解析:选 C。从主观情绪性评价到初步客观评价。学前儿童的自我评价常常带有主观情绪性,容易受到情绪状态的影响。然而,随着认知能力和社会经验的增加,他们逐渐学会从具体事实出发进行初步客观的评价。

14. 解析:选 C。学前儿童自我意识发展整体上表现出三大特点:随年龄增长而提高、各因素发展速度与程度不同、受家庭和社会环境的影响。

15. **解析**:选D。自我意识的同一性使个体在不同时间和情境下表现出一致的心理面貌,从而使自己与其他人的个性区别开来。

16. **解析**:选B。自我体验是自我意识的情感成分,在自我认识的基础上产生。它反映了个体对自己所持的态度,包括自我感受、自爱、自尊、自信、自卑、内疚、自豪感、成就感等情感体验。

17. **解析**:选B。儿童开始掌握代名词"我",并能够准确使用"我"来表达自己的愿望和需求。这标志着儿童的自我意识开始萌芽,他们开始意识到自己的存在和独立性。

18. **解析**:选A。自我意识使个体能够清晰地认识到自己的存在以及自己与周围世界的关系。这种意识性不仅包括对自我本身的意识,也包括对自我与外部环境相互关系的意识。自我意识使个体对自己的行为、情感、思维等具有明确的理解和自觉的态度,而非无意识或潜意识的状态。

19. **解析**:选B。对个体社会特性的意识,包括社会角色、社会地位和作用等,就体现了社会性。

20. **解析**:选B。容易型的婴幼儿人数较多,约占群体中的40%。他们温和、愉快,容易接受新事物和新环境。生活有规律,可以预测其行为反应。对成人的交往反应积极,容易与父母建立和谐、稳定的亲子关系。

二、判断题

1. **解析**:×。"优柔寡断"反映了个体在面临困难和挑战时的自我调节能力不足,是性格的意志特征。

2. **解析**:×。气质具有相对的稳定性,但并非一成不变,在后天教育和环境等多种因素的作用下,气质也会发生变化。

3. **解析**:√。学前儿童的气质类型会影响父母的教养方式。不同气质类型的儿童需要不同的教养方式和教育策略。例如,对活泼好动的儿童,父母需要采取灵活和有趣的教育方式。

4. **解析**:×。困难型的婴幼儿人数不多,仅占群体中的10%~15%。他们活跃度高,常常表现出易怒、情绪不稳定的特点。

5. **解析**:√。学前儿童自我认识能力的发展从身体认识到心理认识,最初对自己的认识主要集中在身体特征上。

6. **解析**:×。与气质相比较,性格更多地体现了人格的社会属性。

7. **解析**:×。自我认识指个体对自己生理自我、心理自我和社会自我的认知,少了生理自我,所以选B。

8. **解析**:×。学前儿童的自我控制能力的发展在5岁左右呈现明显的转折点,他们能够根据规则和要求调整自己的行为,表现出更强的自我约束能力,从依赖成人的指导和帮助到能够自主调节自己的行为。

9. **解析**:√。学前儿童的自我评价能力逐渐增强,能够对自己的行为和能力做出初步的评价,从复述成人的评价到逐渐形成自己的评价标准进行独立评价。

10. **解析**:×。性格是在后天的社会实践活动中逐渐形成的,并具有一定的可塑性。气质受生物遗传特质的影响更大。

11. **解析**：√。学前儿童自我评价以受情绪状态影响的评价为主,逐步发展过渡到从具体事实出发进行初步客观的评价,此说法是正确的。

12. **解析**：×。迟缓型的婴幼儿对新环境和新经验适应较慢,容易对常规事物反应过度。

13. **解析**：×。胆汁质的人性情直率、感情充沛、精力旺盛,但脾气暴躁,情绪容易冲动。

14. **解析**：×。黏液质的人情绪不易外露,注意力稳定而不容易转移,外部动作少而缓慢。

15. **解析**：√。多血质的人热情活泼、机智灵敏、动作迅捷,其心理活动和外部动作都具有很高的灵活性。

16. **解析**：√。迟缓型婴幼儿在没有压力的情况下,也能逐渐对新刺激产生兴趣,并在新环境中慢慢活跃起来。

17. **解析**：√。当儿童认识到手脚是自己身体的一部分,意味着儿童已经把自己与外部世界相区分开,标志着儿童开始有了自我感觉,是自我意识发展的起点。

18. **解析**：√。性格的概念,性格的态度特征指一个人对现实世界的稳定态度,包括对社会、集体、工作、劳动、他人以及对自己的态度。

19. **解析**：√。儿童开始掌握代名词"我",并能够准确使用"我"来表达自己的愿望和需求时,标志着儿童的自我意识开始萌芽。说法正确。

20. **解析**：√。学前儿童的气质在大多数情况下具有相对稳定性。这意味着在儿童的成长过程中,早期的气质特征往往能够持续保持一段时间,不会轻易发生根本性变化。此说法正确。

三、辨析题

1. **解析**：本观点不准确,存在逻辑上的片面性。
（1）胆汁质和黏液质是两种不同的气质类型,它们各自具有独特的优势和劣势,不能简单地以脾气暴躁或安静稳重为标准来评判优劣。胆汁质的人虽然可能情绪容易激动,但他们通常精力充沛、反应迅速、直率热情。黏液质的人以安静稳重著称,但在需要创新和冒险精神的领域,就成为其发展的障碍。
（2）气质类型并非固定不变,个体在不同情境下可能会展现出不同的气质特征。
（3）气质类型并无好坏之分,每种气质类型都有其独特的价值和意义,关键在于如何根据自己的气质特点来发挥自己的优势,克服自己的劣势,实现个人的全面发展。

2. **解析**：题中观点部分正确但结论存在误区。
（1）容易型的婴幼儿确实在人际交往方面展现出积极的特点,容易与父母建立和谐、稳定的亲子关系,对各种教养方式都较为适应。
（2）容易型的婴幼儿在适应性和交往能力上表现出色,并不意味着父母可以完全"放养"他们。婴幼儿时期是人格形成和发展的关键阶段,即使是对容易型的婴幼儿,也需要父母的关注和引导。例如,他们的认知能力和自我控制能力尚未完全发展成熟,需要父母在日常生活中给予适当的指导和约束。
（3）婴幼儿在成长过程中会遇到各种挑战和困难,需要父母的关心和支持。
（4）容易型的婴幼儿在人际交往和适应性方面表现出色,父母仍然需要给予他们足够的关注和引导,而不是简单地"放养"。

四、案例分析题

问题一解析:(1)红红的性格属于外向型,喜欢社交但缺乏一定的情绪控制能力和妥协精神。

(2)她的好奇心强,对感兴趣的事物能表现出高度的专注和热情,但注意力容易分散。

(3)情绪表达直接,自信心在擅长领域较强,但在新领域或挑战面前显得不够自信。

问题二解析:(1)情绪管理训练:通过故事、游戏等方式,引导红红学会识别、表达和调节自己的情绪。

(2)社交技能培养:教授红红基本的社交规则和沟通技巧,如轮流、分享、倾听等,帮助她更好地与同伴相处。

(3)兴趣引导与注意力训练:利用红红的兴趣点设计学习活动,同时采用多种方法(如时间管理、视觉提示等)提高她的注意力集中度。

(4)自信心建设:鼓励红红尝试新事物,对她的努力和进步给予正面反馈,帮助她建立自信心。

第四节　社会交往的发展

一、单项选择题

1. **解析:**选A。受欢迎型儿童约占群体中的13.33%。

2. **解析:**选D。安斯沃思等的研究认为,学前儿童的依恋主要存在三种类型:安全性依恋、回避性依恋和反抗性依恋。

3. **解析:**选C。学前儿童依恋的发展大致经历四个阶段,对人有差别的反应阶段出现在3~6个月。

4. **解析:**选C。安全型依恋。这类儿童约占65%~70%。

5. **解析:**选C。良好的依恋关系有助于儿童建立安全感、信任感和自我认同感,促进其全面健康发展。

6. **解析:**选A。游戏和规则是2~6岁同伴交往发展阶段。

7. **解析:**选D。儿童对于相貌漂亮的同龄人和相貌平平的同龄人会有不同的判断,身体条件好、有吸引力的儿童往往更容易建立起良好的人际关系。

8. **解析:**选B。家长的教养方式对儿童与他人的交往有重要影响。例如,母亲的态度采用照顾过度,孩子的性格易为幼稚、依赖、神经质、被动或胆怯;母亲采取忽视的态度,则孩子表现为冷酷、攻击、情绪不稳定、创造性强等。

9. **解析:**选D。权威型教养方式下长大的孩子通常具有很强的自信和较好的自我控制能力,表现出乐观、积极的态度。

10. **解析:**选D。学前儿童依恋的发展大致经历四个阶段,特殊的情感联结阶段出现在6个月~2岁。

11. **解析:**选D。学前儿童依恋的发展大致经历四个阶段,目标调整的伙伴关系阶段出现在2~3岁以后。

12. **解析:**选D。专断型的父母高度控制,要求严格,限制儿童自由发展。他们设定高标准,强制孩子服从,无视或压制孩子的需求和感受。在这种教养方式下长大的孩子更容易表现出焦虑、退缩和不快乐,形成自卑、冷漠等消极情绪。

13. 解析：选 C。教师在幼儿心中占有举足轻重的地位，他们的一言一行都会成为幼儿的表率。教师之间真诚、友好的人际关系潜移默化的影响着幼儿。家长的言传身教也极大影响幼儿的成长。

14. 解析：选 A。安全型依恋的儿童在陌生情境中把母亲作为"安全基地"，去探究周围环境。

15. 解析：选 B。回避型儿童对自己评价很高，独立性较强，但难以与人建立深厚的情感联系。

16. 解析：选 C。反抗型依恋的儿童在母亲离开时表现出极度的反抗和忧伤，但重逢时又难以被安慰。

17. 解析：选 B。在客体中心阶段，婴儿最初对同伴的交往主要是基于共同感兴趣的物体，如玩具。他们可能会同时注视或抓取同一个物体，但这种交往并不具有真正的社会性质。

18. 解析：选 D。被忽视型儿童多数为体质较弱、力气小、性格内向、胆小、害羞、不活泼、腼腆、不爱说话。

19. 解析：选 B。受欢迎型儿童在同伴中享有较高的社交地位，具有较强的影响力，受到大多数同伴的接纳和喜爱。

20. 解析：选 A。一般型（或普通型）儿童在同伴交往中行为表现一般，没有明显的特征。他们既不是特别主动友好，也不具有较强的攻击性和敌对性。在同伴关系中地位一般，既不为同伴所特别的喜爱和接纳，也不为同伴所忽视和拒绝。

二、判断题

1. 解析：√。学前儿童的依恋有三个显著特点：一是儿童愿意与依恋对象在一起，并且在一起时心理得到极大的满足；二是依恋对象比其他任何人都更能使处于痛苦不安状态下的儿童得到抚慰；三是依恋对象使儿童有安全感。

2. 解析：√。学前儿童社会交往广义上是指学前儿童在与成人（主要是父母和教师）接触交流或与同伴游戏学习等过程中，运用语言或非语言符号系统，进行沟通交流的活动。狭义上主要指同伴交往，即学前儿童与自己年龄相同或相近的同伴的交往。

3. 解析：√。亲子交往是指父母（包括父亲和母亲）与子女之间进行的各种形式的交往活动。这种交往包括言语交流、肢体接触、情感传递、共同活动等多个方面。亲子交往是儿童最早接触到的一种人际交往形式，对儿童的社会性发展、情感发展以及认知发展等具有深远的影响。

4. 解析：×。学前儿童对人有差别的反应阶段出现在 3~6 个月，此阶段婴儿更喜欢母亲和其他熟悉的照料者，对他们表现出更多的微笑。

5. 解析：√。社会经济地位影响亲子交往的资源和环境。经济条件较好的家庭能为孩子提供更多的学习机会和社交资源，经济条件较差的家庭则面临着更多的生活压力和限制。

6. 解析：×。学前儿童特殊的情感联结阶段出现在 6 个月~2 岁，此阶段婴儿对母亲的依恋明显，对主要抚养者的依恋加强，依恋范围逐渐扩大。

7. 解析：√。亲子交往具有情感性、互动性和发展性。亲子交往带有强烈的情感色彩，父母与子女之间通过情感的交流和传递，建立起深厚的亲子关系。亲子交往是一个双向的过程，需要父母与子女之间的积极互动和相互回应。随着儿童年龄的增长和认知水平的提高,亲子交往的内容和形式也会发生变化,具有发展性。

8. 解析:√。被拒绝型的儿童大多体格较壮,性格外向,喜欢但并不善于与人交往,脾气急躁、容易冲动。

9. 解析:√。依恋最早是由英国心理学家约翰·鲍尔比(John Bowlby)提出,他认为依恋是人类在婴儿期形成的一种情感纽带,是有生物根源性的本能反应,对于个体的心理发展和社会性发展具有重要作用。

10. 解析:×。婴儿能够互相模仿对方的行为是处于互补的相互作用阶段,发生在0~2岁的婴儿期,而非0~1岁。

11. 解析:√。父母对儿童发展的期望影响亲子交往的方式和内容。高期望的父母更加关注孩子的学习成绩和未来发展,低期望的父母更加注重孩子的身心健康和幸福感。

12. 解析:√。玩具的种类、数量和特征会影响儿童的交往行为。足够的玩具和适宜的活动空间可以减少儿童之间的冲突和攻击性行为。不同的游戏情境和活动性质会影响儿童的交往行为。例如,在自由游戏中,儿童可以自由选择玩伴和活动方式;而在集体活动中,儿童需要遵守规则并与他人合作。

13. 解析:×。教师在儿童心目中的地位会间接影响同伴对儿童的评价。教师的鼓励和支持有助于儿童建立积极的同伴关系。

14. 解析:√。电视、互联网等现代媒体影响着儿童的同伴交往。例如,观看暴力节目会增加儿童的攻击性行为而影响同伴关系。

15. 解析:×。学前儿童依恋发展的目标调整的伙伴关系阶段出现在2~3岁以后,而非1~2岁以后。

16. 解析:√。亲子交往通过父母的示范、行为强化和直接教导等途径影响儿童发展。

17. 解析:×。安全型依恋儿童在陌生的情境中,母亲在场时,主动安心去探究,母亲离开时产生分离焦虑,探究活动明显减少。

18. 解析:×。权威型教养方式下长大的孩子具有很强的自信心和较好的自我控制能力,表现出乐观、积极的态度,喜欢与人交往,具有一定的社会责任感,心理较为健康,追求学业成功。

19. 解析:×。反抗型依恋的儿童自尊心不牢固,不安全感强烈,具有情绪化倾向,担心被拒绝,对周围充满敌意。

20. 解析:×。忽视型的父母对孩子不关心,只提供基本的物质需求,没有精神上的支持。在这种教养方式下长大的孩子自卑无助、孤独抑郁,学习缺乏动力和信心,对社交不信任,常感到困惑。

三、辨析题

1. 解析:此观点不准确,存在片面性。尽管先天的血缘关系为亲子交往提供了基础,但亲子关系并非仅仅依赖于天生的血缘联系。它还包括了后天的情感交流、教育引导、行为示范等其他多个方面。只有通过积极的沟通和互动等后天刻意的培养和维护,才能建立起深厚的亲子关系,为儿童的健康成长奠定坚实的基础。

2. 解析:此观点不准确。学前儿童的同伴交往虽然确实受到共同兴趣爱好的影响,但性格和社交技能同样在同伴交往中扮演着至关重要的角色。不同性格的儿童在同伴交往中表现出不同的行为模式和交往策略,不仅影响儿童在同伴群体中的位置和角色,还影响他们与同伴之间的情感联系和互动质量。社交技能是学前儿童成功进行同伴交往的关键因素,具有良好社交技能的儿童能够更好地适应同伴群体,建立稳定的同伴关系,并在交往中表现出积极、友好、合作的态度。而缺乏社交技能的儿童可能在与同伴交往中遇到困难,难以融入群体,甚至受到排斥或孤立。

四、案例分析题

问题一解析:华华可能属于被忽视型同伴交往类型。这种类型的儿童在与同伴交往中相对被动,更喜欢独自活动或观察他人,不太愿意主动发起或参与同伴间的互动。他们可能缺乏自信心或社交技能,导致在集体环境中感到不自在或难以融入。

问题二解析:(1)增强自信心:通过鼓励和表扬,帮助华华建立自信心,让他相信自己有能力与他人建立良好的关系。

(2)培养社交技能:教授华华一些基本的社交技能,如如何主动打招呼、如何邀请他人加入游戏、如何解决冲突等。

(3)创造交往机会:在幼儿园中,为华华创造更多与同伴交往的机会,与同伴共同完成任务。

(4)家长与教师合作:家长和教师应保持密切沟通,共同关注华华与同伴的交往情况。

(5)关注情绪变化:注意观察华华在同伴交往中的情绪变化,及时给予关心和安慰。当他遇到挫折或困难时,要引导他积极面对,学会从失败中汲取经验,不断进步。

第五节 品德的发展

一、单项选择题

1. **解析**:选A。道德认识是个体品德中的核心部分,是品德形成和发展的基础,包括道德知识的掌握、道德信念的确立以及道德评价能力的形成。
2. **解析**:选D。道德情感包括直觉的道德情感、想象的道德情感和伦理的道德情感。
3. **解析**:选C。行为习惯具有自动化、稳定性、可变性、持久性、多样性和双重性的特点。
4. **解析**:选D。自律道德阶段,出现在八九岁以后,学前儿童较少达到此阶段。
5. **解析**:选A。在早期阶段,个体主要通过观察和模仿来学习他人的行为。他们会观察周围人的行为方式,并尝试模仿这些行为。
6. **解析**:选C。皮亚杰认为,儿童前道德阶段(无律阶段)大约出现在四五岁以前,此阶段儿童的思维是以自我为中心的,其行为直接受行为结果所支配,尚未形成道德观念。
7. **解析**:选C。皮亚杰认为儿童他律道德阶段大约出现在四五岁至八九岁之间。此阶段儿童对道德的看法是遵守规范,只重视行为后果(如打破杯子就是坏事),而不考虑行为意向,偏爱抵罪性惩罚。
8. **解析**:选C。皮亚杰认为儿童道德发展阶段顺序是:无律道德阶段—他律道德阶段—自律道德阶段。

9. 解析:选 B。道德情感是伴随着道德认识和道德行为而出现的一种内心体验。它是个体在评价他人或自己行为时产生的内心感受。

10. 解析:选 C。教育在行为习惯的形成和发展中起着至关重要的作用。通过教育,个体可以学习到正确的行为规范和价值观,了解社会期望和道德标准,从而逐渐形成符合社会要求的行为习惯。

11. 解析:选 B。皮亚杰认为,儿童道德认知发展有三个阶段:前道德阶段、他律道德阶段、自律道德阶段。

12. 解析:选 D。道德行为是品德发展的最终体现,也是品德教育的重要目标。

13. 解析:选 C。道德意志是个体自觉地调节道德行为,克服困难,以实现道德目标的心理过程。

14. 解析:选 C。主动发展阶段处于 3~12 岁,行为发展带有明显的主动性,如主动模仿、爱探究、好攻击、喜欢自我表现等。

15. 解析:选 C。科尔伯格认为,处于后习俗水平的儿童以自我接受的道德原则,主要履行自己选择的道德标准。

16. 解析:选 A。科尔伯格认为,处于习俗水平的儿童以满足社会期望、受到赞扬、遵守社会现行的准则习俗判断是非。

17. 解析:选 B。被动发展阶段处于 0~3 岁,主要依靠遗传和本能的力量,通过无意识的模仿来发展行为。

18. 解析:选 C。皮亚杰认为儿童他律道德阶段大约出现在四五岁至八九岁之间。此阶段儿童对道德的看法是遵守规范,只重视行为后果(如打破杯子就是坏事),而不考虑行为意向,偏爱抵罪性惩罚。

19. 解析:选 A。科尔伯格认为,以是否被人喜爱、取悦于人为道德判断依据,以他人的表扬或做"好孩子"为目的,处于道德认识发展习俗水平的阶段3——寻求认可取向阶段。

20. 解析:选 D。自律道德阶段出现在八九岁以后,学前儿童较少达到此阶段。此阶段儿童不再盲目服从权威,而是开始理解道德规则的内在意义,他们的行为不再仅仅受到外部因素的影响,而是基于自己的价值观和道德标准,形成自己的道德判断。

二、判断题

1. 解析:×。皮亚杰认为,自律道德阶段出现在八九岁以后,学前儿童较少达到此阶段,并不是说不可能达到此阶段。

2. 解析:×。遗传在行为习惯的形成中起到一定作用,如某些个体天生就具有更强的自控力或容易形成某种特定的行为习惯,并不是决定性作用。

3. 解析:√。皮亚杰认为,前道德阶段(无律阶段)大约出现在四五岁以前。此阶段儿童的思维是以自我为中心的,其行为直接受行为结果支配,尚未形成道德观念。

4. 解析:√。道德行为是在道德认识和道德情感的推动下,表现出来的对他人或社会具有一定道德意义的实际行为。它是衡量品德的重要标志。

5. 解析:×。道德行为是品德发展的最终体现和教育的重要目标。

6. 解析:×。道德意志表现为个体在道德行为中的坚持性和自制力。

7. 解析:×。学前儿童道德认知的发展不仅有顺序和阶段性,还表现出了冲突与平衡性、认知依赖性、社会性等特点。

8. **解析**：×。在早期阶段，个体主要通过模仿和观察来学习行为。他们会观察周围人的行为方式，并尝试模仿这些行为。

9. **解析**：√。道德认识又称道德观念，是对道德准则及其执行意义的认识，是个体品德的核心部分，是品德形成和发展的基础。

10. **解析**：×。道德情感是伴随道德认识产生的内心体验。一般来说，在现实生活中的各种事件或是他人、个人的行为，凡是符合自己的认识或自己所维护的道德观念时，就会产生积极的情绪体验。

11. **解析**：√。品德指个体依据一定的社会道德行为规范行动时所表现出来的比较稳定的心理特征和倾向，反映了个体的道德面貌，是个性中具有道德评价意义的核心部分。

12. **解析**：×。行为习惯的发展是一个复杂而长期的过程，它受遗传、环境、教育及个人等多种因素的共同影响。

13. **解析**：√。行为习惯的发展是一个复杂而长期的过程，它受遗传、环境、教育及个人等多种因素的共同影响。社会风气、法律法规、道德规范等均属于社会环境因素。

14. **解析**：√。遗传在行为习惯的形成中起到一定作用，但并不是决定性的，它只是提供了一个基础或倾向。

15. **解析**：√。被动发展阶段(0~3岁)主要依靠遗传和本能的力量，通过无意识的模仿来发展行为。如吸吮、抓握、啼哭等，都是这个阶段常见的行为表现。

16. **解析**：√。行为习惯指个体在长期的生活、学习和社交实践中，通过不断重复和强化，逐渐形成的相对固定且自动化的行为模式或倾向，与人后天条件反射系统的建立有密切关系。

17. **解析**：√。道德情感是伴随道德认识产生的内心体验，是品德形成和发展的动力之一，它能够激发人们的道德行为，调节人们的道德行为和方向，使人们的道德行为更加坚定和持久。

18. **解析**：√。科尔伯格认为，处于后习俗水平的儿童，采用自我接受的道德原则，主要履行自己选择的道德标准。

19. **解析**：×。科尔伯格认为，处于前习俗水平的儿童着眼于行为的具体后果和自身的利害关系来判断是非，儿童无内在的道德标准。并非习俗水平。

20. **解析**：√。皮亚杰认为，处于前道德阶段的儿童还没有道德意识，不会把自己和外面的世界分开，行为主要受生理和情感因素的影响，缺乏对行为后果的预见性和对他人感受的关注。

三、辨析题

1. **解析**：此观点不准确，存在片面性。(1)学前儿童的道德认知发展并非仅仅依赖于外部规则的灌输，而是一个包含自我探索和内部建构过程的复杂体系。(2)外部规则的灌输，如学校行为规范，为儿童提供了道德行为的框架和参照，帮助他们了解哪些行为是被社会接受的，哪些是不被接受的。(3)但自我探索和内部建构也是儿童道德认知发展的关键过程。它允许儿童根据自己的经验和感受，对外部信息进行加工和整合，形成独特的道德理解和认知结构,有助于儿童更深入地理解道德问题,形成持久且稳定的道德观念。(4)外部规则的灌输为儿童提供了道德学习的起点和基础,而自我探索则使儿童能够在这一基础上进一步深化和发展自己的道德认知。两者共同作用于儿童的道德认知发展,缺一不可。

2. **解析:**(1)学前儿童行为习惯的发展是一个复杂且互动的过程,它既不是单纯自然成熟的结果,也非完全依赖外部教育和环境塑造。(2)学前儿童生理上的成熟为儿童行为习惯的形成提供了一定的基础。例如,儿童在逐渐掌握身体控制和协调能力的过程中,也会自然而然地形成一些与日常生活相关的行为习惯。(3)外部教育和环境塑造在行为习惯的发展中起着至关重要的作用。如家庭、幼儿园等社会环境通过提供规则、榜样、反馈等方式,帮助儿童明确什么行为是合适的、什么行为是不被接受的。(4)教育者和家长通过积极的引导、鼓励和示范,可以激发儿童的内在动机,促使他们主动学习和模仿良好的行为模式。

四、案例分析题

问题一解析:(1)家庭环境影响:小杰晚睡晚起的习惯可能与家庭作息不规律有关,父母可能也存在类似问题,未能为小杰树立良好的榜样。同时,家庭中可能缺乏明确的整理和收纳规则,导致小杰没有形成自我管理的习惯。

(2)幼儿园适应问题:小杰在幼儿园的行为习惯问题可能反映了他对集体生活的不适应。在家庭中,他可能是独生子女,习惯了以自我为中心,缺乏与同伴交往的经验和技巧。

(3)生理和心理发展阶段:5岁的儿童正处于好奇心强、注意力易分散的阶段,他们可能难以长时间保持专注,对规则的理解和执行也有限。

问题二解析:(1)家庭方面:父母应与小杰共同制定合理的作息时间表,并坚持执行,逐步调整他的睡眠习惯。同时,设立明确的家务分工和整理规则,鼓励小杰参与家务劳动,培养他的责任感和自理能力。

(2)幼儿园方面:老师可以通过故事讲述、角色扮演等方式,引导小杰理解并遵守幼儿园的规章制度,如按时起床、专心用餐、分享玩具等。同时,组织丰富多样的集体活动,增加小杰与同伴的互动机会,教他学习合作和分享的技巧。

(3)家校合作:家长和老师应保持密切沟通,共同关注小杰的行为习惯变化,及时交流教育心得和策略,确保家庭教育和幼儿园教育的一致性和连贯性。

第十章　心理健康与教育

第一节　心理健康概述

一、单项选择题
1. 解析:选 D。人格是指个体比较稳定的心理特征的总和,包括性格、气质、能力等方面。心理健康的人应具备完整、协调、和谐的人格结构,而不是高尚。
2. 解析:选 A。智力是人的观察力、注意力、想象力、思维力和实践活动能力等的综合。智力正常是人正常生活最基本的心理条件,也是心理健康的首要标准。
3. 解析:选 C。认知因素是影响心理健康的心理因素。
4. 解析:选 C。家庭环境是影响心理健康的社会因素。
5. 解析:选 D。饮食习惯是影响心理健康的生活方式因素。
6. 解析:选 C。灾难性思维属于认知心理因素,其他都是生物因素。
7. 解析:选 D。认知因素、人格特质、情绪调节属于心理因素,疾病与药物属于生物因素。
8. 解析:选 D。认知因素、人格特质、情绪调节属于心理因素,家庭环境属于社会因素。
9. 解析:选 D。家庭环境、人际关系、社会环境属于社会因素,饮食习惯属于生活方式因素。
10. 解析:选 B。饮食习惯、运动与睡眠、休闲与娱乐属于生活方式因素,人际关系属于社会因素。

二、判断题
1. 解析:×。健康不但指身体上没有疾病,还包括心理健康。
2. 解析:×。遗传因素在心理健康问题中起着一定的作用,并不是决定性作用。
3. 解析:√。睡眠障碍会对心理健康产生负面影响,良好的睡眠有助于恢复精力,维持情绪稳定。
4. 解析:×。甲状腺功能亢进可导致情绪不稳、敏感易怒,甲状腺功能减退可引起情绪低落、反应迟钝。
5. 解析:√。不同性别和年龄段的个体在心理健康方面存在着一定的差异。例如,女性在特殊时期(如月经期、妊娠期、哺乳期)更容易出现心理问题。
6. 解析:√。文化背景、宗教信仰、价值观等影响心理健康。不同的文化对心理健康的理解和处理方式存在差异。
7. 解析:√。家庭是个体成长的重要环境,家庭关系、家庭氛围、教育方式等都会影响个体的心理健康。例如,家庭暴力、父母关系不和睦等都有可能导致儿童出现心理健康问题。

8. **解析**：√。神经递质不平衡导致的血清素、多巴胺、去甲肾上腺素水平的异常，均可引发心理健康问题。
9. **解析**：×。智力正常要求个体的智力发育水平保持在同龄人正常误差范围内，而非所有人。
10. **解析**：√。心理健康者应具有与同年龄多数人相符合的心理行为特征。例如，心理健康的青少年应展现出与年龄相符的好奇心、探索欲。如果一个人经常严重偏离自己的年龄特征，往往标志着心理不健康。

三、辨析题

1. **解析**：这个观点是片面的，是不正确的。
   （1）心理健康不仅仅是指个体没有精神疾病或心理问题，而是一个更为广泛复杂的概念，涵盖了人的心理状态、情感、行为等。WHO对心理健康的定义强调了心理健康的积极面，而不仅仅是缺乏疾病。
   （2）心理健康包括多个维度，如自我认知、情绪管理、人际关系、压力应对能力等。
   （3）心理健康状态不是固定不变的，它会随着生活经历、环境变化、个人成长等因素发生变化。即使当前心理健康状况良好，也不意味着可以忽视维护和促进。
   （4）心理健康的维护不仅仅是为了预防疾病，更是为了提升个人的幸福感、生活质量和工作效率。

2. **解析**：这个观点是片面不正确的。影响个体心理健康的因素是多方面的，包括但不限于遗传因素、社会环境、教育经历、个人特质、生活事件等。这些因素相互作用，共同塑造了个体的心理健康状况。此外，由于个体差异的存在，不同个体对不同因素的敏感度和反应方式也不同。在探讨心理健康影响因素时，需要综合考虑多种因素，并关注个体差异。

四、案例分析题

问题一解析：明明可能正经历着抑郁情绪或轻度抑郁症的困扰。他的学习成绩下滑、情绪波动大、社交退缩等症状是典型的抑郁表现。

问题二解析：（1）学业压力：学习任务繁重，可能导致明明感到焦虑和无助。
（2）人际关系：明明可能在学校或家庭中遭遇了人际关系的困扰，如与同学或家人的矛盾，导致他感到孤独和不被理解。
（3）生活习惯：熬夜玩手机或游戏不仅影响了明明的睡眠质量，还可能加剧了他的焦虑和抑郁情绪，形成恶性循环。
（4）生理因素：生理变化也可能对明明的心理状态产生影响，如荷尔蒙水平的变化可能导致情绪波动。

第二节　积极促进学前儿童心理健康

一、单项选择题

1. **解析**：选C。WPPSI把学前儿童的平均智商(IQ)定位100，高于140的是天才，低于70的为智力低下。

2. 解析:选 A。智力发展正常是学前儿童心理健康的首要条件和重要标准。智力正常的学前儿童具有丰富的想象力、强烈的好奇心、旺盛的求知欲以及良好的学习能力和适应能力。智力正常不是超常。

3. 解析:选 D。学前儿童心理健康教育的目标在于:① 培养积极情绪;② 增强自我意识;③ 发展社交技能;④ 提高适应能力。

4. 解析:选 D。学前儿童由于生理发育不成熟、认知能力的限制以及环境因素的影响,可能会出现一系列的心理卫生问题。

5. 解析:选 C。编造故事是幼儿创作一个虚构的故事,以掩盖或改变真相。

6. 解析:选 D。幼儿可能使用非语言的方式来欺骗他人,如做出虚假的表情、姿势或动作,以掩盖真相。

7. 解析:选 A。直接撒谎是幼儿直接说出与事实不符的陈述,如说自己没有做过的事情或享受过的好处。

8. 解析:选 A。WPPSI 把学前儿童的平均智商(IQ)定位 100,高于 140 的是天才,低于 70 的为智力低下。

9. 解析:选 B。学前儿童的恐惧表现在对特定的人、事、物产生的极端害怕和回避的反应。他们恐惧的对象一般有陌生的情境和人、生疏的动物、阴影、黑暗、闪光、噪声、孤独、梦境等。

10. 解析:选 D。克斯勒学前和小学儿童智力量表的英文是:Wechsler Preschool and Primary Scale of Intelligence,英文缩写是:WPPSI。

二、判断题

1. 解析:√。恐惧症有高度的家族聚集性,遗传因素在幼儿期恐惧的发生中起一定作用。

2. 解析:×。学前儿童口吃是一种常见的言语节奏障碍,主要表现为说话时言语节律性和流畅性的障碍,多发生于 3 岁左右的幼儿,男孩多于女孩。

3. 解析:√。性健康教育帮助孩子了解基本生理知识,认识自己的性器官,了解保护隐私部位的重要性,培养自我保护意识,是学前儿童心理健康教育的内容之一。

4. 解析:×。学前儿童心理健康教育的目标在于培养积极情绪,增强自我意识,发展社交技能,提高适应能力,不包括智力开发。

5. 解析:×。恐惧是情绪障碍的一种,有些会随着儿童年龄的增长而自然缓解,有些需要大人对其进行矫正治疗。

6. 解析:√。这是学前儿童心理健康教育中行为教育的内容。

7. 解析:√。发展社交技能,提高人际交往能力,是学前儿童心理健康教育的重要目标。

8. 解析:√。铅含量过高是导致学前儿童多动症的因素之一。如果学前儿童长期生活在含铅量超标的环境中,会增加他患多动症的几率。

9. 解析:×。幼儿故意改变事实的重要性或程度,以获得他们所期望的反应或结果,是说谎的一种:缩小或夸大事实。

10. 解析:√。学前儿童心理健康发展存在个体差异性和动态性,不同年龄段的儿童心理健康标准也会有所不同。在评估学前儿童的心理健康状况时,要充分考虑年龄、性别、文化背景等因素,结合多种评估方法进行全面客观的分析。

三、辨析题

1. **解析**：这个观点是片面不准确的。情绪稳定是学前儿童心理健康的一个重要标志，但儿童因为各种原因(如生理不适、环境变化、人际关系紧张等)而暂时出现情绪波动并不意味着他们心理不健康。行为规范是儿童社会化的重要方面，但过于强调行为规范会忽视儿童内心的真实感受和需求，导致对儿童心理健康的误解和误判。学前儿童心理健康涉及情绪管理、自我认知、自信心、社交能力、适应能力、解决问题的能力等多个方面，在评估学前儿童心理健康时，要综合考虑多个方面的因素以及儿童的个体差异，避免用统一的标准来衡量所有儿童。

2. **解析**：这个观点是片面不正确的。攻击性行为是指有意伤害他人身体或心理的行为。但学前儿童表现为推搡、抢夺玩具、言语辱骂等行为并不总是出于恶意或故意伤害他人的目的，有时可能只是儿童表达不满、争夺资源或寻求关注的方式。品行障碍是一种持续性的反社会行为模式，通常表现为侵犯他人的权利或违反与年龄相称的社会规范或规则，与学前儿童偶尔的攻击性行为相比，品行障碍具有更高的严重性和持续性。攻击性行为是品行障碍的一种表现，但不能简单地将学前儿童偶尔或轻度的攻击性行为等同于品行障碍或认为该儿童品行有问题。

四、案例分析题

问题一解析：(1)认知发展限制：小红的认知能力和记忆力还在发展中，有时难以准确区分现实与想象，记忆容易出现混淆。

(2)情感与动机驱动：为了避免惩罚或获得某种好处(如老师的表扬、家长的关注或奖励)，而选择说谎来达成目的。

(3)模仿与学习：从周围环境中观察到他人说谎得到某种正面反馈(如未被发现或得到好处)而模仿。

(4)沟通障碍：由于语言表达能力有限，无法准确表达自己的感受或经历而选择说谎来填补沟通的空白。

(5)家庭环境：家庭中的惩罚过于严厉、缺乏情感支持或沟通不畅促使小红选择说谎来应对。

问题二解析：(1)保持冷静与理解：家长和老师应认识到说谎是儿童成长过程中的一个常见现象，要冷静理解小红说谎背后的动机和情感需求，以平和的态度与她沟通。

(2)询问与倾听：给予小红充分的机会表达自己的想法和感受，耐心询问和倾听她的解释和理由。

(3)强调诚实的价值：通过故事、游戏等方式向小红传达诚实的重要性，说谎破坏信任带来不良后果。

(4)建立正面激励机制：鼓励小红诚实表达，给予及时的肯定和奖励，增强正面体验。

(5)提供情感支持：关注小红的情感需求，给予她足够的关爱和支持。

(6)共同解决问题：当小红因为忘记做作业等原因说谎时，与她一起探讨如何避免类似情况再次发生。

(7)家校合作：家长和老师应保持密切联系，共同关注小红的行为变化，分享信息和策略，形成一致的教育态度和方法，以促进小红的健康成长。